RELIGION VERNETZT PLUS 9

Herausgegeben von
Prof. Dr. Hans Mendl und
Prof. Dr. Markus Schiefer Ferrari

Erarbeitet von
Martina Bradl,
Markus Davids,
Dr. Eva-Maria Gärtner,
Franziskus Posselt,
Andreas Tabbert,
Franziska Weiß

RELIGION VERNETZT PLUS 9

Unterrichtswerk für katholische Religionslehre am Gymnasium

Herausgegeben von
Prof. Dr. Hans Mendl und Prof. Dr. Markus Schiefer Ferrari

Erarbeitet von
Martina Bradl, Markus Davids, Dr. Eva-Maria Gärtner, Franziskus Posselt,
Andreas Tabbert, Franziska Weiß

Unter Rückgriff auf die Ausgabe *Religion vernetzt 9*,
herausgegeben von Prof. Dr. Hans Mendl und Prof. Dr. Markus Schiefer Ferrari,
erarbeitet von Axel Herrschke, Marianne Mayer, Siegfried Steiger, Alfred Vogler

Beratung zu Kapitel 5 „Begegnung mit dem jüdischen Glauben": Markus Sternecker, Nürnberg

Zugelassen als Lehrbuch für den katholischen Religionsunterricht am Gymnasium von den Diözesanbischöfen von Augsburg, Bamberg, Eichstätt, München und Freising, Passau, Regensburg und Würzburg

Illustration: Markus Lefrançois, Kassel
Notensatz: Kontrapunkt Satzstudio Bautzen
Umschlaggestaltung: Rosendahl, Berlin
Layoutkonzept: Ungermeyer, Berlin
Technische Umsetzung: Straive, L42 GmbH, Berlin

www.cornelsen.de

1. Auflage, 1. Druck 2025

Alle Drucke dieser Auflage sind inhaltlich unverändert und können im Unterricht nebeneinander verwendet werden.

Druck: H. Heenemann, Berlin

ISBN 978-3-06-065533-5 (Schülerbuch)
ISBN 978-3-06-065713-1 (E-Book)

Liebe Schülerinnen, liebe Schüler!

Ein neues Schuljahr hat begonnen und natürlich gibt es im Religionsunterricht wieder viel zu entdecken. Blättert doch euer Relibuch erst einmal in Ruhe durch!

Der Buchtitel „Religion vernetzt PLUS" bedeutet:

- In der Auseinandersetzung mit den Themen dieses Jahres könnt ihr euer Verständnis von Religion und Glauben, euer „religiöses Netzwerk", weiterentwickeln.
- Dies geschieht im gemeinsamen Gespräch und kreativen Tun mit anderen, also im „Netzwerk" eurer Klasse oder Lerngruppe.
- Das Buch lädt auch dazu ein, über den eigenen Tellerrand hinauszublicken und in Medien wie dem Internet Religion zu entdecken und Verbindungen zu knüpfen.
- Das „PLUS" könnt ihr als Anregung verstehen, immer intensiver in die Welt der Religion einzutauchen, sie im Alltag wahrzunehmen und religiöses Wissen zu erwerben. Es geht darum, urteilsfähig zu werden und sich selbst religiös ausdrücken zu können.
- Das „PLUS" kann man auch als +, also wie ein Kreuz schreiben. Der erste Bezugspunkt eures Nachdenkens über Religion ist der christliche Glaube.

So sind die einzelnen Kapitel aufgebaut:

- Das Bild und die Informationen auf der ersten Doppelseite lenken euren Blick auf das Thema des Kapitels.

- Die **Netzkarte** auf der zweiten Doppelseite bietet euch eine Übersicht über die einzelnen Stationen des Kapitels – und damit auch die Möglichkeit, euren Lernweg gemeinsam mit eurer Lehrerin, eurem Lehrer zu planen. Eine Gesamt-Netzkarte, die thematische Querverbindungen zwischen den einzelnen Kapiteln zeigt, findet ihr auf ▸ S. 140.

- Auf der Seite mit dem Hinweis **„So geht's"** wird jeweils eine besonders wichtige Methode vorgestellt. Sie erleichtert euch die Erschließung des aktuellen Themas, ist aber in den anderen Kapiteln ebenso hilfreich.

- Die abschließenden Übungsaufgaben unter der Überschrift **„Zeige, was du kannst"** ermöglichen euch, euer Wissen und eure Fähigkeiten anzuwenden. Sie bündeln das Gelernte und vernetzen es mit Inhalten und Methoden aus den anderen Kapiteln.

Vor manchen Begriffen oder Namen steht in den Kapiteln ein ▸ hellbrauner Pfeil. Dieser verweist auf das **Lexikon** hinten im Buch (▸ S. 126). Hier werden diese Begriffe in alphabetischer Reihenfolge mit Text und Bild erläutert.

Euer Autoren- und Herausgeberteam

Inhalt

Zukunft
Religiöses Recht für Alle

1 Entscheidungen treffen

Gerüchte über jemanden weiterverbreiten

Jemandem seine Meinung sagen

Jemanden, der keine Freunde hat, in die Gruppe mit einbeziehen

Bei Schulaufgaben abschreiben

Hausaufgaben nicht machen und sagen, dass man sie vergessen hat

Alkohol trinken, um dazuzugehören

Schule schwänzen

Ein nicht abgesperrtes, fremdes Fahrrad nehmen

Ein gegebenes Versprechen einhalten

Sich über andere lustig machen

Geheimnisse weitererzählen, die einem anvertraut wurden

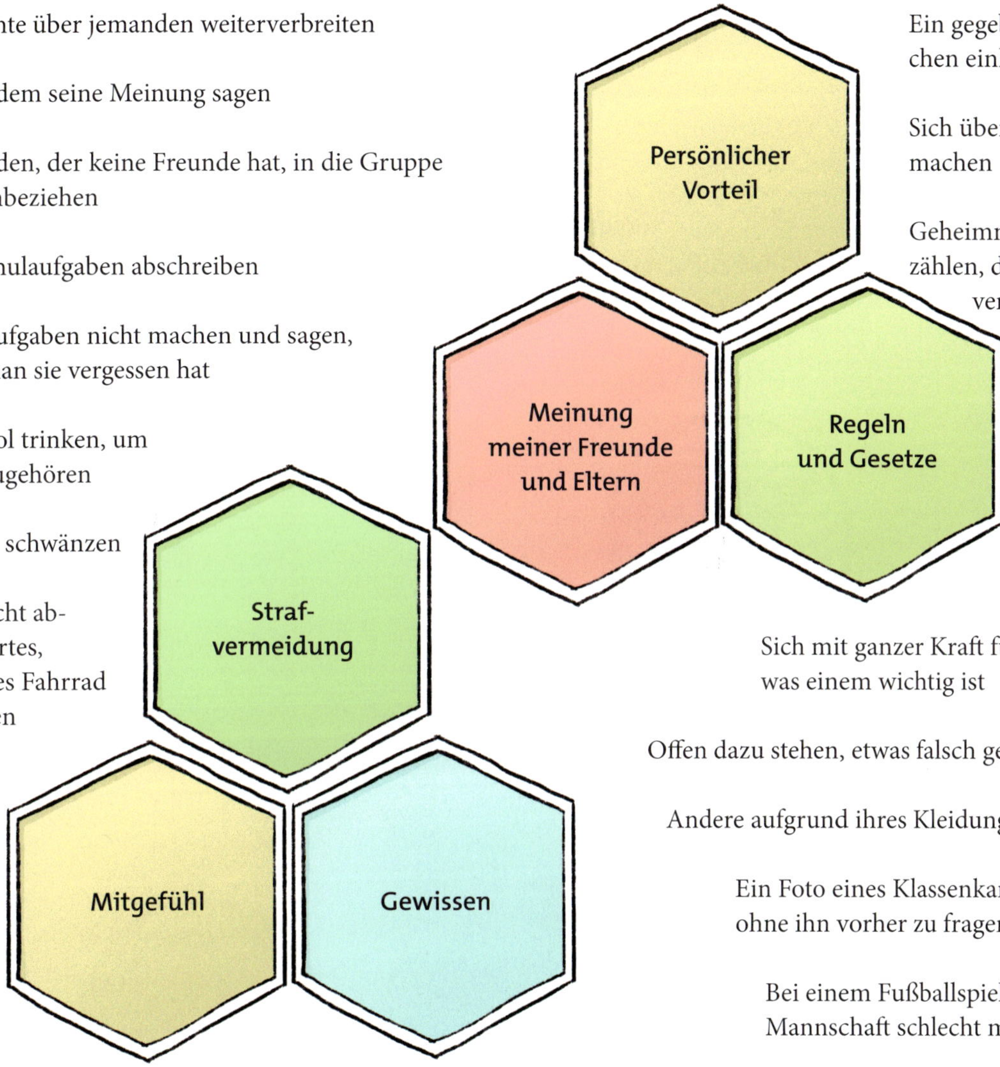

Sich mit ganzer Kraft für das einsetzen, was einem wichtig ist

Offen dazu stehen, etwas falsch gemacht zu haben

Andere aufgrund ihres Kleidungsstils beurteilen

Ein Foto eines Klassenkameraden posten, ohne ihn vorher zu fragen

Bei einem Fußballspiel die gegnerische Mannschaft schlecht machen

1 Beschreibt das Bild von Meret Oppenheim. Achtet besonders auf den Bildaufbau.
- Probiert mit einer Kopie aus: Wie verändert sich die Wirkung des Bildes, wenn man die Figur verdeckt oder verschiebt?
- Was könnte das Bild im Zusammenhang mit dem Thema „Entscheidungen treffen“ aussagen? Interpretiert, welche Bedeutung der Mensch dabei hat.

◂ *Meret Oppenheim, 1973*

2 Vermutlich wart ihr schon einmal mit einer der oben genannten Verhaltensweisen und Handlungen konfrontiert. Wählt in Partnerarbeit ein Beispiel aus und untersucht es.
- Versetzt euch in die Situation und prüft, welche Folgen unterschiedliche Entscheidungen haben könnten.
- Besprecht miteinander: Wie kommt ihr zu einer Entscheidung? Woran habt ihr euch orientiert?
- Ordnet eure Beweggründe für die Entscheidung den Handlungsmotiven in den „Waben“ zu. Erläutert, welches oder welche der Motive zum Tragen kamen. Was war dabei für eure Entscheidung besonders wichtig?

Netzkarte

Im Alltag befinden wir uns ständig in Entscheidungssituationen. Manche Entscheidung treffen wir spontan und „aus dem Bauch" heraus. Doch stehen wir auch oft vor Entscheidungen, die genau bedacht und überlegt sein wollen. In diesem Kapitel steht die Frage im Mittelpunkt, wie wir zu Entscheidungen kommen und was uns dabei helfen kann, gute, verantwortungsvolle Entscheidungen zu treffen.

… treffen wir täglich

… haben Folgen

1 Bibel

… und Werte

1 „Entscheidungen treffen?!" Sammelt gemeinsam Bereiche, in denen ihr in Entscheidungssituationen geraten könnt.
2 Überlegt euch drei Situationen, in denen ihr eine Entscheidung treffen müsst. Unterscheidet dabei, welche Entscheidungen euch leicht- und welche schwerfallen. Prüft, was euch bei schweren Entscheidungen helfen könnte. Das Kapitel gibt euch dafür Denkanstöße.
3 Untersucht die verschiedenen Definitionen von Ethik im Kasten rechts. Hebt dabei wichtige Begriffe hervor.
   - Tauscht euch aus, welche Definition ihr bevorzugt.
   - Setzt die Aussagen von Augustinus und Cole Porter in Beziehung zu den Definitionen.
   - Diskutiert, worin sich die Definitionen von einer Entscheidung „aus dem Bauch heraus" unterscheiden.

Entscheidungen ...

... vor dem Gewissen prüfen

... gemäß Gottes Weisungen treffen

... betreffen Menschen

Definitionen

Unter Ethik versteht man die

- Voraussetzung und Bewertung menschlichen Handelns.
  Wikipedia
- Gesamtheit sittlicher Normen und Maximen, die einer [verantwortungsbewussten] Einstellung zugrunde liegen.
  Duden Wörterbuch
- methodische Reflexion der Vernunft auf das menschliche Handeln, sofern es unter der Differenz von gut und böse bzw. von geboten, verboten oder erlaubt steht.
  Lexikon für Theologie und Kirche

„Liebe, und tu, was du willst."
Augustinus

„Anything goes!"
Cole Porter

Konfliktfeld „Soziale Medien“

Das Posten von Fotos oder Videos, das Versenden von Sprachnachrichten oder Videoanrufe sind längst alltäglich. Oft werden auch persönliche Dinge im Netz preisgegeben – sei es von jemandem selbst, sei es von anderen. Das kann zu Konflikten führen. Was geht und was geht nicht? Worauf sollte man achten?

Nein, das ist verboten! Das wird bestimmt unangenehme Folgen haben.

Ich will nicht mehr, dass alle so mitleidig auf mich herunterschauen!

Dann merkt Ansgar mal, wie das ist, wenn alle über einen lachen.

So zeig ich den anderen, was ich draufhab, und ich hab die Lacher mal auf meiner Seite.

Folgen abschätzen

Ein Klick – und schon ist ein Bild im Netz. Erlebnisse werden in Form von Bildern, Videos, Stories etc. im Freundes- und Bekanntenkreis geteilt. Für die meisten Empfängerinnen oder Empfänger mag ein gepostetes Bild eine rein mitteilende oder auch unterhaltende Funktion haben, für andere aber kann es unangenehm oder sogar verletzend sein. Deshalb sollte man sich die mögliche Wirkung, Tragweite und Folgen eines Posts bewusst machen, bevor man auf „senden“ geht.
Die Frage ist, was man posten darf und was nicht. Welche Kriterien legt man an? Welche Argumente zählen im Zweifelsfall? Konkrete Fragen können helfen, die eigenen Absichten und die Situation zu prüfen und eine bewusste Entscheidung zu treffen, den Post zu verschicken oder auch nicht, z. B.

- Warum will ich das Bild o. Ä. posten?
- Welche Folgen wird der Post voraussichtlich haben? Nimmt dabei möglicherweise jemand Schaden?
- Wird durch den Post ein verzerrtes Bild erzeugt?
- Was werden andere aufgrund des Posts denken?

Wie würdest du entscheiden?

Julius ist in der Schule eher ein Einzelgänger, der immer wieder gesagt bekommt, er solle sich mal mehr trauen. Auf einer Klassenfahrt macht er vom Mädchenschwarm Ansgar ein unvorteilhaftes Bild.

Was soll Julius deiner Meinung nach mit dem Foto von Ansgar machen?

Soziale Medien: Teil der Community sein

Das Internet ist eines der, wenn nicht das zentrale Medium der Gegenwart. Es dient neben der Unterhaltung und der Information vor allem als Kommunikationsmittel. Ein großer Teil der sozialen Kontakte und des sozialen Lebens findet heute „online" statt. Social-Media-Plattformen und Messenger-Dienste sind vor allem unter Menschen der jüngeren Generationen die meistgenutzten Kommunikationswege.
70 % der Jugendlichen zwischen 12 und 25 Jahren nutzen dafür in erster Linie ihr Smartphone und sind an einem gewöhnlichen Tag laut Selbsteinschätzung durchschnittlich 3,7 Stunden online. An erster Stelle steht dabei die Kommunikation: 96 % sind mindestens einmal täglich in den sozialen Medien unterwegs.
Geht es um ihre Meinung zum Internet und zu sozialen Netzwerken, überwiegen Bedenken und Verunsicherung. Auch wenn die Mehrzahl der Jugendlichen eine reflektierte Haltung zum Internet hat, führt dies nur bei vergleichsweise wenigen zu konkretem Handeln: Nur knapp ein Drittel (31 %) überprüft die Datenschutzeinstellungen vor der Nutzung sozialer Netzwerke.

Aus der 18. Shell Jugendstudie 2019 (Zusammenfassung)

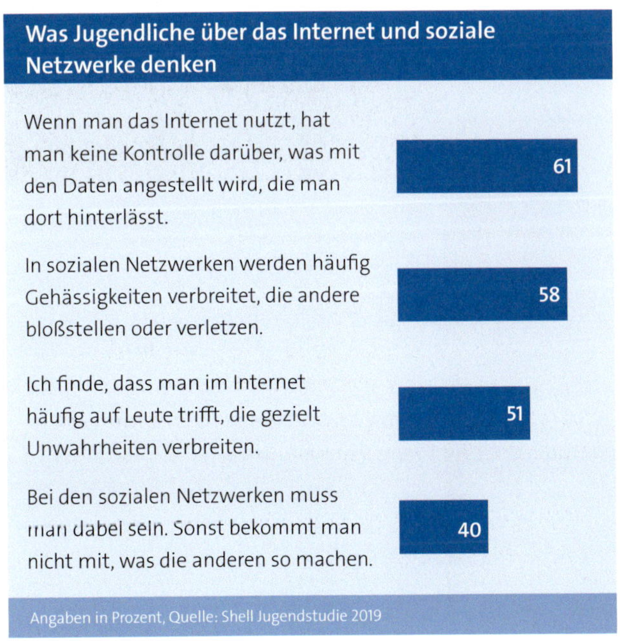

Strafgesetzbuch (StGB) § 201a
Verletzung des höchstpersönlichen Lebensbereichs und von Persönlichkeitsrechten durch Bildaufnahmen

(1) Mit Freiheitsstrafe bis zu zwei Jahren oder mit Geldstrafe wird bestraft, wer

1. von einer anderen Person, die sich in einer Wohnung oder einem gegen Einblick besonders geschützten Raum befindet, unbefugt eine Bildaufnahme herstellt oder überträgt und dadurch den höchstpersönlichen Lebensbereich der abgebildeten Person verletzt,
2. eine Bildaufnahme, die die Hilflosigkeit einer anderen Person zur Schau stellt, unbefugt herstellt oder überträgt und dadurch den höchstpersönlichen Lebensbereich der abgebildeten Person verletzt, (…)
4. eine durch eine Tat nach den Nummern 1 bis 3 hergestellte Bildaufnahme gebraucht oder einer dritten Person zugänglich macht (…).

(2) Ebenso wird bestraft, wer unbefugt von einer anderen Person eine Bildaufnahme, die geeignet ist, dem Ansehen der abgebildeten Person erheblich zu schaden, einer dritten Person zugänglich macht. (…)

Auszug aus StGB § 201a der Bundesrepublik Deutschland

1 Sprecht über euer Social-Media-Verhalten und eure Erfahrungen damit. Findet ihr euch in den Aussagen der Studie wieder?

2 Deinen Großeltern sind die sozialen Medien vermutlich nicht so vertraut wie dir. Erkläre ihnen, wozu und warum du soziale Medien nutzt.

3 Julius überlegt, ob er den Post absenden soll. Was denkt ihr: Wird er es tun? Begründet eure Antwort.
- Diskutiert, ob die Fragen zur Entscheidung hilfreich sind.
- Wart ihr schon mal in einer ähnlichen Situation? Erzählt davon, wenn ihr wollt. Wie habt ihr euch entschieden? Welche Folgen hatte eure Entscheidung?

4 Foto löschen oder verbreiten?
- Trefft für Julius eine Entscheidung. Nennt Gründe, was für euch dabei ausschlaggebend ist.
- Welche Konflikte könnten sich ergeben, wenn das Foto gepostet wird? Bezieht bei eurer Diskussion auch § 201a des Strafgesetzbuches mit ein.

Wenn Entscheidungen böse Folgen haben

Sich falsch zu entscheiden, falsch zu handeln, gehört zum Menschsein dazu. Die Erfahrung, dabei auch schuldig zu werden, machen alle Menschen. Die Frage, die sich dann stellt, ist: Wie gehe ich damit um, wenn ich an anderen Menschen schuldig geworden bin?

„An einem eiskalten, bedeckten Wintertag des Jahres 1975 wurde ich – im Alter von zwölf Jahren – zu dem, der ich heute bin. (…) Viel Zeit ist inzwischen vergangen, aber das, was man über die Vergangenheit sagt, dass man sie begraben kann, stimmt nicht." (S. 7)

So beginnt der Roman „Drachenläufer" von Khaled Hosseini. Das Buch handelt vom Schicksal der beiden afghanischen Jungen Amir und Hassan, die gemeinsam in Kabul in den 1970er-Jahren aufwachsen. Amir, aus dessen Perspektive die Geschichte erzählt wird, ist der Sohn eines wohlhabenden Geschäftsmannes, Hassan der Sohn des Hausdieners. Jeden Tag verbringen sie miteinander. Eine ungleiche Freundschaft entsteht.
Amir, dessen Mutter bei seiner Geburt starb, leidet darunter, dass sein erfolgreicher und beliebter Vater ihn offenbar nur wenig wahrnimmt. Deshalb träumt er davon, den jährlichen Wettbewerb im Drachensteigen zu gewinnen, um endlich die ersehnte Anerkennung seines Vaters zu erhalten.
Doch am Tag seines Sieges verrät Amir seinen Freund und lädt eine Schuld auf sich, die ihn sein Leben lang begleitet: Als Amir das Duell mit dem letzten Drachen gewinnt, läuft Hassan los, um ihm diesen Drachen als Trophäe zu bringen. Amir folgt ihm – und beobachtet, wie Hassan, der der verachteten Minderheit der Hazara angehört, von drei Mitschülern in einer abgelegenen Gasse brutal vergewaltigt wird. Ihr Rädelsführer Assef hatte Amir vor einiger Zeit mit einem Schlagring bedroht und wegen seiner Freundschaft mit Hassan verspottet. Hassan war es damals gelungen, ihn zu beschützen und Assef zu vertreiben, der daraufhin Rache geschworen hatte. Jetzt traut Amir sich nicht aus seinem Versteck und läuft entsetzt davon.
Als Hassan ihm später den Drachen bringt, wagt Amir nicht zu gestehen, dass er gesehen hat, was geschehen ist. Auch Hassan schweigt darüber. Von nun an meidet Amir Hassan. Schließlich fingiert er sogar einen Diebstahl, den er Hassan unterschiebt.

*„Baba [= Amirs Vater] redete gar nicht erst lange herum und fragte: ‚Hast du das Geld gestohlen? Hast du Amirs Uhr gestohlen, Hassan?‘
Hassans Erwiderung bestand nur aus einem einzigen Wort, ausgesprochen mit einer schwachen, heiseren Stimme: ‚Ja.‘
Ich zuckte zusammen, als hätte mich ein Schlag getroffen. Das Herz wurde mir schwer, und ich wäre beinahe mit der Wahrheit herausgeplatzt (…) Und das wiederum machte mir noch etwas klar: Hassan wusste es. Er wusste, dass ich damals in der Gasse gestanden*

◄ *Hassan (li.) und Amir: Szenenfoto aus dem Kinofilm „Drachenläufer" nach dem gleichnamigen Roman (USA 2007; Regie: Marc Forster)*

hatte, und dennoch rettete er mich erneut. (…) Ich war dieses Opfer nicht wert; ich war ein Lügner und ein Betrüger und ein Dieb. Und ich hätte es beinahe auch gesagt, wenn ich nicht tief in meinem Inneren froh gewesen wäre. Froh, dass das alles hier bald vorüber sein würde. Baba würde sie entlassen, es würde wehtun, aber das Leben ging weiter. Und genau das wollte ich, ich wollte einen neuen Anfang machen. Wollte endlich wieder frei atmen können." (S. 115)

Hassans Vater ist nach diesem Vorfall nicht bereit, länger für Amirs Vater zu arbeiten. Die beiden gehen, und Amir wird sie nie mehr wiedersehen.

„Wenn dies einer der Filme wäre, die Hassan und ich so oft angeschaut hatten, dann wäre dies der Teil, in dem ich nach draußen renne und meine nackten Füße durch das aufspritzende Regenwasser platschen. Ich laufe dem Wagen hinterher und bringe ihn mit lautem Schreien zum Anhalten, zerre Hassan vom Rücksitz und sage – während sich meine Tränen mit dem Regenwasser vermischen –, wie leid, wie schrecklich leid mir das alles tut. Und dann umarmen wir uns mitten im Wolkenbruch. Aber das hier war kein Film. Es tat mir wohl leid, aber weder weinte ich, noch rannte ich dem Wagen hinterher." (S. 119f.)

Die Geschichte ist damit für Amir nicht zu Ende. Jahre später erfährt er, dass auch sein so wohltätiger, freigebiger Vater ein dunkles Geheimnis hatte, unter dem er litt. Hassan war sein uneheliches Kind. Amir ist fassungslos. Und er quält sich angesichts dieser Neuigkeiten über seinen Vater mit der Frage:

„Wir hatten beide Schuld auf uns geladen. Doch immerhin war es ihm gelungen, tätige Reue zu üben und Gutes hervorzubringen. Was aber hatte ich getan, abgesehen von den Versuchen, meine Schuld bei ebenjenen abzuladen, die ich betrogen hatte, um dann alles zu vergessen? Und um hernach unter Schlaflosigkeit zu leiden? Was hatte ich getan, um meine Fehler zu korrigieren?" (S. 311)

Was bedeutet Schuld?

Man spricht von (moralischer) Schuld, wenn gegen gesellschaftliche Überzeugungen oder Prinzipien verstoßen wird. Schuldhaftes Handeln setzt jedoch die Entscheidungs- und Handlungsfreiheit einer Person voraus. Das bedeutet, dass durch eine bewusste oder unbewusste Entscheidung einer Person ein Schaden für eine andere entstanden ist. Schuld kann in einer Tat, dem Ergebnis einer Tat oder im Unterlassen bestehen.

Wie mit Schuld umgehen?

Sich einer Schuld zu stellen, einen Fehler, eine Schwäche oder ein Versagen zuzugeben, ist mit Ängsten verbunden. Schuldig zu sein oder zu werden wiegt für Menschen als „soziale Wesen" schwer, weil es einen Verstoß gegen die Regeln der Gemeinschaft bedeutet. Darum greifen oft Verdrängungs- und Entschuldigungsmechanismen. Doch Wiedergutmachung und Verarbeitung von Schuld sind nur dann möglich, wenn man sich der Trauer und dem Schmerz stellt und Verantwortung übernimmt. Reue ist der erste Schritt zur Versöhnung – mit anderen, aber auch mit sich selbst (► S. 48).

---

1 Lest den Text und die Auszüge aus dem Roman „Drachenläufer" von Khaled Hosseini.
- Beschreibt das Verhältnis von Amir und Hassan. Auch das Szenenfoto gibt euch Hinweise darauf.
- Erstellt eine Mindmap zu der Frage: Was trägt eine Freundschaft? Prüft anhand des Textes, welche „tragenden Elemente" der Freundschaft zwischen Amir und Hassan verletzt werden.
- Amir trifft folgenschwere Entscheidungen. Beschreibt, inwiefern er dadurch Schuld auf sich lädt.

2 Zu Beginn der Geschichte sagt Amir, dass er an einem Tag in seiner Vergangenheit zu dem Menschen wurde, der er ist. Erklärt, warum er das sagt und was er damit meint.

3 Beschreibt, wie Amir mit seiner Schuld umgeht. Findet weitere Möglichkeiten des Umgangs mit Schuld. Diskutiert: Was hilft bei der Bewältigung von Schuld?

Für Profis: Lest den Roman oder schaut euch den Film an. Charakterisiert Amirs Vater und beschreibt seine Rolle. Wäre er für euch ein Vorbild? Begründet eure Position.

Was zählt ...

Was zählt im Leben? Was betrachten wir als Wert, was halten wir für gut und erstrebenswert? Das menschliche Handeln wird von subjektiven Wertvorstellungen bestimmt. Damit haben solche Werte große Bedeutung für das Zusammenleben der Menschen.

» *Bevor ich sterbe, möchte ich ... leben, lieben, lachen.*
Bevor ich sterbe, möchte ich ... im Wald übernachten.
Bevor ich sterbe, möchte ich ... Erinnerungen schaffen.
Bevor ich sterbe, möchte ich ... mich selbst akzeptieren.
Bevor ich sterbe, möchte ich ... einen deutschen Pass. «

Einträge auf den Projekt-Tafeln

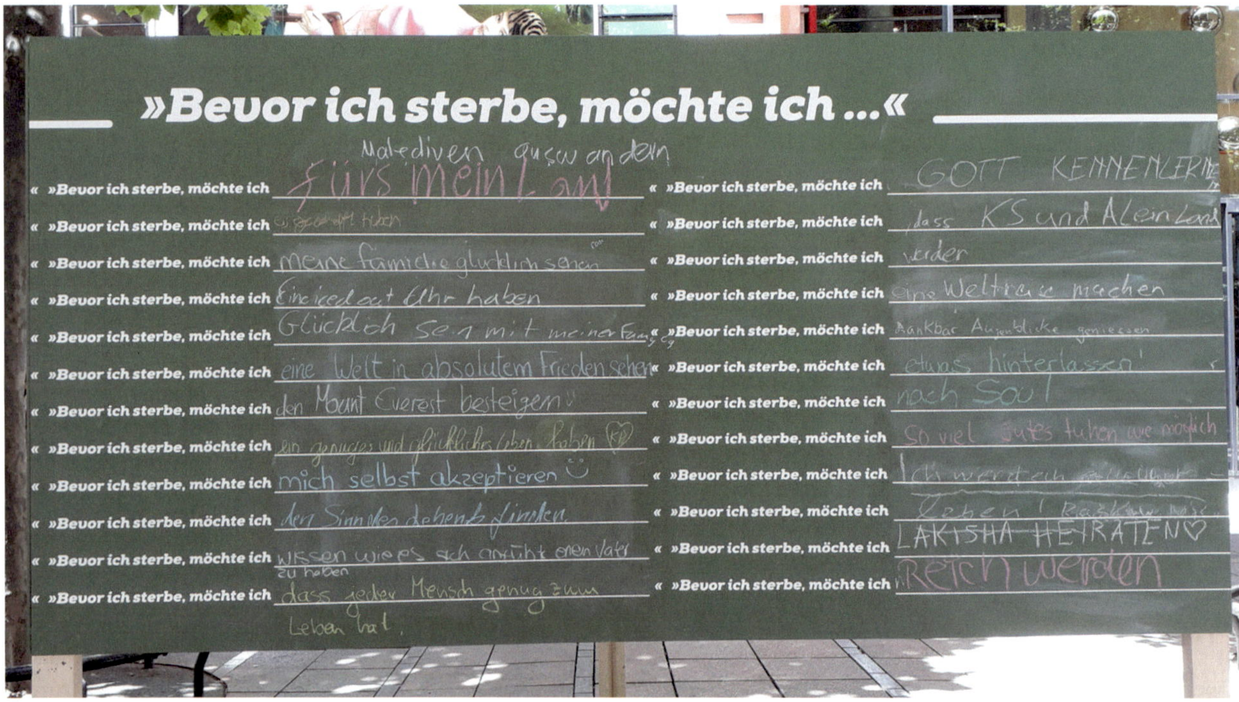

▲ *Zur Schönheit des Lebens, der Realität des Sterbens und der Vielfalt der Menschlichkeit – eine Mitmach-Aktion kirchlicher Gruppen in Stuttgart vom 29. Juni bis 17. Juli 2020*

In einigen deutschen Städten wurden in den Fußgängerzonen große Tafeln aufgestellt, auf denen der Satzanfang „Bevor ich sterbe, möchte ich ...“ stand. Passantinnen und Passanten waren eingeladen, mit Kreide auf den Tafeln zu notieren, was sie im Leben noch vorhaben oder gerne noch erleben möchten, und die eigenen Wünsche, Erwartungen und Sehnsüchte auszusprechen, sie mit anderen Menschen zu teilen und so ins Gespräch zu kommen.
Die Aktion geht zurück auf das Projekt „*Before I die*“, das die US-Künstlerin Candy Chang 2011 nach dem plötzlichen Tod einer engen Freundin initiierte. Der Schock veranlasste sie, sich mit ihrer eigenen Endlichkeit auseinanderzusetzen. Changs Kunstprojekt lädt einerseits dazu ein, die eigene Sterblichkeit zu reflektieren, andererseits über Dinge nachzudenken, die einem bzw. einer ganz individuell wichtig sind. Der Satzanfang wirft weitere Fragen auf, wie z. B. „Wie möchte ich die Zeit, die ich habe, ausfüllen?“ oder „Was möchte ich erreicht haben, bevor ich sterbe?“. Durch die Einträge wird aber noch mehr deutlich: In den Wünschen und Zielen der Menschen werden Werte sichtbar.

Alles, was zählt
Man gibt mir 81 Jahre hier
50-Stunden-Wochen, Arbeitstier
Ich lächle so 13 Minuten pro Tag
Nehm jeden zweiten Sommer Urlaub mit
Krieg 1,5 Kinder im Schnitt
Und 45.000 Brutto im Jahr
Ist das alles, was zählt?
Irgendwie kann ich's nicht fühln
Alles, was zählt?
Mit Zahlen konnt ich noch nie, yeah
Und immer wenn der Tag an mir vorbeirennt
Merk ich, wie sehr du mir fehlst
Ich glaub, alles, was zählt
Das kann man nicht zähln *Namika*

Was ist ein Wert?

Ein Wert ist allgemein etwas, das wir für wichtig oder erstrebenswert halten. Das sind zum einen messbare, materielle Werte, z. B. ein Fahrrad oder ein Smartphone. Es gibt aber auch nicht messbare Werte, z. B. Lebensziele, nach denen man strebt, Tugenden (z. B. Tapferkeit oder Gerechtigkeit) oder Haltungen, an denen man sein Leben und seine Lebensführung ausrichtet und die einen als Mensch grundlegend prägen.
Diese Werte sind individuell und hängen davon ab, woran ein Mensch sich orientiert bzw. welche Maßstäbe er anlegt. Was dem einen nebensächlich erscheint, kann für jemand anderen wichtig sein. Die Werte eines Menschen und sein Streben, diese in seinem Leben wirksam werden zu lassen, bestimmen sein Handeln.

Werte können sich ändern

Was uns heute bedeutend und erstrebenswert erscheint, mag uns, mit (zeitlichem) Abstand betrachtet, vielleicht weniger wichtig und unerheblich vorkommen. Doch wodurch wird dieser Wandel bewirkt?
Individuelle Faktoren spielen eine Rolle, z. B. das Alter, die persönliche Reife oder Erfahrungen in verschiedenen Lebensabschnitten. Der Wandel von Wertvorstellungen kann auch mit gesellschaftlichen Veränderungen oder kollektiven Erfahrungen zusammenhängen. Wenn sich die Lebenswirklichkeit der Menschen ändert, z. B. durch technische, medizinische oder wirtschaftliche Entwicklungen oder durch Rahmenbedingungen in Gesellschaft und Umwelt, verschiebt sich die Gewichtung von Werten oder neue Werte können entstehen. Die heutige Fülle an Lebensmöglichkeiten in einer globalen Welt mit vielen Weltdeutungsangeboten erfordert es in viel stärkerem Maß als z. B. zu Beginn des 20. Jahrhunderts, Orientierung zu finden und aus dem Angebot an Werten und Lebensmodellen auszuwählen.

Gemeinsame Werte

Grundregeln des Zusammenlebens und die Werte, die ihnen zugrunde liegen, müssen immer wieder überprüft und unter Umständen auch überdacht werden, damit sie als Grundlage für Entscheidungen allgemein gelten können. Wir müssen sie beurteilen und bewerten, entscheiden, Entscheidungen begründen. So werden die Werte einer Gesellschaft und die ihrer Individuen im jeweiligen gesellschaftlichen und kulturellen Zusammenhang (oft unausgesprochen) vereinbart und festgeschrieben.

---

1 „Bevor ich sterbe, möchte ich …": Stell dir vor, du kommst an einer der Tafeln vorbei …
- Überlege für dich, was du auf die Tafel schreiben würdest. Erstelle eine Liste mit maximal zehn Dingen, die du tun oder erleben möchtest.
- Prüfe deine Liste: Auf welche Werte kannst du die Dinge, die darauf stehen, zurückführen?
- Suche Beispiele dafür, dass Werte sich gesellschaftlich und im Verlauf eines Lebens verändern können.
- Gestaltet eine Ausstellung mit euren (anonymen) Listen. Fragt auch Freunde und Bekannte.

2 Der Liedtext der Rapperin Namika beschreibt zunächst, wie Zahlen das Leben messen und bewerten. Interpretiert den Text und formuliert, worum es wirklich geht.

3 Gemeinsame Werte tragen eine Gemeinschaft.
- Schreibt anonym drei persönliche Werte auf eine Karteikarte, die sich den Kategorien Lebensziel, Tugenden und Haltung zuordnen lassen.
- Klebt die Karten auf ein Plakat, das in die drei Kategorien aufgeteilt ist, in den jeweiligen Bereich. Betrachtet das Gesamtbild und wertet es gemeinsam aus.

Die innere Stimme – das Gewissen

Wenn man in einer Situation entscheiden muss, wie man sich angesichts von Regeln oder Erwartungen anderer verhalten soll, meldet sich meist eine „innere Stimme“: das Gewissen. Das Gewissen ist das Bewusstsein für Gut und Böse, Richtig und Falsch. Es bewertet, bestärkt oder warnt und leitet uns im Idealfall in unserem Handeln.

Hans Thomann, 2022 ▸

Meine innere Stimme
Flüsternd Schutz umgab mich einst.
Nun schweigst du, sagst nicht mehr ein Wort.
Als Kind hört' ich in mich hinein,
Nun bin ich Mann und du bist fort!
Kein Raunen, warnend Fingerzeig,
Nicht das kleinste Notsignal
Kommt mehr von dir, wohin ist die Zeit,
Die uns verbunden, die mal war?
Wo bist du hin?
Meine innere Stimme, ich brauche dich!

Letzte Instanz

Das Gewissen
Das Gewissen hält die Zügel
Neckt dich und verpasst dir Prügel
Das Gewissen macht dich krank
Bringt dir Mitleid, bringt dir Dank.
Es ist ein Teil von deiner Seele,
Spendet Mitleid, gibt Befehle.
Das Gewissen macht dir Mut,
Geht durch Feuer, geht durch Glut.

Tanzwut

» *Das, was wir ein ‚böses Gewissen' nennen, ist immer ein gutes Gewissen. Es ist das Gute, was sich in uns erhebt und uns bei uns selber verklagt.* «

Theodor Fontane

» *Das Gewissen ist fähig, Unrecht für Recht zu halten (...) und Mord für politisch wertvoll. Das Gewissen ist um 180 Grad drehbar.* «

Erich Kästner

Wie würdest du entscheiden?

Bei Jacob ist die Situation zu Hause sehr angespannt. Die Eltern streiten sich nur noch und wegen seiner Noten gibt es zusätzlich Ärger. Jacob steht unter Druck, denn bei der nächsten schlechten Note droht Hausarrest. Er bittet seine Freundin Mia, die Klassenbeste ist, um Hilfe: Sie soll ihn bei der nächsten Lateinschulaufgabe abschreiben lassen.

Wie soll Mia mit Jacobs Bitte umgehen?

Was ist das Gewissen?

Das ▸ Gewissen ermuntert einen Menschen zu einer bestimmten Tat oder aber es hält ihn gerade davon ab, etwas Bestimmtes zu tun. Rückblickend bewertet es eine ausgeführte Handlung in Form des guten oder schlechten Gewissens als „gut“ oder „schlecht“.
Wer nach seinem Gewissen handelt, steht für sich und seine oder ihre Taten ein; er oder sie übernimmt Verantwortung. Eine Gewissensentscheidung kann auch über den persönlichen Bereich hinausgehen und für Verantwortlichkeit für Mitmenschen, die Gemeinschaft und für die Welt als Ganzes stehen. Gewissen und Verantwortung sind untrennbar miteinander verbunden.
Besonders herausfordernd ist es, wenn eine Gewissensentscheidung nicht mit den Vorgaben von Autoritäten übereinstimmt. Doch wer bei Entscheidungen dem Gewissen als Richtschnur folgt, tut dies selbst dann, wenn ihm oder ihr dadurch Nachteile entstehen.
Verschiedene Menschen können zu unterschiedlichen Gewissensentscheidungen kommen, die für andere nicht immer verständlich und nachvollziehbar sind.
Die persönliche, freie Gewissensentscheidung ist jedoch ein hohes Gut und muss von anderen geachtet werden. Dieses Gut wird sogar durch das Gesetz geschützt. Im Grundgesetz der Bundesrepublik Deutschland, Art. 4 ist die Freiheit des Gewissens ein unveräußerliches, d. h. unantastbares Grundrecht. Jeder Mensch hat das Recht und die Pflicht, seinem Gewissen entsprechend zu handeln, frei von äußeren Zwängen.

Das Gewissen aus katholischer Sicht

Einer der zentralen Texte des ▸ Zweiten Vatikanischen Konzils (1962–1965) ist das Dokument *Gaudium et spes* („Freude und Hoffnung“).
Im ersten Kapitel über „Die Würde der menschlichen Person“ heißt es dort:
„Im Inneren seines Gewissens entdeckt der Mensch ein Gesetz, das er sich nicht selbst gibt, sondern dem er gehorchen muss und dessen Stimme ihn immer zur Liebe und zum Tun des Guten und zur Unterlassung des Bösen anruft und, wo nötig, in den Ohren des Herzens tönt: Tu dies, meide jenes. (…) Das Gewissen ist die verborgenste Mitte und das Heiligtum des Menschen, wo er allein ist mit Gott, dessen Stimme in diesem seinem Innersten zu hören ist. Im Gewissen erkennt man in wunderbarer Weise jenes Gesetz, das in der Liebe zu Gott und im Nächsten seine Erfüllung hat. Durch die Treue zum Gewissen sind die Christen mit den übrigen Menschen verbunden im Suchen nach der Wahrheit und zur wahrheitsgemäßen Lösung all der vielen moralischen Probleme, die im Leben der Einzelnen wie im gesellschaftlichen Zusammenleben entstehen.“
Zweites Vatikanisches Konzil, Gaudium et spes 16

» Jeder hat das Recht auf Gedanken-, Gewissens- und Religionsfreiheit (…). «
Allgemeine Erklärung der Menschenrechte, Artikel 18

1. Das Kunstwerk auf dem Foto links trägt den Titel „Inside“. Beschreibt die Installation. Interpretiert, inwiefern sie Vorstellungen vom Gewissen zum Ausdruck bringt.
2. Vergleicht die beiden Liedtexte zum Thema „Gewissen“.
   - Welcher Text kommt eurer Vorstellung vom Gewissen näher? Begründet eure Entscheidung.
   - Entwickelt danach und mithilfe des Sachtextes ein Schaubild, das das Phänomen „Gewissen“ beschreibt.
3. Fontane und Kästner machen sehr zugespitzte Aussagen über das Gewissen.
   - Erläutert die jeweiligen Positionen und sucht Beispiele.
   - Welcher der beiden Einschätzungen stimmt ihr zu? Begründet eure Stellungnahme.
4. Trefft für Mia eine Entscheidung. Überlegt, welche Werte für diese Entscheidung aufeinandertreffen. Schreibt einen Dialog, in dem ihr Für und Wider abwägt.
5. Setzt euch mit Art. 16 von *Gaudium et spes* auseinander:
   - Fasst zusammen, was der Artikel hinsichtlich Herkunft, Funktion und Ausrichtung des Gewissens aussagt.
   - Vergleicht die katholische Auffassung vom Gewissen mit den Vorstellungen der Bands Tanzwut und Letzte Instanz. Benennt Übereinstimmungen und Unterschiede.
6. Auch die Allgemeine Erklärung der Menschenrechte nennt in Artikel 18 die Gewissensfreiheit. Begründet, warum Gewissensfreiheit zu den Grundrechten eines jeden Menschen gehört.

Mein Gewissen – was soll gelten?

Das Gewissen kann nur dann ein zuverlässiger Ratgeber bei der Beurteilung von Situationen sein und Orientierung bei der Entscheidungsfindung bieten, wenn es geschult wird. Ethische Urteilsfähigkeit kann und muss erlernt werden. Für jede und jeden ist es daher eine lebenslange Aufgabe, das Gewissen auszubilden.

Entwicklung und Schulung des ▸ Gewissens finden auf der Basis von Werten und einer grundlegenden Sachkenntnis statt. Genauso wie das Wertesystem nicht für alle Menschen gleich ist, ist daher auch das Gewissen individuell geprägt. Ob es stark oder weniger stark ausgebildet ist und auf welche „Reize" es reagiert, ist z. B. abhängig von den Werten und Tugenden, die in der Erziehung (nicht) vermittelt wurden. Auch das gesellschaftliche Umfeld und der Kulturkreis, in dem man aufgewachsen ist, üben einen Einfluss auf Werte und Gewissen aus. Somit regt sich die „innere Stimme" in einer konkreten Situation bei verschiedenen Menschen

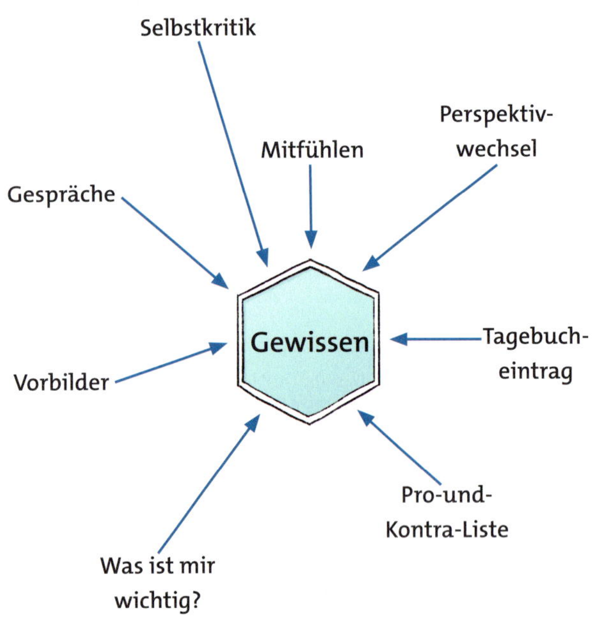

▲ *Hilfen und Methoden bei der Gewissensbildung*

auf unterschiedliche Weise. Bei manchen Menschen tut sie dies früher als bei anderen oder auch in anderen Situationen.

Wie findet Gewissensbildung statt?

Von Kindheit an verinnerlichen wir Regeln, die verschiedene Bereiche unseres Lebens und Zusammenlebens in einer Gemeinschaft betreffen: warten, bis die Ampel grün wird, den Müll in den Abfalleimer werfen, nicht ohne gültiges Ticket mit dem Zug fahren, nicht stehlen, ehrlich sein … Werden diese erlernten Regeln verletzt, schlägt das Gewissen Alarm und die „innere Stimme" sagt, dass etwas falsch läuft.

Das Gewissen entwickelt sich durch Üben und Reflexion: Eine Entscheidungssituation, in der wir stehen, setzt die Kenntnis möglichst vieler Hintergrundinformationen voraus und verlangt nach der Abwägung der, zum Teil widerstreitenden, Werte und Interessen. Dabei ist es unerlässlich, nicht nur sich selbst und die eigenen Interessen in den Blick zu nehmen, sondern die zu entscheidende Frage auch aus der Perspektive anderer Beteiligter und Betroffener zu betrachten. Mit den eigenen Wertvorstellungen im Hintergrund gilt es dann, die verschiedenen Möglichkeiten gegeneinander abzuwägen und so zu einer Entscheidung zu kommen. Der Prüfstein für diese Entscheidung ist wiederum die „innere Stimme": Hält die Entscheidung den eigenen Prinzipien und Wertvorstellungen stand?

Doch das Gewissen kann auch irren. Manchmal trifft man in guter Absicht eine falsche Entscheidung, weil man nicht ausreichend über eine Sache informiert war, den falschen Beratern vertraut hat oder einfach zu sehr das eigene Wohl (oder das eines anderen) im Auge hatte. Bei der Entwicklung des Gewissens kann selbst ein „Fehlschlag" von Nutzen sein, indem man eine Entscheidung selbstkritisch hinterfragt und daraus für folgende Situationen lernt.

» *Sein Gewissen war rein. Er benutzte es nie.* «
Stanislaw Jerzy Lec

Das eigene Gewissen „trainieren"

Das jüdische Mädchen Anne Frank muss wegen der Verfolgung durch die Nationalsozialisten in Amsterdam untertauchen: Mit ihrer Familie und fünf weiteren Personen versteckt sie sich im Hinterhaus des ehemaligen Geschäfts des Vaters. In den zwei Jahren bis zur Entdeckung am 4. August 1944 schreibt Anne Tagebuch in Form von Briefen an die fiktive Freundin Kitty. Darin hält sie die Ereignisse im Hinterhaus, ihre Gefühle und Gedanken fest. Zu den Themen, mit denen sie sich auseinandersetzt, gehören die Liebe, das Schreiben und immer wieder das Gewissen.

▲ *Anne Franks Tagebuch, das sie zu ihrem 13. Geburtstag geschenkt bekam, hier: Eintrag vom 28. September 1942*

Donnerstag, 6. Juli 1944

Liebe Kitty!

(...) Immer wieder höre ich sowohl von Margot als von Peter: „Ja, wenn ich so stark und mutig wäre wie du, wenn ich so meinen Willen durchsetzen könnte, wenn ich solche Ausdauer hätte, ja dann ...!"

Ist es wirklich eine gute Eigenschaft, dass ich mich nicht beeinflussen lasse? Ist es richtig, dass ich fast ausschließlich dem Weg meines eigenen Gewissens folge?

Ehrlich gesagt, ich kann mir nicht richtig vorstellen, wie jemand sagen kann „Ich bin schwach" und dann auch schwach bleibt. Wenn man so etwas doch schon weiß, warum dann nicht dagegen angehen, warum den Charakter nicht trainieren? Die Antwort war: „Weil es so viel bequemer ist." Diese Antwort hat mich ein bisschen missmutig gemacht. Bequem? (...) Wir leben alle, aber wissen nicht, warum und wofür. Wir leben alle mit dem Ziel, glücklich zu werden, wir leben alle verschieden und doch gleich. Wir drei sind in einem guten Kreis erzogen worden, wir können lernen, wir haben die Möglichkeit, etwas zu erreichen, wir haben Grund, auf Glück zu hoffen, aber – wir müssen uns das selbst verdienen. Und das ist etwas, was mit Bequemlichkeit nie zu erreichen ist. (...)

Wie schön und gut wären alle Menschen, wenn sie sich jeden Abend die Ereignisse des Tages vor Augen riefen und prüften, was an ihrem eigenen Verhalten gut und was schlecht gewesen ist. Unwillkürlich versucht man dann jeden Tag von Neuem, sich zu bessern, und selbstverständlich erreicht man dann im Laufe der Zeit auch einiges. Dieses Mittel kann jeder anwenden, es kostet nichts und ist sehr nützlich. Denn wer es nicht weiß, muss es lernen und erfahren: „Ein ruhiges Gewissen macht stark!"

Deine Anne M. Frank

---

1 Nennt Einflüsse, die zur Gewissensbildung beitragen. Begründet, welche ihr für besonders wichtig haltet.

2 In der Grafik werden Methoden und Verhaltensweisen genannt, die bei der Entscheidungsfindung helfen können.
- Tauscht euch aus, welche der Möglichkeiten ihr selbst schon einmal angewandt habt. Ergänzt ggf. weitere.
- Diskutiert, inwiefern diese Hilfestellungen unterstützen.

3 Greift die Situationen auf ▶ S. 7 auf und beurteilt sie noch einmal unter dem Aspekt des Gewissens.

4 Anne erklärt ihre Einstellung zum Thema „Gewissen".
- Lest den Text und arbeitet die Kernaussage heraus.
- Interpretiert die Aussage *„Ein ruhiges Gewissen macht stark!"*. Stimmt ihr zu? Begründet eure Meinung.
- Zeigt Konsequenzen einer solchen Haltung auf.

5 Das Gewissen kann auch irren: Findet Beispiele. Diskutiert: Warum ist eine „falsche" Gewissensentscheidung trotzdem nicht wertlos? Bezieht auch das Zitat von Stanislaw Jerzy Lec in eure Überlegung ein.

Biblische Entscheidungshilfen: der Dekalog

In der Bibel gibt es Regeln – Gebote und Verbote –, die den Menschen Halt und Orientierung im Leben geben und helfen, Entscheidungen zu treffen. Im Dekalog sind die grundlegenden Gebote zusammengefasst.

Der Prolog

Die „zehn Worte“ des ▸ Dekalogs beginnen mit einer Vorrede, die so wichtig ist, dass im Judentum dieser Satz bereits als „erstes Wort“ gilt: *„Ich bin der HERR, dein Gott, der dich aus dem Land Ägypten geführt hat, aus dem Sklavenhaus“* (▸ Ex 20,2).

Diese Vorrede – auch Prolog genannt – liefert den entscheidenden Hinweis, wie die danach folgenden Gebote einzuordnen und zu verstehen sind. Das Volk Israel wird hier an eine zentrale Befreiungserfahrung erinnert, den ▸ Exodus: Gott hat die Israeliten aus der Sklaverei und Gefangenschaft in Ägypten befreit, er eröffnet ihnen neue Lebensmöglichkeiten. Sie müssen ihr Leben in Freiheit nun selbst in die Hand nehmen und gestalten. Die neue, von Gott geschenkte Freiheit soll nicht leichtfertig aufs Spiel gesetzt, sondern in Verantwortung gelebt werden und Bestand haben. Der Dekalog schafft hierfür einen Rahmen. Um ein gelingendes Leben der Israeliten miteinander zu ermöglichen, übergibt ihnen Gott durch Mose am Sinai diese Weisungen.

▲ *Der Musiker Udo Lindenberg malte 2001 einen Bilderzyklus zu den Zehn Geboten und begründete dies so: „Weil einige erheblich aktualisiert werden müssten.“ (hier: Bild 1 zum Prolog)*

Die Zehn Gebote

2 Ich bin der HERR, dein Gott, der dich aus dem Land Ägypten geführt hat, aus dem Sklavenhaus.

3 Du sollst neben mir keine anderen Götter haben. 4 Du sollst dir kein Kultbild machen (…) 5 Du sollst dich nicht vor ihnen (anderen Göttern) niederwerfen und ihnen nicht dienen. (…)
7 Du sollst den Namen des HERRN, deines Gottes, nicht missbrauchen; (…)
8 Gedenke des Sabbats: Halte ihn heilig! 9 Sechs Tage darfst du schaffen und all deine Arbeit tun. 10 Der siebte Tag ist ein Ruhetag, dem HERRN, deinem Gott, geweiht. An ihm darfst du keine Arbeit tun (…)
12 Ehre deinen Vater und deine Mutter, damit du lange lebst in dem Land, das der HERR, dein Gott, dir gibt!
13 Du sollst nicht töten.
14 Du sollst nicht die Ehe brechen.
15 Du sollst nicht stehlen.
16 Du sollst nicht falsch gegen deinen Nächsten aussagen.
17 Du sollst nicht das Haus deines Nächsten begehren. Du sollst nicht die Frau deines Nächsten begehren, (…) oder irgendetwas, das deinem Nächsten gehört.

aus Ex 20,2–17

▲ *Udo Lindenberg, 2001 (hier: Bild 5, zum „Sabbatgebot")*

geruht. So soll es auch der Mensch machen und seine Arbeit und Geschäftigkeit für einen Tag unterbrechen. Darauf gründet das Gebot, den Sabbat bzw. Schabbat (▸ S. 114) zu heiligen. Die dritte Weisung stellt einen Gegenentwurf zum menschlichen Streben und Schaffensdrang dar und lenkt die Aufmerksamkeit auf andere Aspekte des Menschseins. Der siebte Tag der Woche soll sich von den anderen Tagen unterscheiden. In heutigen Worten bedeutet die Weisung: Man darf aus dem Trott der Woche „ausbrechen". Für Christinnen und Christen ist der Sonntag der Ruhetag und „dem HERRN geweiht". Am „Tag des Herrn" feiern sie in der Eucharistie die Auferstehung Jesu Christi.

Du sollst ..., du wirst ...

Auch wenn das „du sollst" den Eindruck von strikten Vorschriften entstehen lässt, so sind die Gebote also vielmehr Weisungen, die die Grundlage der eigenen Freiheit darstellen und diese sichern. Sie setzen den Menschen nicht unter Druck. In der hebräischen Formulierung wird dies sehr gut deutlich. Wenn man wörtlich übersetzt, kann man „du sollst" auch mit „du wirst" wiedergeben. Die Verbform verweist auf ein zukünftiges Verhalten und Handeln. Dahinter steht der Gedanke, dass die Gebote nicht einfach aus Gehorsam Gott gegenüber zu befolgen sind. Es geht nicht um Befehle oder Anweisungen. Das Befolgen der Gebote ist vielmehr eine Konsequenz aus der Erfahrung, dass Gott aus der Unterdrückung befreit. Wer diese Erfahrung gemacht hat, wird sich „von selbst" so verhalten, dass ein gutes Leben in Freiheit für alle möglich ist.

Ein Beispiel: „Gedenke des Sabbats"

Wer arbeitet, braucht auch Erholung. Gemäß der ersten Schöpfungserzählung hat Gott an den ersten sechs Tagen die Schöpfung erschaffen, am siebten Tag jedoch

---

1 Stellt dar, warum der Prolog für das richtige Verständnis des Dekalogs wichtig ist. Was würde sich ohne den Prolog ändern?

2 Erstellt zu den Begriffen „Freiheit" und „Verantwortung" jeweils ein Akrostichon.

3 Analysiert die einzelnen Weisungen des Dekalogs: Welche Werte sollen hier geschützt werden? Wie wird dadurch Freiheit gesichert?

4 Formuliert zu zweit eigene Regeln für ein gelingendes Zusammenleben. Benennt dabei die Lebensbereiche und Werte, die geschützt werden sollen, und vergleicht eure Regeln mit den Weisungen des Dekalogs.

5 Betrachtet die beiden Bilder, die Udo Lindenberg zu den Zehn Geboten angefertigt hat.
- Benennt die Schwerpunkte und Aktualisierungen, die er darin umgesetzt hat.
- Führt eine Pro-und-Kontra-Diskussion: Findet ihr Lindenbergs Interpretation der Gebote gelungen?

Tipp zu Aufgabe 5: Die ganze Serie mit vierzehn Bildern von Udo Lindenberg ist auch im Internet zugänglich.

Jesus fordert heraus: die Bergpredigt

Sie ist ein Text mit Sprengkraft: Die sogenannte Bergpredigt gilt als Dreh- und Angelpunkt der Ethik Jesu. Sie ist eine herausfordernde Botschaft, an der Menschen sich bis heute immer auch reiben: Kann man nach den Forderungen der Bergpredigt leben – oder ist das nicht viel zu idealistisch?

Dass Jesus seine berühmte Rede nach der Darstellung des Evangelisten Matthäus (▸ Mt 5–7) auf einem Berg hält, unterstreicht deren Bedeutung. Das erinnert daran, dass auch Mose der biblischen Überlieferung nach die Zehn Gebote auf dem Berg Sinai erhalten hat. Inhaltlich knüpft Jesus an die alttestamentlichen Gebote an, er interpretiert sie jedoch weit radikaler und umfassender. Jesus macht deutlich, dass Gottes Wille nicht bereits dadurch erfüllt ist, dass man sich formal an die Gebote hält und nicht gegen sie verstößt. Seine Forderungen heben den eigentlichen Sinn der Gebote hervor und zeigen, wie man den Wert ernst nimmt, der hinter der alttestamentlichen Weisung steht.

▲ *Günther Uecker, 2002*

„Ihr habt gehört, ..."

Besonders deutlich wird dies in den „neuen Thesen", mit denen Jesus in ▸ Mt 5,21–48 seine Zuhörerschaft konfrontiert. Jede dieser Thesen greift mit der Formulierung „Ihr habt gehört ..." bekannte Verhaltensregeln auf und spitzt sie zu. Da geht es etwa um die Aufforderung zur Wahrhaftigkeit: Bezieht sich die Weisung in der Formulierung des achten Gebots des ▸ Dekalogs lediglich auf das Gerichtsverfahren, so geht Jesus mit seiner Forderung über dieses förmliche Verständnis von Wahrhaftigkeit weit hinaus: Er fordert generell Verlässlichkeit dessen, was man sagt.

Das Gebot der Nächstenliebe, das ausdrücklich auch die Feindesliebe einschließt, gilt als Inbegriff christlicher Ethik. Es ist eine grundsätzliche Mahnung, nicht egoistisch, sondern mitmenschlich zu handeln.

» *Ihr habt gehört, dass zu den Alten gesagt worden ist: Du sollst keinen Meineid schwören, und: Du sollst halten, was du dem Herrn geschworen hast. Ich aber sage euch: Schwört überhaupt nicht. (...) Eure Rede sei: Ja ja, nein nein.* «

Mt 5,33–37a

» *Ihr habt gehört, dass gesagt worden ist: Du sollst deinen Nächsten lieben und deinen Feind hassen. Ich aber sage euch: Liebt eure Feinde und betet für die, die euch verfolgen.* «

Mt 5,43–44

» Alles, was ihr wollt, dass euch die Menschen tun, das tut auch ihnen! Darin besteht das Gesetz und die Propheten. « Mt 7,12

Die Goldene Regel

Wesentliche ethische Forderungen der ▸ Bergpredigt lassen sich in der sogenannten Goldenen Regel zusammenfassen. Sie bietet eine verständliche Kurzform, die eine wünschenswerte Beziehung zwischen den Menschen beschreibt. Nicht das Gesetz wird zum Verhaltensmaßstab, sondern der Mensch selbst, seine eigenen Wünsche. Der oder die Handelnde wird damit zum Vorbild: Die Erwartungen, die andere erfüllen sollen, müssen zunächst von ihm oder ihr selbst erfüllt werden. Alle, einschließlich der eigenen Person, stehen damit – unparteilich – unter dem gleichen Maß.
Doch Jesus gibt keine konkreten Handlungsanweisungen für bestimmte Situationen, er setzt den Rahmen. Die konkrete Ausgestaltung muss jeder Mensch selbst vornehmen.

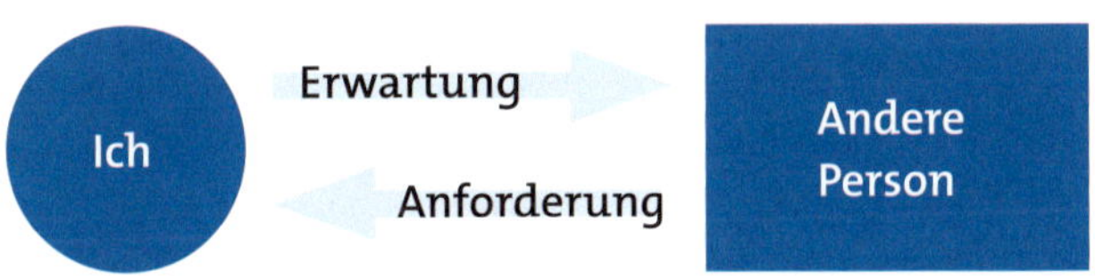

▲ *Die Ethik der „Goldenen Regel", die für das Christentum in der Bergpredigt formuliert ist (▸ Mt 7,12), ist seit dem Altertum bekannt und eine wichtige Grundlage in vielen Weltreligionen. Sie basiert auf dem Prinzip der Gegenseitigkeit (Reziprozität).*

Das Reich Gottes als Gabe und Aufgabe

Jesus hat in seiner Botschaft zugesagt, dass das ▸ Reich Gottes kommt – und es mit ihm und seinem Auftreten schon angefangen hat (▸ Kapitel 2). Seine Ethik folgt dabei einer besonderen Logik. Er kehrt gängige Denkmuster um, nach denen gutes Handeln die Voraussetzung für eine Belohnung ist. Jesus leitet vielmehr aus einer Gabe (die Zusage, am Reich Gottes teilzuhaben) eine Aufgabe ab, nämlich die Aufforderung zu einem entsprechenden ethischen Handeln: „Du bist ein Kind Gottes, also handle so!"

Wie würdest du entscheiden?

Leni ist begeisterte Social-Media-Nutzerin und postet mindestens ein Bild pro Tag. Wegen ihrer spektakulären Bilder hat sie bereits zahlreiche Follower. Auch in der Schule finden sie deswegen viele toll. Was jedoch nur ihre beste Freundin Julia weiß, ist, dass Lenis Posts nicht echt sind: Sie bedient sich an Bildern aus dem Internet und bearbeitet diese anschließend.

Leni täuscht ganz bewusst. Wie soll Julia damit umgehen?

---

1 Der für seine Nagelbilder bekannte Künstler Günther Uecker hat sich im Bild links mit der Bergpredigt ▸ Mt 5,43–44 auseinandergesetzt. Beschreibt das Bild und stellt Fragen dazu. Teilt einander eure Beobachtungen mit und klärt eure Anfragen.

2 Vergleicht ▸ Ex 20,16 (▸ S. 20) und ▸ Mt 5,33–37 und erläutert die neutestamentliche Zuspitzung des Gebots. Erstellt eine Mindmap mit Beispielen, was für euch zu „ehrlich sein" dazugehört.

3 Lest in der Bibel den Abschnitt ▸ Mt 5,21–48 mit den „neuen Thesen" Jesu.
- Ordnet jeder These einen Wert zu, der dadurch besonders geschützt werden soll.
- Konkretisiert die Rede Jesu für die heutige Zeit: Wie können die angesprochenen Werte geschützt werden?

4 Erläutert, was verantwortliches Handeln im Sinne der Goldenen Regel bedeutet.
- Sammelt zu zweit Situationen, in denen es leicht oder aber schwer ist, danach zu handeln.
- Arbeitet heraus, worin die Herausforderung bei der Orientierung an der Goldenen Regel besteht.
- Diskutiert: Gilt die Goldene Regel immer?

5 Entscheidet für Julia. Bezieht Aufforderungen aus der Bergpredigt mit ein. Wie sollte Julia sich verhalten, falls ein Gespräch mit Leni erfolglos bleibt?

Tipp zu Aufgabe 2: Ehrlichkeit ist nicht nur eine Haltung („nicht lügen", „zu dem stehen, was man sagt"), sondern soll sich auch in Taten äußern („einstehen für die Wahrheit").

Die Qual der Wahl

Jeder Tag bringt eine Reihe von Entscheidungen mit sich. Manche sind leicht zu treffen, andere schwerer, weil z. B. mehrere Personen beteiligt sind und es für verschiedene Entscheidungsmöglichkeiten gute Gründe gibt. Doch wie und auf welchen Grundlagen treffen wir eigentlich Entscheidungen?

Natürlich ist es auch eine Entscheidungssituation, ob ich das weiße oder das blaue T-Shirt anziehe oder zwischen Lernen und Freunde treffen wählen muss. Manche Entscheidungen aber sind bedeutsamer: Sie beziehen sich nicht nur auf persönliche Vorlieben, sie sind vielmehr mit grundlegenden Werten verknüpft und haben mitunter weitreichendere Folgen für den Einzelnen, für andere Beteiligte oder gar für die Gesellschaft. Diese Art von Entscheidung verlangt nach einer ernsthaften Auseinandersetzung.

Interessen abwägen

Die Welt ist komplex. Man kann ein und dieselbe Situation aus guten Gründen von verschiedenen Standpunkten aus betrachten. Sowohl die eine als auch die andere Entscheidung – oder auch weitere – ist mit Bezug auf ganz unterschiedliche Werte, Einstellungen und Motive begründbar. Die widerstreitenden Werte, Motive und Interessenslagen der Menschen führen in Entscheidungssituationen oft zu Konflikten. Um diese zu lösen ist es einerseits notwendig, die Perspektive zu wechseln und sich in die andere Person hineinzuversetzen und mit deren Motiven und Wertvorstellungen und den daraus resultierenden Entscheidungen respektvoll umzugehen. Gleichzeitig gilt es, durch eine sogenannte Güterabwägung zu einer Bewertung der verschiedenen Alternativen zu kommen, die mit den Interessen und Wertvorstellungen aller Beteiligten vereinbar ist (Kompromiss). So finden Entscheidungen nicht nur auf der Gefühlsebene statt, sondern können auf der Sachebene reflektiert und begründet werden.

sich impfen lassen Mobbing einer Mitschülerin dem Klassenlehrer melden *einem Bettler Geld geben* **bei Altersangaben schummeln** mit dem Auto oder mit dem Fahrrad zur Schule fahren für das Amt des Klassensprechers kandidieren

In der Zwickmühle

Manchmal müssen wir uns zwischen zwei (oder mehr) Möglichkeiten entscheiden, von denen jede zu einer unangenehmen oder unerwünschten Folge führt oder sogar zu einem Wertekonflikt. Eine solche Situation nennt man Dilemmasituation oder Dilemma. In einer Dilemmasituation kann es nicht gelingen, „allen Seiten" gerecht zu werden. Eine Entscheidung verursacht vielmehr auf jeder „Seite" einen Schaden.

Wie würdest du entscheiden?

Eine Klassengrillparty ist geplant. Lea, Florian und Caro besorgen das Essen und erhalten dafür Geld aus der Klassenkasse. Es kommt zu Diskussionen: Florian möchte für die Grillparty Fleisch von „glücklichen Tieren" kaufen. Lea ist vor allem wichtig, dass das Budget für alle reicht. Caro ist Veganerin.

(Wie) Können alle Interessen berücksichtigt werden?

1 Bringt die Entscheidungsfragen von dieser und den anderen Seiten des Kapitels in eine Reihenfolge: Welche haltet ihr für einfach und welche für so schwierig, dass sie einer intensiven Klärung bedürfen? Ihr könnt die Rangliste mit Situationen aus eurem Alltag ergänzen.

2 Stellt Thesen auf, wieso es für die Schulung der ethischen Kompetenz wichtig ist, bei Entscheidungen ins Gespräch zu kommen.

3 Bearbeitet die Konfliktsituation von Lea, Florian und Caro oben mit den einzelnen Schritten auf ▸ S. 25. Auf die gleiche Weise könnt ihr anschließend eine andere Situation von eurer Liste bearbeiten.

So geht's
Eine Entscheidungsfrage diskutieren

Wie findet man eine gute und alle Beteiligten zufriedenstellende Entscheidung? Nicht alle kommen in derselben Situation zum gleichen Ergebnis, denn meist sprechen Gründe sowohl für als auch gegen eine Entscheidungsvariante oder es stehen verschiedene Werte und Wertvorstellungen miteinander in Konkurrenz. Die folgenden acht Schritte zeigen, wie man die Komplexität einer Entscheidungsfrage erfassen und zu einer verantwortungsvollen Entscheidung kommen kann.

1 Entscheidungssituation klären

Erschließt die Ausgangslage, indem ihr euch in die Entscheidungssituation und die daran beteiligten Personen hineinversetzt. Formuliert die Entscheidungsfrage. Notiert sie für alle gut sichtbar, z. B. an der Tafel.

2 Entscheidungsmöglichkeiten sammeln

Überlegt gemeinsam, welche Entscheidungen möglich sind. Ziel ist es, einen Überblick über die Vielfalt der Meinungen zu erhalten. Ihr könnt z. B. jede Möglichkeit auf einem separaten Zettel notieren und diese in verschiedenen Ecken des Klassenzimmers aufhängen.

3 Position beziehen

Entscheidet euch selbst spontan für eine der gefundenen Möglichkeiten. Formuliert die Motive und die Werte hinter eurer Entscheidung und notiert deren Grundlage (z. B. ▸ Dekalog, Gesetze etc.). Macht euch dazu stichpunktartige Notizen.

4 Position prüfen und entfalten

Bildet zu jeder Entscheidungsvariante eine Kleingruppe und bringt eure Argumente ein. Sammelt die verschiedenen Motive und Werte, die für die Entscheidung eine Rolle spielen. Prüft und diskutiert, ob bestimmte Werte in der konkreten Situation höher zu bewerten sind als andere. In einer Wertepyramide (▸ S. 63) könnt ihr darstellen, welche Werte bei eurer Entscheidung welchen Rang haben.
Entfaltet gemeinsam die Position der Gruppe und strukturiert diese, z. B. in Form einer Mindmap.

5 Austausch und Diskussion

Diskutiert die Argumente im Plenum, z. B. mit einer Debatte oder Fishbowl.
Unterscheidet und bewertet dabei die jeweiligen Argumente hinsichtlich ihrer Tragfähigkeit und ihres Gewichts. Ihr könnt z. B. prüfen, welche der Argumente grundsätzlicher Art sind, welche akzeptabel und welche nur „vorgeschoben".
Geht anschließend wieder in euer Meinungslager zusammen und beratet die Argumente der Gegenseite. Überprüft, inwiefern sie eure Position beeinflussen.

6 Weiterführen der Diskussion

Erstellt im Plenum ein Stimmungsbild mittels einer Abstimmung. Prüft, ob sich aus der Diskussion die Handlungsmöglichkeiten verändert bzw. verringert haben.

7 Entscheiden

Entscheidet euch, wenn möglich gemeinsam, für eine der Handlungsmöglichkeiten, die nach der Diskussion übrig geblieben sind. Wenn kein Kompromiss möglich ist, entscheidet euch individuell für den nach eurer Meinung besten Weg.

8 Übertragen und verallgemeinern

Prüft, ob es sich bei dem diskutierten Problem und der Lösung um einen Sonderfall handelt oder ob sich diese auch auf ähnliche Entscheidungssituationen übertragen lässt. Formuliert, wenn möglich, eine allgemeingültige Handlungsempfehlung, die sich daraus ableiten lässt.

Tipp: Auch wenn ihr allein für euch eine Entscheidung fällen müsst, könnt ihr nach diesem Muster vorgehen. Ihr könnt nach Schritt 2 jeweils „so tun", als ob ihr euch für eine Möglichkeit entschieden hättet, und die Positionen nacheinander beleuchten und bewerten.

Kleider machen Leute – und Probleme

Jeder Mensch braucht Kleidung. Für viele gehört sie zum Ausdruck ihrer Persönlichkeit. Die Kleidungsproduktion wirft jedoch auch erhebliche ethische Fragen auf. Das beginnt bei der Herstellung, den Produktionsbedingungen und den Ressourcen, die dafür aufgewendet werden müssen, und reicht bis zu den Fragen der Entsorgung der getragenen, abgelegten Kleidungsstücke.

Der Altkleider-Wahnsinn

Das Rad mit neuer Kleidung dreht sich immer schneller. Gab es früher zu jeder Jahreszeit eine neue Kollektion, kommen inzwischen bis zu 24 Kollektionen im Jahr in die Läden. Damit dann zu Hause die Kleiderschränke nicht überquellen, bringen die Deutschen ihre nicht mehr getragene Kleidung zum Altkleidercontainer. Seit Mitte der 1990er-Jahre ist die Altkleiderflut um 20 Prozent angeschwollen – und sie wächst weiter. „In Deutschland werden in jedem Jahr rund eine Million Tonnen Textilien in Altkleidersammlungen gegeben. Das ist wirklich eine riesige Menge", sagt Thomas Ahlmann von FairWertung. (…) Solche Spenden sind super - wird damit doch Bedürftigen geholfen und die Umwelt geschont, weil die Kleider weiterverwertet werden! Bloß: (…) Weniger als zehn Prozent der abgelegten Kleidung wird von karitativen Organisationen, in deren Namen die Sammelcontainer aufgestellt sind, gebraucht. Den Rest kaufen kommerzielle Altkleidersammler. Durch den Verkauf nimmt beispielsweise das Deutsche Rote Kreuz rund 13,5 Millionen Euro jährlich ein. (…) Die Kleidung geht nach Osteuropa, in den Mittleren Osten, nach Mittelasien und vor allem nach Afrika. (…) Es gehe (…) gar nicht um Bedürftigkeit, meint Friedel Hütz-Adams vom Südwind-Institut. (…) Bleibt am Ende noch das ökologische Argument. Immerhin wird knapp die Hälfte der Secondhand-Kleidung weiter verwertet, anstatt direkt im Müll zu landen. (…) Hütz-Adams findet das Umweltargument (…) vermessen: „Wir kaufen die neuen Sachen, aber wenn es dann um den Ökoaspekt geht, dann heißt das nicht, dass wir die Sachen so lange tragen sollen, wie sie eigentlich eine Lebenszeit haben, sondern das sollen dann andere machen."

Insa Wrede, Deutsche Welle, 27.11.2018

Arbeits- und Menschenrechte in der Textilindustrie

(…) Gerade innerhalb der globalen Bekleidungs- und Sportartikelindustrie (…) beobachtet die Zivilgesellschaft seit Jahren vier Kernprobleme: Niedriglöhne, Missbrauch von Kurzzeitverträgen und anderen prekären Beschäftigungsformen, Verstöße gegen die Vereinigungsfreiheit sowie Betriebsschließungen aufgrund von Umstrukturierungen. Arbeitsrechtsverletzungen und Missstände sowie deren Vertuschung sind gängige Praxis in den weltweit tätigen Zulieferfirmen und werden von Abnehmerfirmen bis heute immer wieder geleugnet. So reicht beispielsweise der Lohn der Näherinnen in China oder Bangladesch kaum, um den Lebensunterhalt zu sichern. Markenfirmen, Discounter und Handelshäuser übernehmen nicht konsequent Verantwortung für die oft menschenunwürdigen Arbeitsbedingungen.

Berndt Hinzmann, Bundeszentrale für politische Bildung, Dossier Menschenrechte, 12.10.2009

Der große Stau der alten Kleider – Textil-Recycling vor dem Kollaps

Von 2013 bis 2018 hat sich die Sammelmenge in Deutschland um 300.000 Tonnen auf 1,3 Millionen Tonnen Altkleider erhöht. Pro Kopf sammelten die Menschen zuletzt 15,3 Kilo Klamotten im Jahr. (…) Über Verwertungsunternehmen wird ein Teil der Kleidung nach Afrika, West- und Osteuropa, in den Nahen Osten und nach Asien exportiert (…). Laut der UN-Datenbank Comtrade exportierte Deutschland 2019 Altkleider im Wert von 368 Millionen US-Dollar. (…) Doch daraus entsteht vor Ort ein (…) Problem. Der Import von Secondhand-Kleidung (…) bringt zwar Händlern (…) Geld ein, doch Textilherstellern gibt es keine Chance. „Es tötet die örtliche Industrie", sagt Christophe Bazivamo, der stellvertretende Generalsekretär der East African Community (EAC) für die Produktionssektoren. Einst habe es in vielen ostafrikanischen Ländern florierende Textilproduktion gegeben – doch weil die Märkte mit Altkleidern aus dem Ausland überschwemmt wurden, sei die Produktion gesunken. „Jobs entlang der ganzen Wertschöpfungskette sind verloren gegangen." Daher hatten die Mitgliedstaaten der EAC eigentlich ein Verbot des Imports von Altkleidern beschlossen, bislang hat das aber nur Ruanda umgesetzt.

Larissa Schwedes, Gioia Forster und Johannes Neudecker, Absatzwirtschaft, 26.6.2020

Fast Fashion – Slow Fashion

Das modische Konsumverhalten vieler Menschen lässt sich mit dem Begriff *Fast Fashion* überschreiben. Aktuelle Trends wechseln in schnellem Rhythmus. Angebot und Nachfrage von Kleidung haben sich zwischen 2000 und 2015 weltweit verdoppelt. Neue Kollektionen kommen inzwischen monatlich oder sogar wöchentlich auf den Markt. Gleichzeitig wird die Kleidung in Deutschland im Schnitt immer weniger lang getragen, bevor sie entsorgt wird. Die Mode muss günstig sein, um Kaufanreize zu schaffen. Folglich muss auch möglichst billig produziert werden. Das hat zahlreiche negative Auswirkungen, z. B. auf die Höhe der Löhne, auf die Qualität der Materialien, auf die Umweltverträglichkeit der Produktionsprozesse. Dieser Tendenz will die Idee der *Slow Fashion* entgegenwirken. Hier stehen Nachhaltigkeit der Produktionsbedingungen und Produkte im Fokus. Doch das hat seinen Preis.

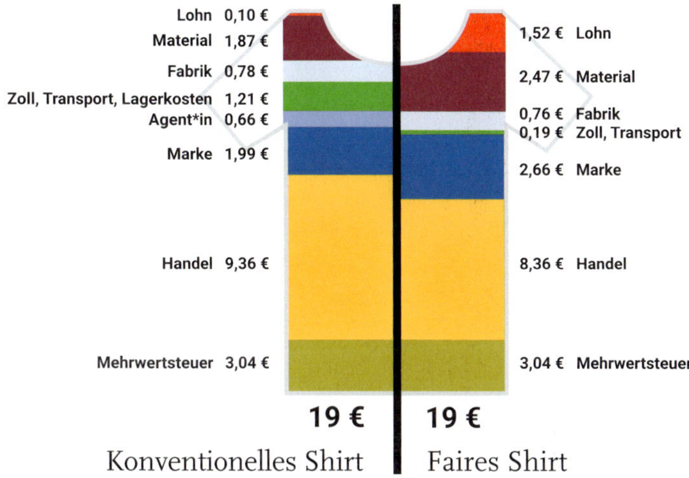

▲ *Eine Beispielrechnung, die den Preis für ein konventionelles (links) und ein faires Shirt (rechts) aufschlüsselt. Der Anteil von Fabrik, Marke und Handel beinhaltet auch deren Gemeinkosten (Betriebskosten etc.). Beim fairen Shirt sind 2 % Gewinn kalkuliert.*

Folgen für die Umwelt

Die Folgen der Kleiderproduktion für die Umwelt sind – auch bei Slow Fashion – enorm. Die Modeindustrie verbraucht weltweit jährlich rund 80 Milliarden Kubikmeter Wasser, das sind rund 10 % des industriell genutzten Wassers und entspricht fast der doppelten Menge des Bodensees. Die Treibhausgasemission übersteigt die des gesamten Flug- und Schiffsverkehrs. Mit 500 000 Tonnen geht mehr als ein Drittel aller Mikrofasern, die jedes Jahr ins Meer gelangen, auf das Waschen von Synthetikkleidung zurück. Aussortierte Kleidung wird zu 80 % entsorgt.

Wie würdest du entscheiden?

Jasmin hat eine erschütternde Reportage über die miserablen Arbeitsbedingungen von Näherinnen in einer Textilfabrik in Bangladesch gesehen. Sie weiß, dass auch die Kleidung von ihrem Lieblingslabel dort gefertigt wird. Jetzt hat sie ihr absolutes Traumkleid von dieser Marke gesehen … Sie würde es so gern bei der Party nächste Woche tragen!

Soll Jasmin das Kleid kaufen? Was rätst du ihr?

1 Arbeitet aus den Texten und der Grafik zentrale Probleme der Kleidungsproduktion heraus. Wählt einen Aspekt und informiert euch dazu genauer. Stellt darüber ein kurzes Faktenpapier zusammen.

2 Beim Kauf eines Kleidungsstücks geraten Werte in Konflikt.
- Bedenkt die Perspektiven der verschiedenen Beteiligten in der Herstellung, im Handel, der Verbraucherin bzw. des Verbrauchers und beschreibt deren Interessen.
- Zeigt auf, zu welchen Wertekonflikten das Konsumverhalten bei Fast Fashion führt.

3 Diskutiert: Ist Slow Fashion die bessere Fashion? Findet Argumente dafür und dagegen.

4 Erörtert, ob ein Wertewandel das System der Kleidungsindustrie verbessern könnte. Was müsste dann geschehen? Was könntet ihr selbst dazu beitragen?

5 Formuliert Entscheidungsregeln, die für das Konsumverhalten gelten sollten. Bezieht in eure Überlegungen die in diesem Kapitel angeführten Entscheidungshilfen ein.

Tipp zu Aufgabe 4: Bedenkt auch den Einfluss, den (soziale) Medien und sogenannte Influencer dabei haben können.

Zeige, was du kannst

◂ *James Hopkins, 2006*

Aufgabe A: Wasted Youth

1 Der Künstler James Hopkins hat seinem Stillleben den Titel „Wasted Youth“ gegeben. Beschreibe das Bild und stelle Vermutungen an, wie er zu diesem Titel kommt.
2 Im Laufe des Lebens verändern sich Haltungen, Einstellungen und Werte, die einem wichtig sind. Benenne mithilfe der Gegenstände Werte, die dem Künstler wichtig waren.
3 Erstelle selbst ein Stillleben nach dem Vorbild Hopkins, in welchem Dinge abgebildet sind, die dir wichtige Werte und Einstellungen darstellen.
4 Begründe, welche dieser Werte zu einem gelingenden Leben beitragen können.
5 Überlege, wie dein Stillleben in zehn Jahren aussehen könnte. Was wäre vielleicht anders?

Aufgabe B: Prinzipientreue?

„Gut ist (bzw. recht ist), was das im jeweiligen Staat festgesetzte Gesetz festlegt.“

„Gut ist, was für möglichst viele Menschen von Nutzen ist.“

„Gut ist, was den Menschen Lustgewinn bringt.“

1 Finde beispielhaft Situationen, auf die sich diese Prinzipien anwenden lassen.
2 Gehe die Entscheidungssituationen des Kapitels noch einmal durch: Sind diese Prinzipien bei deinen Entscheidungen zum Tragen gekommen?
3 Hinterfrage die Prinzipien anhand der biblischen Entscheidungshilfen in der sogenannten ▸ Bergpredigt und im ▸ Dekalog. Führe Grenzen dieser Prinzipien auf.

Aufgabe C: Gewissen – belastender Ratgeber?

„Gesetze zu verschärfen ist sicher manchmal notwendig, notwendiger ist es, unser Gewissen zu schärfen.“
Richard von Weizsäcker, ehemaliger Bundespräsident

1 Deute das Bild rechts. Gehe dabei besonders auf den Titel des Bildes („Last“) ein.
2 Das ▸ Gewissen kann als Last empfunden werden. Nenne Situationen, in denen dies der Fall sein kann.
3 Erörtere das Zitat anhand eines aktuellen Beispiels. Setze dann die Äußerung Richard von Weizsäckers in Bezug zu Klees Bild.
4 Finde mithilfe der vorangehenden Seiten verschiedene Aspekte des Gewissens und gestalte anschließend ein Bild, in dem diese zum Ausdruck kommen.

▲ *Paul Klee, 1939*

Aufgabe D: Entscheidungs-Navi

Ist man beim Wandern oder im Straßenverkehr vom vorgesehenen Weg abgekommen, so benutzt man ein Navigationsgerät, um sich wieder zu orientieren. Häufig werden verschiedene Routen unter bestimmten Voraussetzungen angeboten.
Auch bei der Entscheidungsfindung kann man verschiedene Wege gehen – je nachdem, auf welche Entscheidungskriterien man besonderen Wert legt.

1 Entwirf eine solche Entscheidungsnavigation, in der die hier im Kapitel angesprochenen Entscheidungshilfen als markante Wegweiser vorkommen.
2 Vergleiche im Anschluss eure Navigationsmodelle.
3 Teste das „Navi“ mit einer Dilemmasituation. Blättere hierfür auch zurück zu den Waben auf ▸ S. 7. Überlege für dich, ob du die verschiedenen Handlungsmotive jetzt anders gewichtest als zu Beginn.

2 Gott zeigt Gesicht – Jesus von Nazaret

Ein Abbild Jesu?

Gott zeigt Gesicht, indem er Mensch wird. Dieser unglaubliche Vorgang steht im Zentrum des christlichen Glaubens. Damit rückt der Mann in den Fokus, durch den diese Menschwerdung wahr geworden ist: ▸ Jesus von Nazaret.

Seit Jahrhunderten fragen sich Christinnen und Christen, wer dieser Jesus war. Die meisten Bilder von ihm zeigen einen bärtigen Mann mit schmalem Gesicht und langem Haar. Die weitgehende Einigkeit bei der Darstellung Jesu beruht u. a. auf einem sehr alten Stück Leinenstoffs: dem Turiner ▸ Grabtuch. Auf ihm ist eine Art Abdruck einer männlichen Gestalt zu sehen. Manche glauben, das Bild zeige Jesus, dessen Leichnam in dieses Tuch gehüllt begraben worden sei. Das Tuch wurde im 14. Jahrhundert erstmals erwähnt. Heute wird es im Dom von Turin aufbewahrt und wie eine Reliquie (von lat. *reliquiae* = Zurückgelassenes; Überrest eines Körpers oder Gegenstand, der einer heiligen Person zugeschrieben wird) verehrt.

Über den Ursprung und die Bedeutung des Tuches wird seit jeher kontrovers diskutiert. Die Debatte um seine Echtheit zeigt, wie sehr den Menschen daran gelegen ist, sich von Jesus „ein Bild zu machen". Wissenschaftler der Universität Padua rekonstruierten im Jahr 2018 anhand des Bildes auf dem Grabtuch ein lebensgroßes 3D-Modell des Körpers, um dadurch eine exakte Abbildung des Mannes zu erstellen, der vielleicht Jesus war.

» *Millionen von Pilgern machen sich bei jeder Ausstellung auf den Weg nach Turin, um die Reliquie zu sehen. Andere nehmen dieses Phänomen nur kopfschüttelnd zur Kenntnis und sind der festen Überzeugung, das Leinen stelle nicht mehr als eine fromme Fälschung dar. Verschwörungstheoretiker wittern indes den ganz großen Betrug und behaupten, das Grabtuch enthülle sensationelle Wahrheiten über Jesus, welche die Existenz der Kirche gefährden und von ihr unter Verschluss gehalten würden.* «

Bernd Kollmann, evangelischer Theologe

◂ *Bearbeitung des Gemäldes „Salvator mundi" von Leonardo da Vinci (um 1500), 2024*

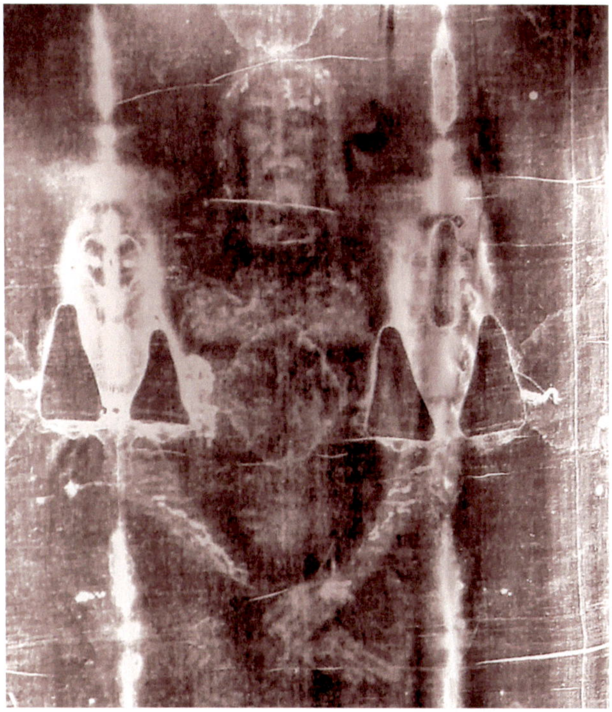

▴ *Detail des Turiner Grabtuches. In diesem Negativbild sind die hellen und dunklen Stellen vertauscht.*

1 Beschreibt die Darstellung von Jesus auf ▸ S. 30.
   - Schaut das Bild aus der Nähe und von fern an. Tauscht euch über eure Beobachtungen aus.
   - Schaut Jesus den Betrachter an oder an ihm vorbei? Zeigt auf, wie sich die Bildaussage jeweils verändert.
   - Diskutiert, ob man sagen kann, dass in Bildern von Jesus „Gott Gesicht zeigt".

2 Das Turiner Grabtuch fasziniert die Menschen bis heute.
   - Vergleicht das Bild vom Grabtuch mit dem Titelbild. Erklärt, worin ihr den Unterschied seht. Begründet, welchem Bild ihr den Vorzug gebt.
   - Erläutert mithilfe des Zitats von Bernd Kollmann und der Informationen aus dem Text die Grundpositionen in der Kontroverse um das Grabtuch und was sich daraus auf das Bild von Jesus schließen lässt.

3 Erörtert, ob es wichtig ist zu wissen, wie Jesus ausgesehen hat, und ob der Wunsch, sein Aussehen zu kennen, verständlich oder problematisch ist.

4 Wer ist Jesus für dich? Sammle Aspekte, die für dich in einem Jesusbild zum Ausdruck kommen sollten. Fertige eine Zeichnung oder Collage an, wie du ihn dir vorstellst.

Netzkarte

Bereits in den Evangelien werden vielfältige Perspektiven von Jesus Christus deutlich. Auch Künstler und Dichter deuten ihn auf ganz unterschiedliche Weise. Alle diese Deutungsangebote können dazu beitragen, einen persönlichen Zugang zu Jesus Christus zu entwickeln.

2 Jesus

… bewegt

… eckt an

… im Anderen erkennen

1 Sucht im Internet nach ▸ Jesus -Bildern, die euch gefallen, und erstellt daraus eine Collage. Begründet, warum ihr diese Bilder ausgewählt habt.

2 Haltet im Verlauf der Arbeit an diesem Kapitel in einem Advance Organizer fest, was euch bei den Jesus-Abbildungen im Kapitel auffällt. Bezieht dabei auch die methodischen Hinweise der So-geht's-Seite (▸ S. 45) ein.

3 Der evangelische Pfarrer Kurt Marti (1921–2017) suchte in seinen Gedichten nach Antworten auf die Frage: „Wer ist Jesus?"
- Beschreibt die Vorstellungen von Jesus, die in den Ausschnitten (▸ Kasten rechts) deutlich werden.
- Verfasst selbst ein Gedicht mit der Überschrift: „Wer ist Jesus für mich?"

Wer ist Jesus?

Der bekannteste Unbekannte.
Derjenige, dem ich Gott glaube.
Derjenige, der neu anfing.
Derjenige, der sein letztes Wort
noch nicht gesagt hat.

Kurt Marti

mit einer schar von freunden
(freundinnen auch)
durch galiläas dörfer und städte
ziehend
hat er kranke geheilt und
geschichten erzählt
von der weltleidenschaft des
ewigen gottes

Kurt Marti

Jesus ...

... geht an die Ränder

... ist den Menschen nah

... lehrt Versöhnung

Jesus lebt

„Wer ist dieser Jesus?" – Zu jeder Zeit haben Künstlerinnen und Künstler nach Antworten auf diese Frage gesucht und Jesus auf unterschiedliche Weise dargestellt. Auch heute findet man erstaunliche Jesusbilder, die oft ebenso umstritten sind.

Jesus in der „Popkultur"

Von den Jesusbildern in den Katakomben über die ▸ Ikonen und mittelalterliche Altarbilder bis zu den Darstellungen der modernen Kunst: Sie alle sind Zeugnisse für den immer neuen Versuch, die Person ▸ Jesus zu begreifen und zu deuten.
Auch zeitgenössische Künstlerinnen und Künstler, z. B. der Pop-Art oder der Street-Art, setzen sich mit Jesus auseinander. Sie finden Ausdrucksformen, die den Menschen heute entsprechen, in einer Bildsprache, die Menschen verstehen. Ihre Bilder greifen die heutige Lebens- und Erfahrungswelt auf und bringen sie mit Jesus in Verbindung, machen ihn „sichtbar". Dadurch regen sie zum Nachdenken an, gleichzeitig irritieren oder provozieren sie aber auch.

Jesus geht unter die Haut

In Tätowierungen ist Jesus auf eine besondere Art „präsent". Auf den ersten Blick mag es so wirken, als seien diese Tattoos nur eine Modeerscheinung, eine „geistlose" Aneignung christlicher Ikonografie. Doch wer sich z. B. eine Jesusdarstellung tätowieren lässt, trifft die Entscheidung wohl kaum unüberlegt, da das Bild ein dauerhafter Begleiter sein wird. Die Tätowierung ist in diesem Fall für die Trägerin oder den Träger mehr als nur Dekoration, sie ist eine Form von Bekenntnis: ein Sinnbild und sichtbares Zeichen dafür, dass Jesus in ihrem Leben gegenwärtig ist. Im Christentum haben Tätowierungen sogar eine gewisse Tradition: Kreuztätowierungen wurden z. B. von Kreuzrittern und Pilgern als Zeichen der Glaubenszugehörigkeit getragen.

» *Die Religiosität einer Tätowierung hängt nicht davon ab, dass es ein Kruzifix ist oder ein Fisch oder das Wasser oder ein Regenbogen oder irgendwelche anderen traditionellen religiösen Symbole, sondern dass sie etwas ist, das auf die Existenz des Menschen verweist. Also wenn sie zum Beispiel einen Pferdekopf tätowieren und der Pferdekopf dafür steht, dass sie eine gute Kindheit hatten, oder wenn sie den Namen eines Geliebten oder einer Geliebten tätowieren, dann stellen sie Bezüge her, die etwas mit ihnen selbst zu tun haben. Und das ist genuin religiöses Verhalten.* «

Paul-Henri Campbell

---

1 Die Bilder auf ▸ S. 35 zeigen Jesusbilder von heute. Beschreibt die Abbildungen und nennt die Merkmale, die Jesus charakterisieren.

2 Norbert Gersten greift ein traditionelles Jesus-Motiv auf und stellt es mit den Mitteln der Pop-Art dar. Erläutert, welche Intention dahinterstehen könnte.

3 Jesus als Street-Art-Ikone?
- Arbeitet die Aussage des Graffitos und des Gemäldes von Cosmo Sarson an einer Hausfassade heraus.
- Diskutiert, ob die Darstellung von Jesus als „Muskelmann" oder in Breakdance-Pose angemessen ist.
- Nennt mögliche Gründe, warum Street-Art-Künstlerinnen und -Künstler Jesus als Motiv wählen.
- Jesusdarstellungen im öffentlichen Raum sind z. B. auch auf Wegkreuzen zu finden. Vergleicht die Absicht hinter diesen mit der von Street-Art-Bildern.

4 In einem Tattoo geht Jesus im wahrsten Sinne des Wortes „unter die Haut". Nehmt anhand des Zitates des Theologen und Dichters Paul-Henri Campbell Stellung zu der Frage, ob bzw. wann eine Tätowierung (▸ Bild rechts unten) als religiöses Bekenntnis zu verstehen ist.

5 „Jesus lebt!" – Erläutert, inwiefern Darstellungen von Jesus, die uns im Alltag begegnen, ihm ein „neues Gesicht" geben können.

▲ *Jesus-Graffito an einer Hauswand*

▲ *Norbert Gersten, o. J.*

▼ *Cosmo Sarson, 2013*

▼ *Jesus als Tattoo-Motiv*

Jesus bewegt

In der Popkultur wird Jesus zu einer Art „Popstar" gemacht. Es gibt Filme, die sich mit seiner Lebensgeschichte befassen, und aktuelle Musik bzw. Musikvideos mit Jesus als Protagonisten und direkten oder indirekten Verweisen auf sein Leben und Sterben.

Als 1971 das Musical „Jesus Christ Superstar" uraufgeführt wurde, waren die Meinungen dazu gespalten: Einerseits entsprach die Darstellung der Passion Jesu als Rockoper dem Zeitgeist und begeisterte ein großes Publikum. Auf der anderen Seite empörten sich konservative Christinnen und Christen über den recht freien Umgang des Musicals mit der biblischen Vorlage und bezeichneten es als Gotteslästerung.
Bis heute ist „Jesus Christ Superstar" erfolgreich und wird weltweit aufgeführt. Neuinszenierungen greifen auch aktuelle Themen auf und verknüpfen sie mit der Geschichte.
Vor allem die Interpretation des Judas als ein Mensch, der zwischen seinem Eifer, seinen Zweifeln und seiner Liebe zu ▸ Jesus hin- und hergerissen ist, provozierte manche. So erklingt am Ende des Musicals Judas' Stimme aus dem Off und stellt Jesus, der auf dem Weg zu seiner Hinrichtung ist, aus heutiger Perspektive zur Rede:

Superstar
Every time I look at you I don't understand
Why you let the things you did get so out of hand
You'd have managed better if you'd had it planned
Now why'd you choose such a backward time
in such a strange land?
If you'd come today, you'd have reached
a whole nation
Israel in four B.C. had no mass communication.

Don't you get me wrong
Only wanna know

Jesus Christ, Jesus Christ
Who are you? What have you sacrificed?
Jesus Christ Superstar
Do you think you're what they say you are?
Tim Rice

▲ *„Jesus Christ Superstar", Szenenbild, Staatstheater am Gärtnerplatz, München, 2019*

Jesus bringt Aufmerksamkeit

Oft beziehen sich Musikerinnen und Musiker nur auf einzelne Aspekte aus Jesu Lebensgeschichte. In Liedtexten, Musikvideos oder Bühnenshows arbeiten sie mit Versatzstücken, christlichen Motiven und Symbolen. Sie wählen bewusst eine Bildsprache, die vielen Menschen bekannt ist und von vielen verstanden wird, da sie gewissermaßen im „allgemeinen kulturellen Gedächtnis" verankert ist.

Indem sie neue Zusammenhänge kreieren, wollen die Künstlerinnen und Künstler mit Konventionen brechen und Tabugrenzen überschreiten. Dabei sind die Provokation und der öffentliche Skandal manchmal auch bewusst kalkuliert: Die Proteste von Gläubigen, ob gerechtfertigt oder nicht, bringen Aufmerksamkeit in den Medien. Nebenbei wird für die Fans und Follower das Image als Kämpferin bzw. Kämpfer gegen die „erstarrte", „intolerante", „konservative" Kirche und Religion gepflegt. Eine wirkliche Auseinandersetzung oder Diskussion findet jedoch meistens nicht statt, denn oft distanzieren sich die Künstlerinnen und Künstler von der Religion, derer sie sich bedienen, und vonseiten der Religionsgemeinschaften besteht umgekehrt oftmals ebenfalls keine Gesprächsbereitschaft.

▲ *Die Konzert-Tour der Sängerin Madonna mit dem Titel „Confessions" (Bekenntnisse) rief 2006 viele Proteste hervor.*

1 „Jesus Christ Superstar" erzählt auf eine andere Weise von den letzten Tagen Jesu als „klassische" Passionsspiele.
- Vergleicht Geschichte und Figuren des Musicals mit traditionellen Darstellungen, z. B. in Passionsspielen.
- Erörtert, was dafür oder dagegen spricht, das Leben Jesu „neu" zu erzählen.
- Diskutiert: Ist das Musical nur eine perfekt inszenierte Show oder steckt mehr dahinter? Berücksichtigt dabei auch das Szenenbild auf ▸ S. 36.

2 Oft versuchen Filme, Musicals oder auch Passionsspiele mit modernen Inszenierungen des Lebens Jesu zu irritieren und zu provozieren.
- Überlegt: Welche Motive könnten hinter solchen Inszenierungen stehen?
- Beurteilt, inwiefern das hilfreich sein könnte oder abzulehnen ist.

3 Erläutert, inwiefern der Lichtschein aus dem Hintergrund und Madonnas Pose in dem Foto oben provozieren können. Bezieht auch den Titel der Konzert-Tour ein.

4 „Jesus Christ Superstar" und Madonna wurden von christlichen Gruppierungen scharf kritisiert.
- Erklärt die Reaktion der Gläubigen.
- Nehmt mithilfe der Fotos und des Liedtextes Stellung: Können die Inszenierungen als ▸ Blasphemie eingestuft werden?
- Diskutiert, inwiefern man sagen kann, dass Jesus durch diese Inszenierungen Menschen bewegt.

5 Recherchiert weitere Beispiele für Inszenierungen des Lebens Jesu in Musik, Film oder auch in der Literatur. Arbeitet ihre Absicht heraus und bewertet sie.

Jesus – ein „Stein des Anstoßes“

Frauen spielten zur Zeit Jesu im gesellschaftlichen Kontext eine untergeordnete Rolle und waren in der Öffentlichkeit wenig präsent. Doch Jesus wandte sich ihnen zu, sprach mit ihnen und nahm sie ernst. Für seine Zeitgenossen war das eine Provokation.

Viele Erzählungen in den Evangelien zeigen, wie ▸ Jesus immer wieder auf Frauen zugeht. In seinem Gefolge gab es Frauen, die offenbar so bedeutend waren, dass ihre Namen überliefert worden sind. Der Evangelist Lukas berichtet z. B. von Maria, genannt Magdalena, die Jesus von Dämonen befreit haben soll, und von Johanna und Susanna. Sie unterstützten Jesus und die Gemeinschaft um ihn *„mit ihrem Vermögen“*, wie es in ▸ Lk 8,1–3 heißt. Doch Jesu Umgang mit Frauen erregte das Missfallen vieler. Im Johannesevangelium wird erzählt, wie er sich für eine Ehebrecherin einsetzt und damit Schriftgelehrte und Pharisäer ein weiteres Mal brüskiert.

▲ *Skulptur „Stein des Anstoßes“*

3 Da brachten die Schriftgelehrten und die Pharisäer
eine Frau, die beim Ehebruch ertappt worden war.
Sie stellten sie in die Mitte 4 und sagten zu ihm: Meister,
diese Frau wurde beim Ehebruch auf frischer Tat ertappt.
5 Mose hat uns im Gesetz vorgeschrieben, solche Frauen zu
steinigen. Was sagst du? 6 Mit diesen Worten wollten sie
ihn auf die Probe stellen, um einen Grund zu haben, ihn
anzuklagen. Jesus aber bückte sich und schrieb mit dem
Finger auf die Erde. 7 Als sie hartnäckig weiterfragten,
richtete er sich auf und sagte zu ihnen: Wer von euch ohne
Sünde ist, werfe als Erster einen Stein auf sie. 8 Und er
bückte sich wieder und schrieb auf die Erde.
9 Als sie das gehört hatten, ging einer nach dem anderen
fort, zuerst die Ältesten. Jesus blieb allein zurück mit der
Frau, die noch in der Mitte stand. 10 Er richtete sich auf
und sagte zu ihr: Frau, wo sind sie geblieben? Hat dich
keiner verurteilt? 11 Sie antwortete: Keiner, Herr. Da sagte
Jesus zu ihr: Auch ich verurteile dich nicht. Geh und
sündige von jetzt an nicht mehr!

Joh 8,3–11

Ehebruch: Rechtsfall und Rechtsfolgen

Im Alten Orient galt eine verheiratete Frau, die Verkehr mit einem anderen Mann als ihrem Ehemann hatte, als Ehebrecherin. Ein Mann, egal ob verheiratet oder nicht, war nur dann ein Ehebrecher, wenn er Verkehr mit einer verheirateten Frau hatte. Er hatte dann die Ehe eines *anderen* Mannes gebrochen. Ein verheirateter Mann, der mit einer unverheirateten Frau verkehrte, beging dagegen keinen Ehebruch und hatte keine Folgen zu befürchten, denn seine Ehefrau hatte keinen Anspruch auf eheliche Treue. Auf Ehebruch stand gemäß dem Alten Testament die Todesstrafe (▸ Lev 20,10). Nach ▸ Dtn 22,22 sollten beide, Ehebrecher und Ehebrecherin, gesteinigt werden. Es finden sich keine Quellen, die belegen, dass diese Strafe tatsächlich durchgeführt wurde.

Bettina Rheims, Serie I.N.R.I., 1997 ▸

1 In ▸ Joh 8,3–11 scheint es, als wolle Jesus die Pharisäer provozieren.

- Stellt die Handlungen und die Beziehungen der Personen bzw. Personengruppen in der Erzählung grafisch dar, z. B. in Form eines Dreiecks mit Pfeilen zwischen den Personen. Arbeitet mithilfe dieses Soziogramms die Kernaussage der biblischen Erzählung heraus.
- Arbeitet die Intention und Motivation der handelnden Personen heraus. Nennt Begriffe, die Jesu Handlungen und Verhalten beschreiben.
- Erklärt, warum die Schriftgelehrten und Pharisäer an Jesu Verhalten Anstoß nehmen. Bezieht dabei die Information zum Thema Ehebruch im Alten Orient ein.

2 Das Bild aus dem Fotoprojekt I.N.R.I. (oben) interpretiert die Erzählung von Jesus und der Ehebrecherin.

- Beschreibt das Bild. Achtet dabei auf die Requisiten und den Hintergrund.
- Erläutert, wie die Künstlerin die biblische Erzählung umsetzt, und deutet die Darstellung.

3 Jesus war für viele ein „Stein des Anstoßes".

- Deutet die Redewendung; bezieht auch das Foto ein.
- Diskutiert: Warum steht ein „Stein des Anstoßes" heute vor einer Kirche? Steht er da richtig?

4 Vergleicht: Wie gehen Gesellschaft, Kirchen und andere Religionsgemeinschaften heute mit Menschen um, die sich schuldig (▸ Kapitel 1) gemacht haben?

Jesus geht an die Ränder

Jesus nimmt sich ohne Berührungsängste der Menschen an. Er wendet sich vor allem denen zu, die am Rand der Gesellschaft leben: Menschen, die krank sind, die von der Gesellschaft ausgeschlossen sind oder ausgegrenzt werden.

Krank sein

Die Menschen zur Zeit Jesu fassten Krankheit nicht nur als körperliches Phänomen auf. Da sie sich Krankheiten aufgrund fehlenden medizinischen Wissens nicht erklären konnten und Gott als Ursache aller menschlicher Erfahrungen galt, vermuteten sie dahinter oft eine Strafe Gottes für eigene Schuld oder die Schuld der Familie. Krankheit wurde dann als Zeichen für eine Störung der Beziehung zwischen Mensch und Gott verstanden. Manche kranke Menschen galten als unrein und waren bis zu ihrer Heilung und dem Vollzug eines Reinigungsrituals vom Tempelbesuch und aus der Gemeinschaft ausgeschlossen. Viele Krankheiten wurden als „Aussatz" betrachtet. Für die Betroffenen bedeutete dies den Verlust der sozialen und materiellen Sicherheit. Sie lebten am Rand der Gesellschaft. Mit dem Ausschluss aus der Gemeinschaft ging auch der Abbruch von Kommunikation mit den Mitmenschen einher: Niemand wollte mit den Ausgestoßenen Kontakt haben; sie hatten keinen Anteil am öffentlichen Leben. Im Verständnis der damaligen Zeit konnten auch Dämonen Krankheiten verursachen.

Heil werden

In den Erzählungen des Neuen Testaments wenden sich Menschen in dieser Situation an ▸Jesus. Er nimmt die Kommunikation mit den Ausgestoßenen wieder auf und holt sie aus ihrer sozialen Isolation. Der Evangelist Lukas erzählt z. B. von einem Aussätzigen, der Jesus anspricht und um Hilfe bittet: *„Herr, wenn du willst, kannst du mich rein machen"* (▸Lk 5,12). Jesus wendet sich nicht ab, sondern antwortet ihm. Er lässt sich von seinem Schicksal berühren und berührt ihn, d. h. er fasst ihn sogar an. Durch diese Berührung und die Zusage Jesu *„Ich will – werde rein!"* (▸Lk 5,13) verschwindet der Aussatz, der Mann ist geheilt. Von einer Frau, deren Tochter von einem Dämon besessen ist, erzählt der Evangelist Matthäus (▸Mt 15,21–28). Die Frau ist Kanaanäerin und wird von allen gemieden, weil sie in den Augen der Juden eine „Heidin", d. h. eine Ungläubige, ist. Sie geht auf Jesus zu, lässt sich nicht abweisen und bittet ihn hartnäckig um Hilfe für ihre Tochter: *„Hab Erbarmen mit mir, Herr, du Sohn Davids! (...) Herr, hilf mir!"* (▸Mt 15,22.25). Jesus lässt sie schließlich doch zu sich kommen und ist von ihrem großen Glauben beeindruckt. Diesen Glauben stellt er über die gesellschaftlichen Regeln, die den Umgang mit Ungläubigen eigentlich verbieten. Jesus aber kommt nicht nur der Bitte nach, die Tochter zu heilen. Auch die Mutter bekommt Anteil am Heil: *„Frau, dein Glaube ist groß. Es soll dir geschehen wie du willst"* (▸Mt 15,28b).

Jesus – zum Heil der Menschen gesandt

Die Handlungen Jesu gehen über das Menschenmögliche hinaus und verweisen auf Gott. Somit illustrieren die Heilungsgeschichten den Auftrag Jesu, der in der sogenannten Antrittsrede programmatisch zusammengefasst ist: Er ist von Gott zu den Menschen gesandt, um sich ihnen in seinem Namen zuzuwenden und das Heil zu bringen. In der Zuwendung Jesu zu den Menschen scheint auf, was das Reich Gottes ist.

» *Er hat mich gesandt, damit ich den Armen eine frohe Botschaft bringe; damit ich den Gefangenen die Entlassung verkünde und den Blinden das Augenlicht; damit ich die Zerschlagenen in Freiheit setze und ein Gnadenjahr des Herrn ausrufe. Dann schloss er die Buchrolle, gab sie dem Synagogendiener und setzte sich. Die Augen aller in der Synagoge waren auf ihn gerichtet. Da begann er, ihnen darzulegen: Heute hat sich das Schriftwort, das ihr eben gehört habt, erfüllt.* «

Lk 4,18–21

Wandbild in Chennai, Indien ▶

1 Lest in der Bibel die Heilungsgeschichten ▸ Lk 5,12–16 und ▸ Mt 15,21–28 nach.

- Verfasst einen inneren Monolog aus der Sicht des Mannes vor und nach der Berührung durch Jesus bzw. der Mutter vor und nach der Begegnung.
- Erläutert, was die Heilung durch Jesus für die am Rand stehenden Menschen bedeutet hat.
- Erklärt, warum die Heilungsgeschichten auch Hoffnungsgeschichten genannt werden können.

2 Das Foto oben wurde in einem Slum in der indischen Großstadt Chennai aufgenommen.

- Beschreibt das Bild und formuliert in einem Satz eure Eindrücke und Gedanken dazu.
- Setzt es in Beziehung zur sogenannten Antrittsrede Jesu (▸ Lk 4,18–21).
- Gebt dem Bild einen Titel, der die Aussage des Bildes wiedergibt.

3 Papst Franziskus erklärt in seinem Apostolischen Schreiben *Evangelii gaudium*: *„Mir ist eine ‚verbeulte' Kirche, die verletzt und beschmutzt ist, weil sie auf die Straßen hinausgegangen ist, lieber, als eine Kirche, die aufgrund ihrer Verschlossenheit und ihrer Bequemlichkeit, sich an die eigenen Sicherheiten zu klammern, krank ist."* Franziskus will eine Kirche, die *„zu den anderen"* hinausgeht, *„um an die menschlichen Randgebiete zu gelangen"*.

- Beschreibt, wo eurer Meinung nach heute diese „Randgebiete", von denen Franziskus spricht, liegen – in eurer Nähe und weltweit.
- Das katholische Hilfswerk *Renovabis* stellte seine Hilfsaktion zu Pfingsten 2015 unter das Motto „An die Ränder gehen!". Informiert euch über das Projekt und findet weitere Beispiele für Menschen, die an der Verwirklichung dieses Auftrags arbeiten. Stellt sie euch gegenseitig vor.

Jesus – Gott mit uns

Jesus verkündet den Menschen, dass das Reich Gottes nahe ist. Mit dieser Botschaft wendet er sich ohne Ansehen von Herkunft, Geschlecht oder sozialem Rang an alle, die zu ihm kommen.

Die Worte und Handlungen Jesu stoßen bei seinen Zeitgenossen oft auf Unverständnis und Ablehnung. Wenn er vom ▸ Reich Gottes spricht, sich mit Außenseitern abgibt, Menschen heilt, von Dämonen befreit, sogar Sünden vergibt, fragen sich viele: Wie kann ein Mensch sich so etwas anmaßen? Wer gibt diesem Mann das Recht, so zu reden und zu handeln?

Jesus handelt in göttlicher Vollmacht

Nach Jesu Tod und Auferstehung war seinen Anhängerinnen und Anhängern klar, dass er mehr war als ein „besonderer" Mensch. Mit einigem zeitlichen Abstand schrieben die Evangelisten nicht nur auf, was von der Person ▸ Jesus, seinen Taten und Worten überliefert worden war. Sie wollten Jesus und sein Wirken v. a. deuten: Alle sollten verstehen, dass er in ihren Augen der ▸ Messias war und in Jesus Gott selbst Mensch wurde. Damit begründen die Evangelien die Macht Jesu, im Namen Gottes sprechen und Sünden vergeben zu können (▸ Mt 11,25-27). Durch die Erzählungen über Jesu Leben und Handeln kommen Menschen dem Unfassbaren näher und beginnen zu erahnen, welche Bedeutung die Botschaft vom Reich Gottes auch für sie haben kann.

» *In jener Zeit sprach Jesus: Ich preise dich, Vater, Herr des Himmels und der Erde, weil du das vor den Weisen und Klugen verborgen und es den Unmündigen offenbart hast. Ja, Vater, so hat es dir gefallen. Alles ist mir von meinem Vater übergeben worden; niemand kennt den Sohn, nur der Vater, und niemand kennt den Vater, nur der Sohn und der, dem es der Sohn offenbaren will.* «

Mt 11,25-27

Jesus spricht von Gott als seinem Vater. Vater und Sohn bilden eine Einheit. Der Vater „übergibt" dem Sohn „alles", d. h. die Vollmacht, in seinem Namen zu sprechen und zu handeln. Jesus ist damit alleiniger Vermittler des göttlichen Heilswillens. Er ist der Messias, der Gesalbte, den Gott zu den Menschen gesandt hat. Und als solcher wendet er sich den Menschen zu und ist für sie da.

» *Was hat Jesus dann eigentlich gebracht, wenn er nicht den Weltfrieden, nicht den Wohlstand für alle, nicht die bessere Welt gebracht hat? Er hat Gott gebracht: Nun kennen wir sein Antlitz.* «

Papst Benedikt XVI.

Ein gebrochener Christus!

„El Cristo Roto" (dt.: *Der gebrochene Christus)* ist eine Christusstatue in San José de Gracia in Mexiko. Die 25 Meter hohe Skulptur ist ein Ziel für Wallfahrten. Sie wurde errichtet, um die Ureinwohnerinnen und Ureinwohner Mexikos zu ehren und an ihre Not und ihr Schicksal zu erinnern.
In einer Welt, die die Vollkommenheit feiert, die oft nur auf ein makelloses Äußeres Wert legt und verdrängt, dass der Mensch nicht perfekt ist, ist diese Statue eine Mahnung und ein Trost zugleich. Sie zeigt Jesus als einen Menschen, der alles andere als perfekt ist: Der Sohn Gottes wird nicht in Herrlichkeit dargestellt, sondern in seinem Leiden, seiner Verletzlichkeit und seinem Scheitern. In seinem Elend ist Christus den Menschen nahe. So drückt sich seine und Gottes Hinwendung zum Menschen aus. Dieser Gott ist ein *mit*leidender Gott. In seinem Leid ist er *mit* allen Menschen, die Leid erfahren, denen Unrecht angetan wird, die an den Rand der Gesellschaft gedrängt werden. Ihnen gilt die Zusage „Gott ist mit uns" – das ist die Übersetzung des hebräischen Namens Immanuel, der den Messias bezeichnet.

Lass mich gebrochen sein

Ich möchte, dass du mich gebrochen siehst.
Ich möchte, dass du dich an so viele deiner Brüder erinnerst, die wie ich sind: gebrochen, zerschlagen, mittellos, unterdrückt, krank, geschunden,
ohne Arme, weil sie keine Chancen oder Mittel zur Arbeit haben,
ohne Füße, weil die Straßen für sie gesperrt wurden,
ohne Kreuz, weil man ihnen ihre Ehre, ihr Ansehen, ihr Prestige genommen hat.
Alle vergessen sie und kehren ihnen den Rücken zu, obwohl sie wie ich ein gebrochener Christus sind.

Text auf dem Sockel der Statue

El Cristo Roto, 2006 ▸

1 Vom irdischen zum göttlichen Jesus
- Stellt dar, wie das Menschsein und der messianische Anspruch Jesu miteinander vereinbar sind.
- Erklärt die Beziehung zwischen dem Sohn und seinem Vater, wie sie in ▸ Mt 11,25–27 grundgelegt ist.

2 Erläutert das Zitat von Benedikt XVI. und nehmt Stellung. Wie würdet ihr die Frage beantworten, was Jesus „gebracht" hat? Ihr könnt eure Antworten auch in Stille und unkommentiert auf ein Plakat schreiben.

3 Stellt euch vor, was passieren könnte, wenn heute ein Mensch als Messias auftreten würde. Skizziert, welche Eigenschaften er heute haben müsste, um zu überzeugen. Stellt eine Beziehung zum Lied „Superstar" (▸ S. 36) her.

4 Im Text zur Statue „El Cristo Roto" spricht der gebrochene Christus zur Betrachterin bzw. zum Betrachter.
- Beschreibt, wie die Statue und der Text die Botschaft Jesu zum Ausdruck bringen.
- Wo würdet ihr eine solche Statue aufstellen?

Sich ein Bild von Jesus machen

▲ *Leonardo da Vinci, 1495–1498 (oben), Matthias Grünewald, 1523/24 (links), Rembrandt van Rijn, um 1648 (rechts)*

1 Analysiert die Bilder auf der Doppelseite und auch die anderen Jesusdarstellungen in diesem Kapitel mithilfe der Schritte, die rechts angeführt sind.
2 Vergleicht das letzte Abendmahl von Leonardo da Vinci mit dem Szenenbild aus „Jesus Christ Superstar“ (▸ S. 36).
3 Fasst zusammen, was ihr anhand der Bilder im Buch über ▸Jesus erfahren könnt, und diskutiert, ob Bilder für eine Auseinandersetzung mit Jesus notwendig sind.

So geht's

Jesusdarstellungen erschließen

Bilder von Jesus Christus zeigen, wie Künstlerinnen und Künstler ihn sich in ihrer Zeit vorgestellt haben. Diese Bilder prägen die Vorstellungen von Jesus z. T. bis heute, doch jede Zeit fügt etwas Neues, Eigenes hinzu.

▲ *Michael Triegel, 2019*

1 Spontane Wahrnehmung: Was sehe ich?

Lass das Bild auf dich wirken und sammle deine spontanen Wahrnehmungen:

- Wie ist dein erster Eindruck?
- Was überrascht dich an dem Bild?
- Welche Fragen wirft es auf?

2 Innenkonzentration: Was löst das Bild aus?

- Welche positiven oder negativen Gefühle und Assoziationen hast du zu dem Bild?
- Woran erinnert dich das Bild?
- Welche eigenen Erfahrungen bringst du mit dem Bild in Verbindung?

3 Formanalyse: Wie sind Aufbau und Form?

Beschreibe, was du siehst. Achte dabei auf:

- Format, Material, Technik
- Proportionen, Perspektive, Bildachsen
- Kontraste, Licht und Schatten
- Bewegungs- und Blickrichtungen
- Vordergrund und Hintergrund
- Körpersprache, Gestik, Mimik usw.

4 Interpretation: Was hat es zu bedeuten?

- Prüfe, ob es einen Bibeltext oder anderen Text gibt, auf den sich das Bild bezieht.
- Untersuche die zeitbedingten Hintergründe (Kunstepoche, Biografie der Künstlerin bzw. des Künstlers, geschichtliche Ereignisse) und wie sich diese auf die Darstellung ausgewirkt haben.
- Beschreibe, worin das Besondere, das Neue oder der Kern der Darstellung besteht.
- Arbeite heraus, welche Absicht hinter der Darstellung steckt, z. B. Appell, innere Einkehr, Aktualisierung, Irritation etc.

5 Beziehung: Was verbindet mich mit dem Bild?

- Was löst das Bild in dir aus?
- Gestalte eine Kopie der Darstellung weiter, z. B. durch Übermalungen, Collage etc. Mit euren Bildern könnt ihr eine Ausstellung im Klassenzimmer machen.

Zur Vergebung bereit

Das Gleichnis vom verlorenen Sohn wird als „Evangelium im Evangelium“ bezeichnet, denn in ihm spiegelt sich der Kern der Botschaft Jesu vom Reich Gottes.

Zwei Brüder – der ältere gehorcht dem Vater und arbeitet im elterlichen Betrieb mit, der jüngere dagegen ist abenteuerlustig, will frei und unabhängig sein. Er fordert vom Vater sein Erbteil und verlässt die Familie.
Aber die „große Freiheit“ ist doch nicht so toll, wie er dachte. Als alles Geld ausgegeben ist, kommt der jüngere Bruder ziemlich auf den Hund. Da erinnert er sich an zu Hause und bereut, dass er den Vater im Stich gelassen hat. Er beschließt, nach Hause zurückzugehen. Er will dem Vater sagen, dass es ihm leidtut. Vielleicht, so hofft er, wird der Vater ihm wenigstens eine Arbeit geben. Als Sohn hat er auf jeden Fall verspielt, denkt er.
Doch dann geschieht etwas Unerwartetes. Der Vater empfängt den Heimkehrer voll Freude. Ja, er eilt ihm sogar entgegen und organisiert ein großes Fest für seinen Sohn. Als der ältere Bruder von der Arbeit kommt und das Fest sieht, macht er dem Vater Vorwürfe, denn seinetwegen macht der Vater nie so ein Tamtam.

Drei Perspektiven

Als der jüngere Bruder den Erbteil verlangte und der Vater ihm das Geld einfach ausbezahlte, hatte er geschwiegen. Doch nachdem der Jüngere aufgebrochen ist, stellt der ***ältere Sohn*** *den Vater zur Rede …*

Der ***jüngere Sohn*** *hat alles Geld verbraucht und kann sich kaum über Wasser halten. Er macht sich Gedanken über seine Situation und das, was er getan hat …*

Das Fest anlässlich der unerwarteten Rückkehr seines Sohnes ist vorbei. Der ***Vater*** *vertraut seinem Tagebuch an, was ihn bewegt …*

Deutungsangebot

Der Evangelist Lukas beschreibt, wie sich die Pharisäer und Schriftgelehrten wieder einmal darüber empören, dass sich ▸ Jesus mit „Sündern“ abgibt und an einen Tisch setzt. Als Reaktion auf ihren Unmut erzählt Jesus zunächst das Doppelgleichnis vom verlorenen Schaf und der verlorenen Drachme (▸ Lk 15,1-10). Darin geht es um den Verlust eines Besitzes und die Freude über das Wiederfinden. Jesus selbst deutet diese nachvollziehbare Freude als die Freude Gottes über das Wiederfinden, d. h. die Umkehr, eines Sünders. Mit dem folgenden Gleichnis vom verlorenen Sohn fordert Jesus seine Zuhörerinnen und Zuhörer noch weiter heraus. Es erzählt, wie der eine Sohn scheinbar für seine Vergnügungssucht und Verschwendung belohnt wird, während die Treue und Mühen des anderen Sohnes anscheinend gering geachtet werden.
Nicht nur die Pharisäer und Schriftgelehrten werden sich vermutlich über diese Geschichte geärgert haben. Auch nach heutigen Maßstäben erscheint die „Story“ weltfremd und fragwürdig: *Kein Mensch würde so handeln wie dieser Vater!* Doch gerade in dieser Irritation liegt die Herausforderung der Parabel, denn sie will zum Nachdenken ermuntern: *Moment mal, das ist doch wohl allerhand! Den einen Sohn einfach wieder aufzunehmen, als sei nichts gewesen … Und der andere? Was ist denn das für ein Vater? Warum handelt er so? …*
Es scheint naheliegend, den Vater mit Gott gleichzusetzen, doch diese Übertragung greift zu kurz. Gott ist wie ein Vater, aber gleichzeitig auch ganz anders. Er lässt sich nicht auf eine bestimmte Deutungsfigur begrenzen. Anscheinend geht es Jesus um etwas anderes; weniger um eine alltägliche Geschichte, als vielmehr um eine „andere Wahrheit“. Er erzählt nicht über den Menschen, sondern von Gott und von Gottes Gerechtigkeit. Indirekt erfahren wir so etwas über das ▸ Reich Gottes. Dort sind menschliche Kategorien von Gerechtigkeit bedeutungslos; es geht um viel mehr. Wichtiger als eine formale Gerechtigkeit, wie sie

▲ *Banksy, o. J.*

Menschen empfinden, ist die Gerechtigkeit Gottes, der nicht mit menschlichen Maßstäben misst. Aus dieser Perspektive erzählt das Gleichnis. Wichtiger ist auch die Bereitschaft eines Sünders zur Umkehr und zur Rückkehr ins Leben. Gleich zweimal sagt der Vater im Gleichnis: „*Denn dieser, mein Sohn, war tot und lebt wieder; er war verloren und ist wiedergefunden worden*" (▸ Lk 15,24.32). Hinter diesem Satz verbirgt sich eine tiefer gehende Deutungsebene: Lukas beschreibt hier das Reich Gottes und drückt die Hoffnung auf Auferstehung und ein Leben nach dem Tod aus.

» *Mir war der verlorene Sohn schon immer verächtlich, aber nicht deswegen, weil er ein Schweinehirt war, sondern weil er wieder nach Hause gekommen ist.* «
Johann Nepomuk Nestroy (1801–1862)

1 Lest die Nacherzählung des Gleichnisses vom verlorenen Sohn. Versetzt euch in eine der drei links aufgeführten Perspektiven und schreibt die Geschichte weiter.
2 Lest den Wortlaut in ▸ Lk 15,11–32 nach und untersucht den Text, bezieht auch das Deutungsangebot mit ein.
  - Stellt dar, worin das Ärgernis in der Geschichte liegt.
  - Arbeitet die Aussageabsicht des Gleichnisses heraus und erklärt, inwiefern die Rede vom „Evangelium im Evangelium" dazu passt.
  - Untersucht das Gottesbild, das dem Gleichnis zugrunde liegt.
3 Setzt das Bild oben in Beziehung zum Gleichnis vom verlorenen Sohn. Was sagt es über Versöhnung aus?
4 Das Zitat von Nestroy polarisiert. Skizziert die Einstellung zu Schuld und Vergebung, die sich dahinter verbirgt.
5 Einem Menschen nach einem Versagen eine zweite Chance geben – gibt es Grenzen? Diskutiert darüber.

Versöhnung ist möglich

Von Jesus wissen wir: Gott ist barmherzig und vergibt den Menschen ihre Schuld. Durch Umkehr und Versöhnung ist es möglich, neu anzufangen. Die Kirche bietet Christinnen und Christen auf dem Weg der Versöhnung Unterstützung an.

Es ist nicht leicht, einen Fehler oder eine Schuld einzugestehen. Schnell fällt das Wort „Entschuldigung“. Doch ein leichtfertiges und liebloses „Sorry“ zeugt nicht wirklich von Bedauern und kann kaum zu Vergebung und Versöhnung führen. Zu einer glaubwürdigen Entschuldigung gehören die Einsicht, einen Fehler gemacht zu haben, ehrliche Reue und der Wunsch, sich wieder zu versöhnen. Wer sich zu einem Fehler oder einer Schuld bekennt, übernimmt Verantwortung für sein Handeln und signalisiert: Ich bin bereit, neu anzufangen und mich zu ändern.

Kirche im Dienst der Versöhnung

Als Ebenbild Gottes hat der Mensch Verantwortung für die Gestaltung der Welt und des eigenen Lebens im Einklang mit Gott und der gesamten Schöpfung. Wer sich schuldig macht, stört diesen Einklang. Dieser Zustand wird als „Sünde“ bezeichnet. Sünden beschädigen das Verhältnis zu Gott und das Zusammenleben mit den Mitmenschen. Die Bibel erzählt viele Beispiele von Menschen, die sich schuldig machen und denen vergeben wird (z. B. der „verlorene Sohn“, ▸ S. 46). Gott zeigt sich ihnen gegenüber barmherzig, sodass sie in die Gemeinschaft mit Gott und den Menschen und damit ins Leben zurückkehren können.
Von einer Schuld kann man sich aber nicht selbst befreien. Die Kirche kennt verschiedene Wege der Umkehr und Versöhnung (▸ Grafik unten). Das Sakrament der Versöhnung (Beichte) ist für katholische Christinnen und Christen die zentrale Möglichkeit für einen umfassenden Neuanfang mit Gott und eine Rückkehr in die Gemeinschaft mit anderen. Nach dem Zeugnis der Evangelien, z. B. in ▸ Joh 20,23, hat ▸ Jesus den Dienst der Versöhnung seinen Aposteln anvertraut. In ihrer Nachfolge führen die Bischöfe und Priester diesen Dienst weiter.

WEGE DER VERSÖHNUNG

- *Sakrament der Versöhnung (Beichte)*
- *geschwisterliche Zurechtweisung*
- *zwischenmenschliche Versöhnung*
- *Gewissenserforschung und bereuendes Gebet („Herzensbeichte“)*
- *Hören und Lesen der Hl. Schrift, Gebet, Meditation*
- *Andere liturgische Formen: Österliche Bußzeit, Bußfeiern, Eucharistie, Krankensakramente*
- *veränderter Lebensstil, Askese, Verzicht, Werke der Nächstenliebe*

2. *Meine ganze Ohnmacht,*
was mich beugt und lähmt, bringe ich vor dich.
Wandle sie in Stärke, Herr, erbarme dich.

3. *Mein verlor'nes Zutraun,*
meine Ängstlichkeit, bringe ich vor dich.
Wandle sie in Wärme, Herr, erbarme dich.

4. *Meine tiefe Sehnsucht*
nach Geborgenheit bringe ich vor dich.
Wandle sie in Heimat, Herr, erbarme dich.

Text: Eugen Eckert; Musik: Winfried Heurich

» *In der Beichte beginnt die Umwandlung des einzelnen Gläubigen und die Reform der Kirche.* «
Papst Franziskus

» *Beichten ist für mich etwas Erleichterndes; man kann sich lossprechen lassen von alledem, was einen umtreibt und lähmt. Alles das, was mich belastet, darf ich teilen, und in dem Moment, wo ich es teile, blicke ich nochmal ganz anders auf diese Belastung. Sie wird mir von den Schultern genommen, weil ich sie aussprechen und benennen kann. Ich konnte meinen Fehler greifbar machen und so aus ihm lernen.* «
Bericht eines Schülers über seine Osterbeichte

▲ *Papst Franziskus legt die Beichte ab.*

1 Zur Versöhnung gehören immer zwei: der, der um Entschuldigung bittet, und der, der diese gewährt.
- Setzt euch mit dem Bild der „Sorry-Taste" auseinander und begründet, warum eine Entschuldigung „auf Knopfdruck" nicht funktioniert.
- Fasst zusammen, was für euch zu einer glaubwürdigen Entschuldigung gehört.
- Erklärt den Unterschied von Entschuldigung und Versöhnung.

2 Welche der kirchlichen Formen der Versöhnung kennt ihr? Erläutert, wann sie zum Einsatz kommen können. Begründet die besondere Bedeutung der Beichte im Vergleich zu anderen Formen der Versöhnung.

3 Im Liedtext ruft ein Mensch, der seine Grenzen, seine Fehler erkennt, Gott um Hilfe an.
- Arbeitet heraus, welche Grenzen das sind, und findet Beispiele dafür in eurem Alltag.
- Tauscht euch darüber aus, was euch über diese Grenzen hinweghelfen kann.

4 Papst Franziskus geht selbst zur Beichte, bevor er die Beichte anderer hört.
- Erläutert das Bild von Kirche, das hier sichtbar wird.
- Setzt das Zitat eines Schülers und des Papstes zueinander in Beziehung und vergleicht die Aussagen.

5 Entwerft für eine Religionsstunde mit Elementen aus dem Bußgottesdienst (GL 596) eine Versöhnungsfeier. Bringt eigene Erfahrungen und Überlegungen zum Thema Schuld und Versöhnung ein.

Was glaubst du, wer er ist?

In Jesus gibt sich Gott als einer zu erkennen, der die Menschen liebt, der mit ihnen leidet, der will, dass sie heil werden, der vergibt. Die Worte und das Handeln Jesu machen das Angebot Gottes an die Menschen greifbar und können Orientierung geben.

Jesus, der revolutionäre Weltveränderer

▸ Jesus ist nicht gekommen, damit alles so bleibt, wie es ist. Er schaut nicht auf die Reichen und Mächtigen, sondern auf die Armen und Unterdrückten. Seine Botschaft vom ▸ Reich Gottes verheißt Hoffnung auf eine bessere Welt, in der andere Maßstäbe gelten. In der sogenannten ▸ Bergpredigt formuliert Jesus konkrete Heilszusagen (▸ Mt 5,3–12). Er nimmt die Menschen jedoch auch in die Pflicht. Sie sollen das „*Salz der Erde*" und das „*Licht der Welt*" sein (▸ Mt 5,13f.).

Zum Nachdenken

- *Findest du die Verheißungen der Bergpredigt tröstend oder unrealistisch?*
- *Was bedeutet es für dich, „Salz der Erde" und „Licht der Welt" zu sein?*
- *Male dir eine ideale Welt aus. Beschreibe positiv, wie sie sein müsste.*
- *Gegen welches Unrecht würdest du gerne etwas unternehmen? Wo könntest du dich konkret engagieren?*

Jesus, der radikale Menschenfreund

Viele Erzählungen und Gleichnisse handeln von Gottes grenzenloser Liebe zu den Menschen und Jesu Botschaft der Nächstenliebe ohne Wenn und Aber. Das Gleichnis vom barmherzigen Samariter (▸ Lk 10,25–37), Jesu Umgang mit Menschen am Rand der Gesellschaft – Aussätzige, Zöllner (▸ Lk 19,1–10), Frauen – oder die neuen Thesen der sogenannten Bergpredigt (▸ Mt 5,21–48) veranschaulichen beispielhaft diese Haltung und rufen die Menschen dazu auf, ebenso zu handeln.
Der heilige Franz von Assisi (1181–1226) folgte dem Beispiel Jesu und widmete sein Leben den Kranken und Schwachen.

Zum Nachdenken

- *Was findest du gut an der Haltung Jesu, was irritiert oder stört dich daran?*
- *Ist Jesus für dich eher beeindruckendes Vorbild oder abschreckendes Beispiel?*
- *Wie könntest du dem Beispiel Jesu folgen?*

Jesus, der Lehrer der Gottesbeziehung

▲ *Mutter Teresa (1910–1997)*

Jesus lehrte die Menschen, wie sie mit Gott in Beziehung treten können: *„So sollt ihr beten: Vater unser im Himmel“* (▸ Mt 6,9). Studien zufolge hat der Glaube für viele Menschen in den letzten Jahrzehnten stark an Bedeutung verloren. Absolute Glaubensgewissheit gibt es für viele nicht (mehr). Selbst tiefgläubige Menschen wie ▸ Mutter Teresa hadern immer wieder mit ihrem Glauben und ringen mit ihren Zweifeln. Doch ein Blick auf Jesus zeigt: Zweifel und Klage gehören in der Beziehung zu Gott dazu. Am Ölberg, so heißt es in ▸ Mt 26,37, *„ergriff ihn Traurigkeit und Angst“.*

Zum Nachdenken

- *Was bedeutet der Glaube an Gott für dich?*
- *Wie drückt sich das in deinem Alltag aus?*
- *Kannst du von Gott als „Vater“ sprechen?*
- *Was lässt dich zweifeln?*
- *Was könnte dir dabei helfen, deine Zweifel zu überwinden?*

Jesus, der gescheiterte Held?

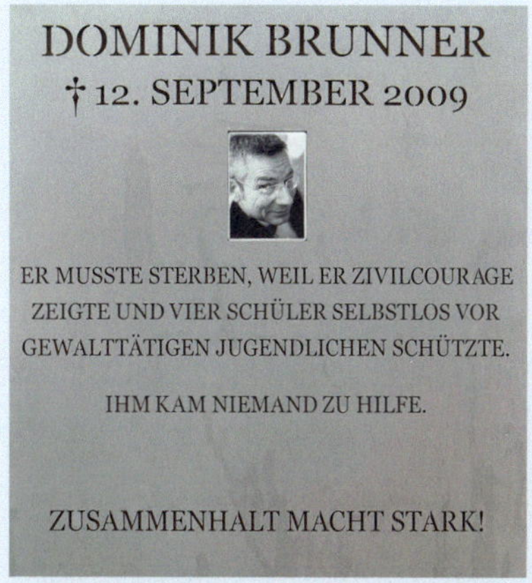

▲ *Gedenktafel am S-Bahnhof Solln*

Mit seinem provozierenden Auftreten machte sich Jesus viele Feinde. Als er am Kreuz starb, schienen er und seine Anhänger gescheitert zu sein. Doch Jesu Tod war nicht das Ende, sondern ein Neubeginn.

Der Blick auf „gebrochene Biografien“ von heutigen Menschen, wie beispielsweise ▸ Dominik Brunner, macht deutlich, dass aus Bruchstellen im Leben neuer Sinn entstehen kann. An solchen Abbrüchen stellen sich existenzielle Fragen.

Im Gedenken an Dominik Brunner und an seine mutige Tat wurde die „Dominik-Brunner-Stiftung“ gegründet. Sie unterstützt Menschen in Not, mobilisiert das öffentliche Bewusstsein gegen Gewalt und ermutigt zur Zivilcourage.

Zum Nachdenken

- *Der Sohn Gottes stirbt am Kreuz. Inwiefern hat diese Aussage für dich heute eine Bedeutung?*
- *Findest du es „heldenhaft“, das eigene Leben einzusetzen, oder ist es sinnlos und der Preis zu hoch?*
- *Was würdest du sagen: Ist Jesus gescheitert? Denke dabei auch an den Liedtext auf* ▸ *S. 36.*

---

1 Setzt euch mit den Perspektiven auf Jesus auseinander.
- Greift dabei die Impulse „Zum Nachdenken“ auf.
- Diskutiert, ob Jesus für alle derselbe ist bzw. sein muss und ob er in manchen Fällen auch vereinnahmt wird.

2 Informiert euch über die genannten Beispiele und findet weitere. Stellt sie euch gegenseitig vor.

3 Nach Jesus fragen
- Erörtert: Warum bewegt Jesus die Menschen heute?
- Führt eine Umfrage durch. Sammelt dafür Fragen, z. B.: Was bedeutet Jesus für dich? Hast du dich mit Jesus beschäftigt? Hat das deine Einstellung zum Leben geändert? Hat Jesus uns heute etwas „zu sagen“?

Zeige, was du kannst

Aufgabe A: Die Begegnung mit Jesus befreit

Die Buße und Wiedergutmachung des Zachäus ist nicht die Ursache für das Heil, das ▸ Jesus in sein Haus bringt und vor seinen Nachbarn öffentlich macht. Das Heil ist ein Geschenk, kein Lohn. Jesus kommt und bringt sein Geschenk „ohne vorherige Bedingungen". Das Geschenk des Heils zwingt sich nicht auf noch bietet es sich als Ware an, die Zachäus erst mit bestimmten Werken erkaufen muss. Ein Geschenk kann man immerhin entweder annehmen oder ablehnen. (…)
Als Erster ergreift der Schenkende, Jesus, die Initiative. (…) Zachäus war zumeist weit entfernt – nicht nur in jenem Augenblick, als er sich von der Menge trennte und in sein erhöhtes Versteck flüchtete. Er war zumeist vor allem deshalb „weit entfernt", weil er mit seinem bisherigen Leben zu den „Verlorenen" gehörte, zu jenen, die „zugrunde gegangen sind". Er wurde jedoch ins Leben zurückgerufen und steht nun nicht mehr abseits.
Weil Jesus ihm entgegenkommt und sein Haus betritt, ist Zachäus durch die Nähe Jesu jetzt auch Gott sowie seinen Mitmenschen viel näher. Sein Herabsteigen vom Feigenbaum wird dadurch vollendet, dass durch sein Bekenntnis und seine Buße die Mauer der Entfremdung fällt. Denn was ist die Sünde anderes als eine Entfremdung von Gott, von den anderen Menschen und von sich selbst und seiner ureigenen Bestimmung?
Zachäus sagt bei Tageslicht endlich die Wahrheit über sich selbst, soweit er sie in jener Stunde erkennen und bekennen kann. Sein ▸ Gewissen ist in ihm erwacht. (…)
Zachäus ist Jesus begegnet, und die Begegnung war voller Vertrauen und Freude. Deshalb können wir diese befreiende Begegnung als ein Ereignis des Glaubens auffassen. Der Glaube befreit unser Gewissen aus der Knechtschaft von Lüge, Ausrede und Vergessen – und bringt uns daher Heilung, lässt uns wieder aufleben und führt uns in die Fülle der Wahrheit.

Tomáš Halík

1 Lies die Erzählung vom Zöllner Zachäus ▸ Lk 19,1-10 und erkläre, wie sich darin die Zuwendung Gottes im Handeln Jesu zeigt.
2 Zachäus macht eine Entwicklung durch und wird wieder in die Gemeinschaft aufgenommen.
   - Arbeite aus dem Text von Tomáš Halík heraus, wie dieser Prozess vonstattengeht.
   - In ▸ Lk 19,9 heißt es: *„Da sagte Jesus zu ihm: Heute ist diesem Haus das Heil geschenkt worden, weil auch dieser Mann ein Sohn Abrahams ist."* Erläutere, worin dieses „Heil" besteht. Welches Selbstverständnis Jesu wird hier deutlich?
3 Nimm Stellung, inwiefern die Erzählung auch heute Mut machen kann und welche Handlungsanweisungen sich daraus für unsere Gesellschaft ableiten lassen.
4 Schuld kann stigmatisieren und eine Last sein.
   - Deute die Illustration. Überlege für dich, wofür die schwere Kugel an der Kette stehen könnte. Wie könnte die Kette „gesprengt" werden?
   - Zeige an einem aktuellen Beispiel, wie Stigmata Verständigungs- und Versöhnungsprozesse behindern können.

Aufgabe B: Jesus bringt's!?

1 Unter eine Kreuzwegstation (▸ rechts) wurde der Satz „Jesus that's not me" an die Mauer gesprüht. Versetze dich in die Position des Sprayers: Wie könnte er die Aussage begründen?

2 Verfasse eine Antwort an ihn, in der du auf die in diesem Kapitel dargebotenen Sichtweisen auf Jesus Christus eingehst: Was „bringt" Jesus den Menschen? Was könnte er dem Sprayer „bringen"?

3 Diskutiert ethische und rechtliche Grenzen im Umgang mit religiösen Symbolen in der Öffentlichkeit.

▲ *Station eines Kreuzweges in Bamberg*

Aufgabe C: Jesus-Bilder in Gedichten ausdrücken

Ecce homo
Weniger als die Hoffnung auf ihn

das ist der Mensch
einarmig
immer

Nur der gekreuzigte
beide Arme
weit offen

der Hier-Bin-Ich
Hilde Domin (1909–2006)

1 Die Lyrikerin Hilde Domin trug bei Autorenlesungen jedes ihrer Gedichte zweimal vor.
- Begründe dieses Vorgehen der Autorin.
- Folge dem Beispiel und lies das Gedicht zweimal laut.

2 Lass anschließend den Text auf dich wirken.
- Arbeite Auffälligkeiten in Form und Inhalt heraus.
- Erkläre den Werktitel „Ecce homo" (dt. „Siehe, der Mensch").
- Begründe, inwiefern in einem Schicksal, wie es hier dargestellt wird, Hoffnung liegen kann.
- Erinnere dich an die Statue von ▸ S. 43 und stelle Verbindungslinien zu dem Gedicht heraus.

Aufgabe D: Auf dem Prüfstand

1 Betrachte dein Jesus-Bild (▸ S. 31). Prüfe, ob sich deine Sichtweise nach der Arbeit am Kapitel verändert hat und du etwas daran verändern möchtest.

2 Tausche dich mit deiner Nachbarin/deinem Nachbarn darüber aus, wer Jesus für dich ist und was in deiner Vorstellung von ihm zentral ist.

3 Partnerschaft – Beziehungen gestalten

Was es ist

Es ist Unsinn
sagt die Vernunft
Es ist was es ist
sagt die Liebe

Es ist Unglück
sagt die Berechnung
Es ist nichts als Schmerz
sagt die Angst
Es ist aussichtslos
sagt die Einsicht
Es ist was es ist
sagt die Liebe

Es ist lächerlich
sagt der Stolz
Es ist leichtsinnig
sagt die Vorsicht
Es ist unmöglich
sagt die Erfahrung
Es ist was es ist
sagt die Liebe

Erich Fried

Die Stachelschweine

Eine Gesellschaft Stachelschweine drängte sich an einem kalten Wintertag recht nahe zusammen, um, durch die gegenseitige Wärme, sich vor dem Erfrieren zu schützen. Jedoch bald empfanden sie die gegenseitigen Stacheln; welches sie dann wieder voneinander entfernte. Wann nun das Bedürfnis der Erwärmung sie wieder näher zusammenbrachte, wiederholte sich jenes zweite Übel, sodass sie zwischen beiden Leiden hin- und hergeworfen wurden, bis sie eine mäßige Entfernung voneinander herausgefunden hatten, in der sie es am besten aushalten konnten. So treibt das Bedürfnis der Gesellschaft, aus der Leere und Monotonie des eigenen Innern entsprungen, die Menschen zueinander; aber ihre vielen widerwärtigen Eigenschaften und unerträglichen Fehler stoßen sie wieder voneinander ab. Die mittlere Entfernung, die sie endlich herausfinden und bei welcher ein Beisammensein bestehen kann, ist die Höflichkeit und feine Sitte. Dem, der sich nicht in dieser Entfernung hält, ruft man in England zu: keep your distance! – Vermöge derselben wird zwar das Bedürfnis gegenseitiger Erwärmung nur unvollkommen befriedigt, dafür aber der Stich der Stacheln nicht empfunden. – Wer jedoch viel eigene, innere Wärme hat, bleibt lieber aus der Gesellschaft weg, um keine Beschwerde zu geben noch zu empfangen.

Arthur Schopenhauer

---

1 Fertigt eine ABC-Liste zu „Freundschaft – Liebe – Partnerschaft" an. Notiert die Buchstaben des Alphabets untereinander und schreibt zu jedem ein passendes Wort, das mit dem Buchstaben beginnt.

2 Die „Landkarte" auf ▸S. 54 enthält Begriffe, die mit Liebe und Partnerschaft zusammenhängen.
- Entdeckt die Orte, Landschaften und Markierungen auf der Karte und besprecht, was bei den einzelnen Begriffen positiv oder negativ sein könnte.
- Überlege für dich: Welche der genannten Gefühle oder Zustände kennst du? Mit welchem fühlst du dich wohl, welches bzw. welcher ist dir unangenehm?
- Gestalte eine ähnliche Landkarte mit Begriffen aus der ABC-Liste (▸Aufgabe 1), die für dich eine „Beziehungs-Landschaft" formen und prägen.
- Wer möchte, kann die eigene Landkarte im Plenum vorstellen und erläutern.

3 Analysiert das Gedicht von Erich Fried. Arbeitet dabei heraus, was der Dichter mit „es" gemeint haben könnte.
- Ordnet den Versen Adjektive zu, die die Eigenschaft des jeweiligen „Sprechers" beschreiben, z. B. ängstlich, beharrlich etc.
- Erstellt davon ausgehend eine Mindmap zum Begriff „Liebe".

4 Die Parabel von den Stachelschweinen präsentiert eine andere Sicht auf Beziehungen zwischen Menschen.
- Arbeitet die Kernaussage heraus.
- Diskutiert die Haltung des Autors und seine Schlussfolgerung. Bewertet ihr die Art von Zusammenleben und Gemeinschaft, die er skizziert, eher positiv oder eher negativ?

Netzkarte

Jeder Mensch sehnt sich nach Liebe und Nähe. Doch es ist nicht leicht, eine vertrauensvolle Beziehung oder eine Partnerschaft mit einem anderen Menschen aufzubauen. Dabei ist es wichtig, die eigenen Wünsche und Vorstellungen zu kennen und die des oder der anderen zu respektieren.

... sich im Anderen finden

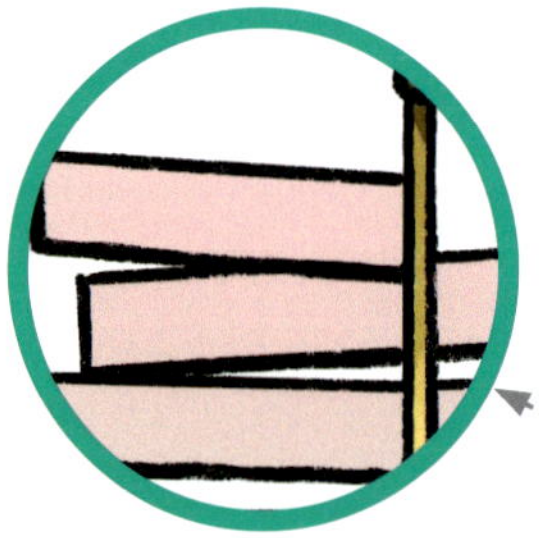

... Konflikte lösen

... zusammen gesegnet sein

1 Glück und Unglück in Liebe und Freundschaft sind die Themen unzähliger Lieder.
   - Stellt euch gegenseitig eure Lieblings-Liebeslieder vor und erzählt, wenn ihr wollt, warum sie euch gefallen.
   - Untersucht die Texte der Lieder und ordnet sie in verschiedene Kategorien ein, z. B. rosa Wolke/realistisch, Anfang/Ende einer Beziehung, optimistisch/pessimistisch, etc.

2 Sammelt Fotos und Symbole, die ihr mit Freundschaft, Liebe und Partnerschaft in Verbindung bringt, und gestaltet damit gemeinsam eine Collage. Ihr könnt auch ein persönliches Bild oder Symbol beisteuern.

Tipp zu Aufgabe 2: Ihr könnt die Stationen der Netzkarte zu Hilfe nehmen.

3 Mensch

... mit Rollenbildern umgehen

Lieder über Liebe

Wenn man so will,
bist du das Ziel einer langen Reise.
Die Perfektion der besten Art und Weise,
in stillen Momenten leise,
die Schaumkrone der Woge der Begeisterung,
bergauf, mein Antrieb und Schwung.
Sportfreunde Stiller

Mir fehlen die Worte ich
Hab die Worte nicht
Dir zu sagen was ich fühl'
Ich bin ohne Worte ich
Finde die Worte nicht
Ich hab keine
Worte für dich.
Tim Bendzko

In der Partnerschaft ...

... den „Richtigen" finden

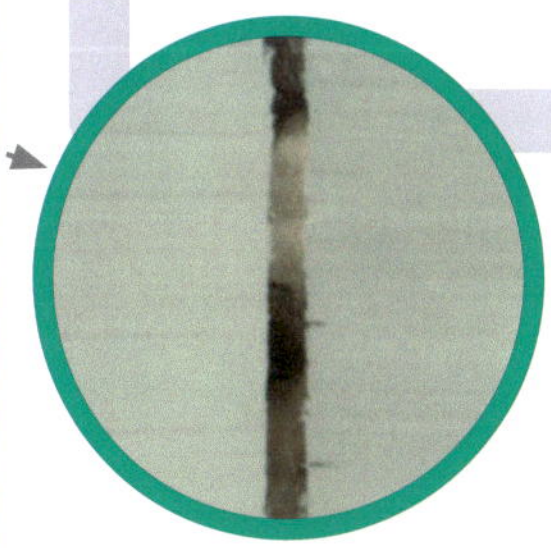

... Sexualität leben

Das nächste Topmodel ... und ich?

Jeder Mensch hat eine Vorstellung davon, was er als schön empfindet. Wodurch werden die Schönheitsideale geprägt? Wie verändern sie sich? Wie beeinflussen sie uns alle? Und was ist daran problematisch?

Topmodel

Hey Süße, schmeiß das Müsli weg,
leg das Vollkornbrot und das Gemüse weg!
Ey Süße! Wie, du fühlst dich fett?
Nimm den Lolli in den Mund,
schau wie süß er schmeckt.
Sag mir, willst du ausseh'n wie 'n Bügelbrett?
Wie die auf'm Laufsteg? (...)
Du bist nicht dünn und grätig.
Du bist mein Topmodel! (...)
Fuck Yoga, fuck Pilates!
Trink Cola, schnapp dir den Nachtisch!
Ich warn dich, Wenn du gar nix
oder nur Salat frisst, bist du eines Tages
nur Haut und Knochen. Hör auf zu joggen!
Komm wir geh'n nach Hause kochen.
Viele finden 's zum Kotzen, sind magersüchtig.
Mensch, alle Menschen sind nach Nahrung süchtig.
Komm hör endlich auf, Kalorien zu zählen,
ich muss dir nix mehr über Bulimie erzählen. (...)
Ich steh auf Babyspeck und hass es,
wenn du Pullis trägst und ihn dahinter versteckst.
Komm zeig was du hast!
Scheiß auf den Jojo-Effekt. (...)
Ich find deinen Popo echt fett.
Ich find deinen Popo perfekt.
Also los aufs Parkett, beweg deinen Arsch in der Hose.
Das ist gerade in Mode.
Du bist die Queen. In Minis, Jeans
oder Abendgarderobe ne wahre Kanone.
Ich mag dich auch ohne Idealgewicht.
Bitte, bitte, plag dich nicht.
Keine Frage, du brauchst keine Waage,
denn dein Gewicht ist ideal für mich. (...)
Du siehst gut aus, du bist mein Topmodel (...)

Massive Töne

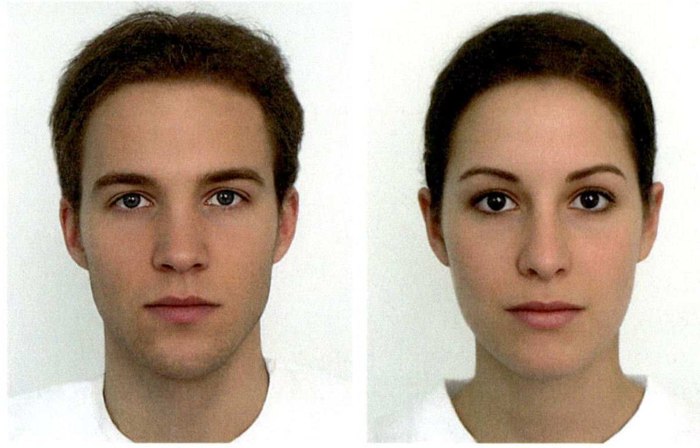

▲ *In einer Auswahl von Gesichtern fanden Versuchspersonen diese beiden Menschen am attraktivsten. Doch in der Realität existieren sie gar nicht. Die Porträts sind am Computer entstanden. Reale Menschen wurden von den Frauen und Männern, die an der Studie teilnahmen, dagegen eher als unattraktiv beurteilt.*

23 Prozent der befragten Mädchen und 16 Prozent der Jungen wurden schon mal wegen ihrer Fotos/ihres Aussehens gemobbt.

Bravo, 2016

Knapp 80 Prozent aller Jugendlichen glauben, dass es einen Zusammenhang zwischen Schlankheit und Beliebtheit gibt.

Bravo, 2016

Jedes zweite 15-jährige Mädchen und jeder dritte Junge findet sich zu dick, selbst wenn objektiv gar kein Übergewicht vorliegt.

WHO

Was ist schön?

„Schönheit liegt im Auge des Betrachters“, heißt eine Redensart. Sie wird also individuell empfunden. Dabei geht es nicht nur um Äußerlichkeiten, sondern auch die „innere Schönheit“ spielt eine Rolle.
Gleichzeitig gibt es eine über das individuelle Empfinden hinausgehende, allgemeinere Vorstellung davon, was schön ist. Grundlage dafür ist ein biologisches „Programm“ aus der Urgeschichte des Menschen, z. B. bei der Partnerwahl. Bestimmte Körpermerkmale oder Proportionen – runde Hüften bei Frauen, breite Schultern bei Männern – signalisieren Fruchtbarkeit bzw. Stärke. Solche Ideale gelten und wirken in den meisten Kulturen bis heute, werden aber durch den jeweiligen Zeitgeschmack kultiviert.

Schönheitsideale sind nicht absolut

Schönheitsideale sind abhängig vom Kulturkreis, der Gesellschaft und den Zeitumständen. Daraus ergibt sich, dass sich viele Idealvorstellungen im Laufe der Zeit verändern. Oft sind sie ein Spiegel für soziale Verhältnisse: Lange Zeit galt beispielsweise blasse Haut als Zeichen für Vornehmheit und einen hohen sozialen Status, gebräunte Haut dagegen stand für die Zugehörigkeit zu einer niedrigeren sozialen Gruppe. In Hungerperioden ist eine füllige Figur das Idealbild, in Zeiten des Überflusses werden schlanke Körperformen favorisiert.

Fragwürdige Ideale

Zu jeder Zeit haben Menschen versucht, den gültigen Schönheitsidealen nahezukommen. Dafür machen sie die verrücktesten Sachen und nehmen sogar Schmerzen, gesundheitliche Schäden oder Einschränkungen in Kauf. Im 16. Jahrhundert wurde z. B. der vornehmen Blässe mit Schminke nachgeholfen, die giftiges Bleiweiß enthielt. Bis zum Beginn des 20. Jahrhunderts quetschten Frauen und auch Männer ihre Körper in Korsetts, um sie in die „idealen“ Proportionen zu zwingen. In vielen Kulturen ist Körperschmuck in Form von Narbenmustern oder Piercings und Tattoos verbreitet; Letztere sind seit einigen Jahren auch Teil des Schönheitsideals des westlichen Kulturkreises.
Manche der früheren Moden wirken heute kurios und nicht nachvollziehbar. Doch auch heute gibt es Schönheitsvorstellungen, die bedenklich oder sogar gefährlich sind, z. B. der Schlankheitswahn und seine Extremformen („Thigh-Gap“ oder „Size Zero“). Diese führen bei einem Fünftel der Kinder und Jugendlichen zwischen elf und 17 Jahren zu einem gestörten Essverhalten. Dabei sind Mädchen fast doppelt so häufig betroffen wie Jungen. Es ist jedoch auch eine Gegenbewegung zu beobachten, die eine positive Einstellung zum eigenen Körper („Bodypositivity“) propagiert und zum Ziel hat, unrealistische und diskriminierende Schönheitsideale abzuschaffen und gegen das sogenannte „Bodyshaming“, die Abwertung des Aussehens von Personen, die nicht dem gängigen Schönheitsideal entsprechen, vorzugehen.

---

1 Setzt euch kritisch mit dem Text des Raps „Topmodel“ auseinander und benennt das Problem, das er anspricht. Ergänzt den Liedtext mit dem, was euch nervt, wenn es ums Aussehen von Männern und Frauen geht.

2 Sammelt Zeitungsausschnitte, Werbung, Fotos etc. mit Bildern von Frauen/Mädchen und Männern/Jungen.
- Legt alle Bilder aus und betrachtet sie. Wählt spontan eines aus und sagt, was ihr an der abgebildeten Person schön findet.
- Stellt die Bilder, die dem gängigen Schönheitsideal entsprechen, den anderen gegenüber. Notiert in einer Tabelle, was bzw. welche Merkmale die abgebildeten Personen charakterisieren und wie sie jeweils dargestellt werden.
- Nehmt Stellung zu den *Morphing-Porträts (links).

3 Arbeitet aus dem Text heraus, wann Schönheitsideale in Ordnung und wann sie bedenklich sind.
- Diskutiert den Einfluss von Werbung mit „normalen“ Personen auf das Selbstbild von Menschen.
- Macht eine Umfrage zum Thema Schönheitsideale.

4 Diskutiert: Über welchen Beautytrend aus unserer Zeit wird man in 100 Jahren den Kopf schütteln? Welche Bedeutung haben Schönheitsideale und was könnt ihr daraus schließen?

** Morphing (von engl. to morph = verformen) ist ein computergestütztes Bildbearbeitungsverfahren, bei dem ein Bild schrittweise verändert wird, z. B. durch Kombination mit anderen Bildern, sodass ein völlig neues Bild entsteht.*

Rollenbilder hinterfragen

Seit Beginn der Menschheitsgeschichte werden Mann und Frau unterschiedliche Rollen zugeschrieben. Der Vorteil davon ist, dass man weiß, welches Verhalten von einem erwartet wird. Kritisch betrachtet werden muss, dass in vielen Lebensbereichen aus Unterschieden zwischen den Geschlechtern Rollenklischees werden, die zu konkreten Benachteiligungen führen.

Das erste Date mit Laura lief echt gut. Wir waren im Kino. Der Film war super, die Stimmung auch. Danach sind wir noch was trinken gegangen. Auf einmal holt sie den Geldbeutel raus … Dabei wollte doch ich sie schick ausführen! David, 16 Jahre

Ich war im Kino mit David … Er war total süß. Weil er mich ins Kino eingeladen hat, wollte ich dann danach im Café bezahlen. Da ist plötzlich die Stimmung gekippt. Ich check's nicht … Laura, 16 Jahre

» *Neulich hab' ich mir einen voll coolen Kurzhaarschnitt machen lassen. Seitdem denken alle, ich sei ein Junge. Das nervt!* « Katharina, 14 Jahre

» *Irgendwie mag ich kleine Kinder. Ich hab drei jüngere Geschwister und beschäftige mich sehr gern mit ihnen. Ich könnte mir gut vorstellen, Erzieher oder Grundschullehrer zu werden. Aber meine Kumpels finden das unmännlich und peinlich.* « Noah, 17 Jahre

» *Meine Eltern bekommen noch mal ein Kind. Mama will ihre Arbeit nicht aufgeben, also nimmt Papa Elternzeit. Oma und Opa sagen, ein Kind braucht seine Mutter. Und Papas Chef ist auch nicht begeistert. Aber Mama und Papa denken, jetzt ist es Zeit für einen Rollentausch.* « Markus, 14 Jahre

» *Eigentlich will ich nach dem Abi studieren und Karriere machen. Doch meine Tante sagt, so einfach ist das nicht, weil junge Frauen meistens Kinder bekommen und dann nicht alles für den Job geben können. Dass ich Nachteile auf dem Arbeitsmarkt haben soll, nur weil ich eine Frau bin, finde ich unfair. Hoffentlich ist das anders, bis ich so weit bin.* « Jana, 15 Jahre

Rollen leben – sich von Rollen befreien

Rollenbilder sind mit bestimmten Erwartungen an Verhalten, Aussehen oder Wesen eines Menschen verbunden. Oft hängen diese Erwartungen mit dem Geschlecht zusammen und basieren auf verallgemeinernden Vorstellungen davon, wie Frauen bzw. Mädchen oder Männer bzw. Jungen sein sollten oder ihr Leben gestalten sollten. Rollenbilder sind kulturell geprägt und historisch gewachsen und unterliegen so dem gesellschaftlichen Wandel. Medien, Popkultur oder Werbung spiegeln die jeweils herrschenden Vorstellungen, häufig auch auf überzogene Weise. Oft enthalten Rollenbilder auch eine Wertung. Wer von den Erwartungen abweicht, gilt als „nicht normal". Daher können Rollenbilder ein Hindernis bei der freien Entfaltung der Persönlichkeit und der Lebensführung bzw. Lebensplanung sein. Wenn Menschen sich nicht so verhalten können oder wollen, wie es „die anderen" erwarten, sind Konflikte vorprogrammiert, denn Überschreitungen von Rollenerwartungen rufen oft Unverständnis und Ablehnung oder Spott hervor. Den Erwartungen zu widersprechen und „zuwiderzuhandeln", erfordert Mut, zu sich selbst und seinen Bedürfnissen zu stehen. Die Auseinandersetzung mit

Rollenbildern und -erwartungen gehört zum Prozess des Erwachsenwerdens, ist aber für jede und jeden auch eine lebenslange Aufgabe. Nach der Bibel ist der Mensch als Abbild Gottes geschaffen (▸ Gen 1,26–27). Daraus ergibt sich, dass jeder Mensch mit seinen individuellen Bedürfnissen und Wünschen angenommen ist und sich gemäß der ihm eigenen Würde entfalten darf. Damit verbunden sind Fragen, die jeder Mensch für sich klären muss, z. B. „Wer bin ich?“ und „Was bzw. wie will ich sein?“.

Soziale Medien pflegen Rollenbilder

Die Sozialen Medien scheinen auf den ersten Blick eine Präsentationsfläche für unterschiedlichste Persönlichkeiten und Interessen zu sein. Doch in der Social-Media-Welt dominieren tradierte Rollenbilder und -zuweisungen, wie eine Studie aus dem Jahr 2019 belegt. Die Themen der weiblichen Influencer sind v. a. „Beauty“, Kreativthemen und Kochen. Männer reden über Games, Politik und machen Comedy. Diese Klischees aufzubrechen und über andere Themen zu sprechen, ist aber v. a. für weibliche Social-Media-Stars nicht einfach, weil dies oft den Zuschauererwartungen widerspricht. Kritische und z. T. bösartige Kommentare sind oft die Folge.

1 Setzt euch mit den Aussagen links auseinander und untersucht die Rollenbilder, die sie präsentieren.
- Stellt den Konflikt dar und analysiert die dahinterstehenden Rollen. Bringt auch eigene Erfahrungen ein.
- Legt eine Tabelle an, was als „typisch männlich“ bzw. „typisch weiblich“ gilt und überprüft die Zuschreibungen. Wer macht diese? Wo stimmt ihr zu, wo nicht?
- Diskutiert: Welche Verantwortung haben in diesem Zusammenhang Werbung und Medien?

2 Mit Rollenbildern zu brechen, ist oft nicht leicht.
- Skizziert Hindernisse und Befürchtungen, die zu überwinden sind. Diskutiert: Welche positiven Effekte kann es haben, ein Rollenbild zu brechen?
- Findet Beispiele für Menschen, die Rollenbilder und Erwartungshaltungen aufbrechen, und porträtiert sie.

3 Die Karikatur spielt mit gegensätzlichen Klischees.
- Formuliert die Kernaussage der Karikatur in Bezug auf das Ringen mit Rollenerwartungen.
- Zeichnet eine Karikatur, die widersprüchliche Klischees über Männer thematisiert.

4 Prüft, ob die Influencer, denen ihr folgt, mit Klischees arbeiten, und analysiert diese gegebenenfalls.

Traumprinz/Traumprinzessin gesucht

Die Erwartungen, die Menschen an eine Partnerschaft haben, sind vielfältig. In ihnen spiegeln sich allgemeine und individuelle Werte wider.

„Ich finde, es ist wichtig, dass man einander zuhört und den anderen versteht und respektiert. Und auch, dass beide ehrlich und glücklich miteinander sind."
Sabrina, 14 Jahre

„Mit einer erfolgreichen Partnerschaft verbinde ich, dass man einander respektiert und akzeptiert. Wenn man nicht die gleiche Meinung hat, muss man nicht direkt streiten, sondern einfach akzeptieren, dass der andere eine andere Meinung hat."
Eva, 15 Jahre

„Ich erwarte, dass man sich in einer Beziehung gegenseitig unterstützt und die Freiheit des anderen akzeptiert. Man sollte sich selbst treu bleiben und über alles sprechen können. Ich denke auch, du solltest dem anderen immer den nötigen Respekt zeigen. Natürlich solltest du auch miteinander glücklich sein."
Lutz, 15 Jahre

„In einer Beziehung erwarte ich in erster Linie gegenseitiges Vertrauen, Verständnis und Liebe. Es ist auch wichtig, den anderen zu akzeptieren, wie er ist. Dann ist mir Loyalität wichtig, und dass jeder auch seine Freiheit hat und nicht vollständig an den Partner gebunden ist, sondern bestimmte Dinge ohne den Partner tun kann, ohne dass sich der andere daran stört."
Daniel, 14 Jahre

» *Zu zweit ist man weniger allein.* «

» *Zu viel Nähe nimmt Kreativität.* «

» *Sei selbst der Partner, den du dir wünschst.* «

» *Lieber glücklich allein als unzufrieden in einer Beziehung.* «

» *Geteiltes Glück ist doppeltes Glück.* «

1 Setzt euch mit den Statements und Zitaten auseinander.
- Prüft: Womit stimmt ihr überein, womit nicht?
- Diskutiert: Gibt es die „echte" Traumprinzessin bzw. den „echten" Traumprinzen?

2 Überlegt, was für euch in einer Partnerschaft wichtig ist, und formuliert daraus eure Werte.

3 Clustert eure Werte und entwerft mit ihnen eine Wertepyramide (▸ S. 63). Vergleicht anschließend eure Pyramiden.

4 Diskutiert: Schließen sich Selbstverwirklichung und eine Beziehung gegenseitig aus?

So geht's
Eine Wertepyramide erstellen

Werte sind nicht nur für das Leben in einer Gemeinschaft wichtig, sondern auch für die oder den Einzelnen. Sie prägen die persönliche Lebensführung und auch die Art, wie Menschen Freundschaft, Liebe und Partnerschaft leben und gestalten.

Was uns wichtig ist, welche Werte (▸ S. 15) es sind, nach denen wir unser Leben und unsere Handlungen ausrichten, ist oft gar nicht so offensichtlich. Zudem verändern sich diese Werte oder die Wichtigkeit, die wir ihnen beimessen, immer wieder, abhängig von der Lebensphase und den Lebensumständen. Mit einer Wertepyramide könnt ihr euch eure Werte und deren individuelle Rangfolge bewusst machen. Sie kann euch z. B. bei der Entscheidungsfindung als Schema dienen.

1 Vorüberlegungen
Entwickelt beispielsweise eine Wertepyramide zum Thema „Beziehungen gestalten". Schreibt dafür auf kleine Kärtchen, was für euch ein Wert in einer Freundschaft bzw. Partnerschaft ist. Verwendet Stichwörter und notiert auf jedes Kärtchen nur ein Stichwort. Legt anschließend alle Werte-Karten vor euch aus und verschafft euch einen Überblick.

2 Basis
Überlegt, welche der Werte für euch grundlegend sind. Sie bilden die Basis der Wertepyramide. Ordnet sie nebeneinander an.

3 Zwischenbau
Als Nächstes wählt ihr die Werte aus, die auf den Basis-Werten aufbauen. Ordnet diese oberhalb der Basis an. Nehmt ein Ranking zwischen diesen Werten vor. Je grundlegender ihr die Werte einschätzt, desto näher ordnet ihr sie in Richtung der Basis an; je wichtiger sie für das Thema „Beziehungen gestalten" sind, desto weiter oben, in Richtung der Spitze, stehen sie.

4 Spitze
Zuletzt geht es um die Spitze. Welcher Wert bzw. welche Werte sind für euch am wichtigsten in einer Beziehung? Ordnet diese an der Spitze der Pyramide an.

5 Austausch und Kommunikation
Jetzt wird es erst so richtig spannend. Erklärt euch gegenseitig den Aufbau eurer Wertepyramiden. Warum bilden bestimmte Werte die Spitze bzw. die Basis? Warum sind andere Werte in der Mitte positioniert? Da das Thema sehr persönlich ist, ist der Austausch freiwillig und die einzelnen Aussagen werden weder kommentiert noch gewertet.

6 Weitergedacht
Nach dem Muster der Wertepyramide zum Thema „Beziehungen gestalten", könnt ihr weitere Wertepyramiden zu anderen Themen und Fragestellungen entwickeln. Anregungen könnt ihr z. B. in ▸ Kapitel 4 finden oder in den Nachrichten bzw. in den Medien.

Inklusive Liebe

Die meisten Menschen haben das Bedürfnis nach einer Partnerschaft, nach Liebe und Sexualität. Das gilt für Menschen mit und ohne Behinderung gleichermaßen. Wenn zwei auf „einer Wellenlänge" sind und sich verlieben, zählen meistens vor allem gegenseitige Zuneigung, gemeinsame Interessen und Träume.

Laut sein für inklusive Liebe

„So sind wir", sagen Max und Cristina – ein ganz normales inklusives Paar. Als „Brittlebonesking" zeigen sie auf drei Social Media-Kanälen ihre Beziehung und erreichen damit fast 40.000 Menschen. Ihr Engagement ist auch ihre Leidenschaft: „Sich gemeinsam für die Gleichberechtigung von Menschen einzusetzen."

Max und Cristina sind knapp zwei Monate zusammen, als Max morgens vorm Spiegel vorschlägt: „Sag mal, wollen wir nicht einfach zusammen einen Social-Media-Kanal starten? Und gucken, wo es hinführt?"

Zu diesem Zeitpunkt haben sie schon Erfahrungen damit gemacht, wie manche auf ihre Beziehung reagieren. Denn Max hat Glasknochen (*Osteogenis imperfecta)* und Cristina keine Behinderung. „Ist das deine Assistenz?", „Deine Schwester?" oder „Toll, dass du eine Freundin hast. Sogar eine hübsche", sind Sprüche, die sie häufiger hören. Einerseits verbuchen sie das einfach unter der Sparte „Ist das euer Ernst?!", sagt Max. Andererseits aber steckt für sie mehr dahinter: „Manchen Menschen ist gar nicht bewusst, dass es anders lebende Menschen gibt", so Cristina, „sie stecken in ihrer eigenen Blase fest".

Doch daran wollen sie rütteln, sich engagieren und zeigen, dass es normal ist, dass Menschen mit und ohne Behinderung eine Beziehung führen. „Es gibt immer einen Weg, dazu beizutragen, dass sich etwas verändert", sind beide überzeugt. Social Media sehen sie als Chance, Engagement und Inklusion für viele zugänglicher zu machen und gerade mit Jüngeren ins Gespräch zu kommen. (…) Auf ihrem Social-Media-Kanal *brittlebonesking* (englisch für „Glasknochen" und „König") zeigen sie sich, wie sie sind: ein ganz normales inklusives Paar – mit gemeinsamen Interessen, Hobbys und Spaß am Leben. „Hey, so sind wir. Wir sind keine Außerirdischen, nur weil einer von uns im Rollstuhl sitzt", sagen der 26-Jährige und die 24-Jährige.

Dass es wichtig ist, sich für andere und sich selbst stark zu machen, damit haben beide schon Erfahrung. Kennengelernt haben sie sich vor zwei Jahren, als sie selbst ehrenamtlich unterwegs waren. Max tagte mit dem Selbsthilfe-Verein „Deutsche Gesellschaft für Osteogenesis imperfecta" in Duderstadt und Cristina unterstützte dort als Kinderbetreuerin. Einen waghalsigen Tanz von Max, viele Nachrichten, Telefonate und eine stundenlange Busfahrt später wurde aus der Freundschaft mehr. Für beide stand sofort fest: ganz gleich, ob Behinderung oder nicht, „wenn ich etwas für jemanden empfinde, dann zeige ich das auch." (…) Auf ihrem Kanal machen sie dasselbe wie alle anderen – nur inklusiv gedacht. Sie probieren neue Tanztrends aus oder kommentieren in ihren Clips schlagfertig Sprüche wie „Oh, ihr seid zusammen?". Tausende Likes bekommen sie für ihre Videos und für Botschaften wie diese: True fact (Echt wahr): Wir sind ganz normale Menschen! Wir gehören in die Mitte der Gesellschaft, wie alle Menschen."

Ob Engagement vor Ort stattfindet oder in der virtuellen Welt – worauf es im Kern ankomme sei, dass tatsächlich ein Austausch stattfindet: „Menschen können nur mehr erfahren, wenn wir auch anfangen, miteinander zu reden", sagen Cristina und Max. Seitdem sie ihre Kanäle gestartet haben, merken sie, wie sich die Nutzerinnen und Nutzer mehr mit ihnen befassen, erzählen sie. Auch Themen wie ▸ Sexualität oder Zukunftsplanung sind kein Tabu.

Der *Brittlebonesking*-Ansatz im Kontakt mit der Community: erstmal alles annehmen. „Wir wollen nicht mit erhobenem Zeigefinger antworten, auch wenn Fragen kommen, die leicht daneben sind", sagt Max. Und Cristina ergänzt: „Wir sind der Meinung: Woher sollen die Menschen sonst ihr Wissen nehmen?"

Bericht Aktion Mensch

» Ich selbst bin der Überzeugung, dass eine inklusive Beziehung sich gar nicht so sehr unterscheidet im Vergleich zu einer „normalen" Beziehung. Es gibt vielleicht ein paar Herausforderungen, paar Schwierigkeiten, aber daran kann man auch wachsen. Und vielleicht schweißt das sogar noch mehr zusammen. « *Leeroy Matata*

Kommentare

@user-y4f5c3u
Ich finde, es gibt keine „normalen" und nicht normalen Beziehungen. Jede Beziehung ist einzigartig.
276 28

@gestreift22
Ich denke, dass man in jeder Beziehung aufeinander Rücksicht nehmen muss, auch wenn es nur Kleinigkeiten sind. Kommunikation is key, denke ich mir immer, damit am Ende auch keiner auf der Strecke bleibt :)
189

@Lena3735
Wenn man das Wort Inklusion im eigentlichen Sinn betrachtet, ist jede Beziehung inklusiv. ... Ich finde generell, im Umgang mit jeder Einschränkung ist Kommunikation extrem wichtig.
27 33

▲ *Um „Ich liebe dich" oder „I love you" zu sagen, verwenden viele Menschen ein symbolisches Handzeichen. Nur wenige wissen, dass sie ein Zeichen aus der Gebärdensprache verwenden, der Sprache, die Menschen mit Beeinträchtigung des Gehörs sprechen. Die häufig verwendete Geste setzt sich aus den Zeichen für „i", „l" und „y" zusammen.*

1 Max und Cristina sind ein Paar wie jedes andere.
- Belegt diese Aussage mithilfe des Berichtes.
- Beschreibt anhand des Textes, mit welchen Fragen oder vorgefassten Meinungen andere Menschen Cristina und Max begegnen.
- Formuliert drei Forderungen, die sich für euch aus dem Bericht ergeben.

2 Max und Cristina bezeichnen sich selbst als *interabled couple* – abgeleitet von *disabled* für „behindert".
- Interpretiert den Begriff und arbeitet heraus, was er über die Gestaltung einer Partnerschaft aussagt.
- Prüft die Werte und deren Gewichtung in eurer Wertepyramide (▸ S. 63) und erläutert ihre Bedeutung im Hinblick auf eine inklusive Partnerschaft.
- Stellt Bezüge zum christlichen Menschenbild her.

3 Das Zitat oben stammt aus einem Video über „9 Dinge, die nur inklusive Paare kennen". Ihr könnt es auf dem Social-Media-Kanal der Aktion Mensch anschauen.
- Skizziert, welche „Herausforderungen" und „Schwierigkeiten" Leeroy meinen könnte.
- Nehmt Stellung zum Zitat und auch zu den Kommentaren, die zum Video abgegeben wurden.
- Diskutiert die Ursachen für die „Herausforderungen" für inklusive Paare. Entwickelt Ideen, wie man diesen begegnen könnte.

4 Das Bild oben zeigt, wie man in der Internationalen Gebärdensprache „Ich liebe dich" sagt. Recherchiert, wie die einzelnen Zeichen aussehen, die in der Geste zusammengesetzt werden. Findet heraus, welche weiteren Gebärden oder Zeichen es gibt, um Gefühle auszudrücken.

Das Geschenk Gottes an den Menschen

In einer Partnerschaft werden zwei Menschen ein „Team". Sie bleiben aber eigenständige Personen mit ihren eigenen Wünschen und Vorstellungen und eigener Würde. Wie wichtig es ist, dem oder der anderen das Anderssein zuzugestehen, thematisiert die folgende Parabel.

Alles hat Gott schon gemacht, das Wasser, das Land, die Pflanzen und die Tiere. Als Letztes also schafft er den Menschen. Der sieht sich um in seiner Welt, entdeckt die Natur, beobachtet die Tiere, und er ist nicht zufrieden. Irgendetwas fehlt ihm noch. Er wendet sich also an seinen Schöpfer und bringt seine Beschwerde vor. „Herr, ich kann nicht fliegen wie der Adler, auch bin ich nicht so schnell wie die Antilope. Ich kann nicht im Wasser leben wie der Wal und im Gebirge bin ich nicht so geschickt wie die Gämse. Der Elefant ist viel größer als ich, die Ameise kann länger arbeiten und wenn ich den Elch erlegen will, so läuft er mir davon. Die Schnecke hat von dir ihr Haus schon mitbekommen, ich muss mir immer neu ein Dach über dem Kopf suchen. Allen anderen hast du etwas geschenkt und mitgegeben. Findest du nicht auch, dass ich, der Mensch, etwas zu kurz gekommen bin? Aber wahrscheinlich hast du jetzt nichts mehr übrig für mich, nachdem du die Tiere so reich ausgestattet hast." Gott, der Herr, hört sich die Klage seines Geschöpfes an und überlegt. Er möchte, dass der Mensch zufrieden ist mit seinem Leben. Nach kurzem Nachdenken schließlich hat er die Lösung gefunden. „Ich schenke dir, Mensch, die Möglichkeit, eine Persönlichkeit zu werden. Ich statte dich mit einer Würde aus, die dir von niemandem genommen werden kann. Du kannst frei entscheiden, was du aus deinem Leben machen willst. Du kannst dich zum Guten und zum Schlechten entscheiden, ein Heiliger werden oder ein Übeltäter. Du kannst deine Mitmenschen und die Natur achten oder vernichten. Du kannst andere respektieren oder über sie herfallen. Du kannst anderen Leben schenken oder den Tod bringen. Du allein kannst entscheiden. Das ist mein Geschenk an dich, Mensch."

frei nach Giovanni Pico della Mirandola

▲ *Jean Fouquet, um 1470*

1 Lest den Text und sammelt Stichworte, die beschreiben, welches ▸ Menschenbild in dem Text gezeichnet wird.

2 In der Geschichte ist vom Menschen im Singular die Rede. In einer Beziehung treffen nun zwei Menschen aufeinander, die gleichermaßen mit je eigenen Gaben von Gott beschenkt wurden.
- Diskutiert, was der Satz „Du kannst frei entscheiden" in einer Partnerschaft bedeutet. Wo hat er seine Grenzen?
- Überlegt, inwiefern die im Text formulierten Alternativen, die der Mensch hat, eine Beziehung herausfordern.
- Das Bild links zeigt die sogenannte Vermählung Adams und Evas durch Gott (▸ Gen 2,22). Beschreibt das Bild und stellt dar, wie darin die Beziehung zwischen Mensch und Gott und zwischen zwei Menschen dargestellt wird.

3 Die Illustration oben enthält Beschreibungen für die Eigenart des Menschen.
- Erläutert die einzelnen Selbstaussagen. Ihr könnt dazu den Lexikonartikel über das christliche Menschenbild heranziehen.
- Diskutiert, was die Beschreibungen für die Gestaltung einer Partnerschaft bedeuten. Geht dabei auf die Bedeutung der Kommunikation zwischen Menschen ein: Inwiefern ist die Fähigkeit, miteinander zu kommunizieren, in einer Partnerschaft wichtig? Skizziert Beispiele.
- Die einzelnen Aspekte können Anlass für die Formulierung wertschätzender Mutmachsätze sein, wenn man bestimmte Eigenschaften bei der Partnerin bzw. beim Partner als besonders ausgeprägt entdeckt hat: Formuliert zu jedem Stichwort einen Mutmachsatz, z. B.: „Für mich bist du einzigartig!" Prüft, wann ihr die Sätze verwenden könntet und wie sie wirken könnten.

Mit Leib und Seele

Nach christlichem Verständnis ist der Mensch als Mann oder Frau erschaffen und besteht aus Seele *und* Leib. Sexualität gehört also zum Menschsein. Doch es gibt nicht nur eine Form von Sexualität oder nur eine Weise, sie zu leben. Daher ist es eine wichtige Aufgabe beim Erwachsenwerden, die Ausdrucksformen zu finden, die der eigenen Person entsprechen.

In der Pubertät ändern sich auch die Wahrnehmung des eigenen Körpers und der Blick auf das (andere) Geschlecht. Die Entwicklung der Geschlechtlichkeit verläuft individuell, ist aber auch von den Normen und Werten der Gesellschaft beeinflusst, die z. B. durch die Erziehung, durch Gleichaltrige und Freunde, durch die Medien etc. auf jede und jeden einwirken.

Mehr als Sex

▸ Sexualität oder Geschlechtlichkeit hat verschiedene Dimensionen. Sie ist eine biologische Funktion, die der Fortpflanzung dient, sie ist eine Lebensenergie, Ausdruck der eigenen Person und Ausdruck einer Beziehung zu einem anderen Menschen. Ein Aspekt der Geschlechtlichkeit ist die Entwicklung der sexuellen **Identität,** indem wir uns selbst wahrnehmen und auch von anderen als Frau oder Mann wahrgenommen werden. Dazu gehört auch, sich des eigenen Körpers bewusst zu werden, sich selbst als liebenswert anzunehmen und die eigenen Wünsche und Bedürfnisse zu kennen bzw. kennenzulernen. Sexualität ist in der Regel auf eine **Beziehung** zu einem anderen Individuum angelegt. Es reicht nicht, auf die *eigenen* Bedürfnisse und Grenzen zu achten, auch die des oder der *anderen* müssen wahrgenommen und v. a. respektiert werden. In diesem intimsten Bereich übernehmen wir so Verantwortung für uns selbst und für unser Gegenüber. Nicht zuletzt steht Sexualität für **Lust** und Genuss. In dem Maße, wie sich Vertrautheit und Geborgenheit in einer Beziehung vertiefen, kann auch die Freude und die Lust an dem anderen Menschen wachsen. Diese drei Dimensionen von Sexualität – Identität, Beziehung und Lust – sind von Anfang an grundlegend für die eigene Geschlechtlichkeit.

Sexualität und christliches Menschenbild

Aus biblischer Perspektive ist die Sexualität selbstverständlicher Teil des Menschen. In den Schöpfungserzählungen wird eine grundsätzlich positive Einstellung zu ihr deutlich. Der Mensch ist nach ▸ Gen 1,27 als „männlich und weiblich“ erschaffen und in ▸ Gen 2,24 ist davon die Rede, dass Mann und Frau „ein Fleisch“ werden. Das ist sowohl leiblich als auch seelisch zu verstehen. Da der Mensch als Abbild Gottes geschaffen ist, um in Freiheit und Verantwortung zu leben, gilt dies auch für die Gestaltung und das Ausleben der Sexualität. Gemäß ▸ Gen 1,28 ist zudem die **Weitergabe des Lebens** Teil des göttlichen Schöpfungsauftrags an den Menschen.

Sensibilität und Respekt für die Vielfalt

Nicht nur heterosexuelle Partnerschaften basieren auf Liebe, Wertschätzung, Achtung, Toleranz, Treue und Verlässlichkeit. In Deutschland können seit 2017 auch gleichgeschlechtliche Paare eine Zivilehe (staatlich geregelte Ehe) eingehen, die der zwischen Mann und Frau rechtlich gleichgestellt ist – ein Schritt zur Überwindung der Diskriminierung Homosexueller in unserer Gesellschaft. Im Jahr 2022 wurden rund 2,6 Prozent aller Ehen zwischen zwei Männern bzw. zwei Frauen geschlossen. Viele gleichgeschlechtliche Paare leben mit Kindern in einer Familie zusammen. Die Kirche nimmt homosexuelle Menschen vorbehaltlos an. Das Sakrament der Ehe ist in der katholischen Kirche jedoch Mann und Frau vorbehalten, weil ein wesentlicher Aspekt der Ehe in der Offenheit für die Weitergabe des Lebens durch Zeugen von Nachkommen besteht. Somit ist eine kirchliche Eheschließung für homosexuelle Paare nicht möglich. Doch viele Menschen, die in einer gleichgeschlechtlichen Partnerschaft (oder als Unverheiratete) zusammenleben, haben den Wunsch nach einem Segen für sich und ihre Partnerin bzw. ihren Partner. Seit 2023 ist es möglich, dass sie außerhalb einer kirchlichen Feier oder eines Gottesdienstes von einem geweihten Seelsorger (Priester oder Diakon) gesegnet werden, um ihr Leben für Gott zu öffnen. Dies bedeutet nicht eine Gleichsetzung mit der sakramentalen Ehe.

» *Die Kirche passt ihre Haltung Jesus, dem Herrn, an, der sich in grenzenloser Liebe für jeden Menschen, ohne Ausnahme, geopfert hat. (…) Darum möchten wir vor allem bekräftigen, dass jeder Mensch, unabhängig von seiner sexuellen Orientierung, in seiner Würde geachtet und mit Respekt aufgenommen werden soll und sorgsam zu vermeiden ist, ihn ‚in irgendeiner Weise ungerecht zurückzusetzen' oder ihm gar mit Aggression und Gewalt zu begegnen.* « ▸ *Amoris laetitia 250*

Soziologische Positionen

Die Soziologie hat noch einmal einen eigenen Blick auf das Thema, der nicht unbedingt mit der kirchlichen Sichtweise übereinstimmen muss. Nach verschiedenen soziologischen Ansätzen umfasst die geschlechtliche Identität eines Menschen sowohl männliche als auch weibliche Anteile. Demnach empfinden manche Menschen dies in stärkerem Maße und können oder wollen sich nicht mit den Rollen „Frau" oder „Mann" und den damit verbundenen Erwartungen identifizieren. Nach diesen Ansätzen ist durch das biologische Geschlecht die sexuelle Identität eines Menschen nicht immer eindeutig geklärt. Oft fühlen sich Menschen, die in diesem Sinne an ihrer sexuellen Identität oder Orientierung zweifeln, alleingelassen.

1 Sexualität ist ein Geschenk, aber auch eine Aufgabe.
   - Erläutert, inwiefern das christliche ▸ Menschenbild Grundlage für eine verantwortungsvolle Sexualität ist, und diskutiert, ob alle Dimensionen gleich wichtig sind.
   - Formuliert Regeln, die sich daraus für einen guten Umgang mit der Sexualität und miteinander ergeben.
   - Setzt euch mithilfe des Textes mit den verschiedenen Perspektiven auf Geschlechtlichkeit auseinander.

2 Recherchiert die Haltung der katholischen Kirche zur „Ehe für alle" und nehmt aus ihrer Sicht dazu Stellung.

3 In der insgesamt fünfteiligen Bildserie „S'he" thematisiert der Künstler Ulay Geschlechterrollen und -identitäten.
   - Betrachtet die Bilder rechts nacheinander und beschreibt, welche Wirkung sie auf euch haben.
   - Findet zu jedem passende Adjektive oder Fragen.
   - Schreibe einen Brief an eine Freundin/einen Freund und nimm Stellung zu der Bildserie.

▸ *Ulay, 1973–74*

Grenzüberschreitungen

Sexualität ist bestimmt von Gefühlen, Begierden und Leidenschaftlichkeit. Das ist gut so, kann aber auch zu einem respektlosen Umgang mit dem oder der anderen, zu Grenzüberschreitungen, Manipulation und Bloßstellung führen. Was kann man aber tun, wenn man in eine solche oder ähnliche Lage gerät?

Auch im Umgang mit der ▸ Sexualität gilt, dass der Mensch in seinem Handeln frei ist (▸ S. 68). Doch die Freiheit kann nur zusammen mit Verantwortung gesehen werden. Verantwortlich verhält sich, wer den eigenen Wünschen und Bedürfnissen den gleichen Wert beimisst wie denen des Gegenübers und erkennt und respektiert, wenn für andere eine rote Linie erreicht ist. Grenzen können nicht nur durch Taten überschritten werden, z. B. durch ungewollte Berührungen, sondern auch durch anzügliche Bemerkungen und Witze oder durch Bilder. Gleichzeitig ist es wichtig, die eigenen Grenzen zu kennen und zu kommunizieren. Das erfordert Mut, denn die Angst, wie der oder die andere reagieren wird, wenn man nicht mitmacht, steht immer im Raum. Aus Sorge, Freundschaften zu verlieren, übergeht man dann vielleicht die innere Stimme (▸ S. 16). Doch jede und jeder kann sich auf diese Stimme verlassen und sie ernst nehmen. Wer sich mit einer Situation nicht wohlfühlt, hat das Recht, „Nein!" zu sagen.

Matthias belabert Julian … Ein paar von den Jungs aus der Klasse treffen sich am Abend bei ihm und schauen Pornofilme an. Julian soll auch kommen. Aber er hat eigentlich keine Lust. Diese Filme findet er nur eklig und peinlich. Matthias macht sich über ihn lustig und sagt, dass Julian verklemmt sei …

Pornografie ist die sprachliche oder bildliche Darstellung sexueller Akte. Dabei werden die psychischen und partnerschaftlichen Aspekte der Sexualität ausgeklammert. Die Art, wie Männer und v. a. Frauen dargestellt werden, degradiert diese zu bloßen Objekten und verletzt damit die menschliche Würde. Der Konsum von Pornografie kann sich negativ auf die Selbstwahrnehmung und die Entwicklung der eigenen Sexualität auswirken (▸ S. 68). Die Weitergabe und der Besitz von pornografischem Material ist für Jugendliche unter 18 Jahren gesetzlich verboten.

Mia und Tom waren bis vor Kurzem ein Paar. Tom ist noch immer sauer, dass Mia sich von ihm getrennt hat. Da fällt ihm das Bild ein, das sie ihm aufs Smartphone geschickt hat, als sie sich für einen Monat nicht sehen konnten, weil Mia im Schüleraustausch war. Es ist ein sehr freizügiges Bild. Tom überlegt, was er damit machen könnte …

Kerstin bekommt immer wieder Nachrichten mit obszönen Inhalten von Personen, die sie gar nicht kennt. Ihre Nummer haben die wohl, weil sie in ihrer Freizeit als Sängerin auftritt. Kerstin ist genervt und hat auch Angst …

Sexting (zusammengesetzt aus *sex* und *texting)* beschreibt u. a. das Versenden und Empfangen freizügiger Selfies via Smartphone. Sind die Bilder erst mal gepostet, haben die abgebildeten Personen keine Kontrolle mehr über deren Weitergabe und laufen Gefahr, bloßgestellt oder erpresst zu werden. Doch auch der Besitz solcher Bilder auf dem Smartphone ist kein Kavaliersdelikt. Vielen ist nicht bewusst, dass das Verbreiten und der Besitz von erotischem Bildmaterial Minderjähriger strafbar sind.
Das Versenden von obszönen Nachrichten ist eine Form der sexuellen Belästigung und kann als Beleidigung ebenfalls strafrechtliche Folgen haben. Wer durch solche Nachrichten belästigt wird, kann dies bei der Polizei zur Anzeige bringen.

Rat und Hilfe finden

Laut und bestimmt „Nein!“ zu sagen, „Das will ich nicht!“ oder „Das mach ich nicht!“, wäre ein erster, wichtiger Schritt, wenn man von einer (sexuellen) Grenzüberschreitung betroffen ist. Doch in der Realität fällt es Betroffenen oft sehr schwer, sich zur Wehr zu setzen. Zu Scham, Schuldgefühlen und Angst vor Unverständnis kommt die Angst vor Ausgrenzung, vor dem Verlust von Freundschaften und Beziehungen. Das macht sprachlos und verursacht ein Gefühl der Hilflosigkeit. Und nicht immer ist es möglich, sich dann einer nahestehenden Person anzuvertrauen. Es gibt jedoch viele Möglichkeiten, sich Hilfe und Rat zu holen. An der Schule sind die Vertrauenslehrerinnen und -lehrer eine erste Anlaufstelle. Sie können Betroffenen weitere Beratungsangebote nennen. Einige befinden sich in kirchlicher Trägerschaft, aber auch andere Organisationen bieten anonym und kostenlos ihre Hilfe an, sogar im Internet oder telefonisch. In jedem Fall unterliegen Beratungsgespräche der Verschwiegenheit.

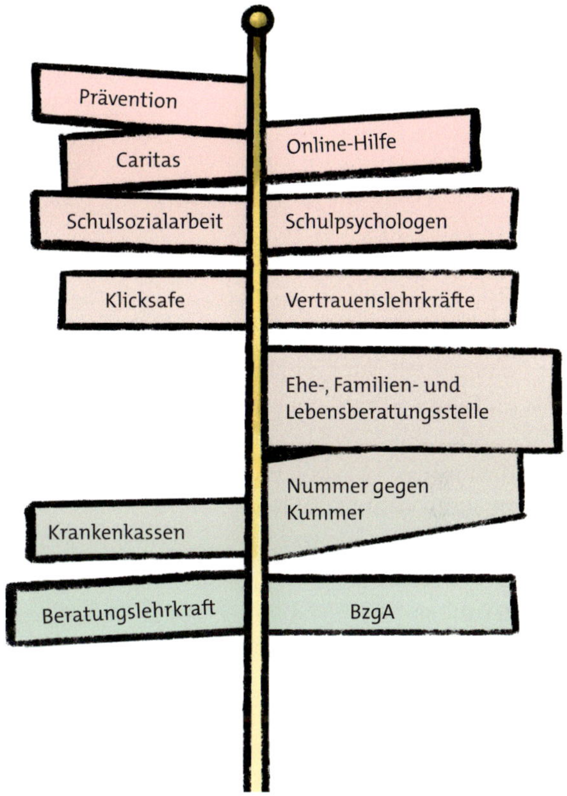

›› Ich engagiere mich seit vier Jahren bei dem Projekt „Jugendliche beraten Jugendliche“ der „Nummer gegen Kummer“. Wir sind eine Gruppe von Jugendlichen zwischen 16 und 21 Jahren. Einmal pro Woche sprechen wir am Telefon mit Gleichaltrigen und bieten ihnen eine anonyme Möglichkeit, ihre Probleme anzusprechen und sich Rat zu holen. Wir nennen uns auch „Hoffnungsfunken“, versuchen, der Ansprechpartner bzw. der Funken Hoffnung zu sein, der im eigenen Umfeld oft fehlt. ‹‹ *Sofia, 19 Jahre*

---

1 Arbeitet aus dem Text ▸ S. 70 problematische Verhaltensweisen heraus. Vergleicht sie mit den Regeln für einen guten Umgang mit Sexualität (▸ S. 69, Aufgabe 1).

2 Setzt euch mit den Fallbeispielen (links) auseinander.
- Versetzt euch in die Lage aller beteiligten Personen und skizziert den Konflikt, in dem sie sich befinden.
- Bewertet, welche Handlungsoptionen jeweils bestehen, und überlegt, welche Folgen das Handeln hätte.

3 Formuliert Erwartungen an ein Gespräch bei einer Beratungsstelle. Fasst die grundsätzlichen Anforderungen in Schlagwörtern zusammen.
Diskutiert, ob ein Beratungsangebot für Jugendliche von Jugendlichen besser geeignet ist, um über Probleme, Themen und Fragen zur Sexualität zu sprechen.

4 Informiert euch über Beratungsangebote im Netz und in eurem Wohnort und stellt sie in einem Gallery Walk vor.

Ein Bund fürs Leben: das Sakrament der Ehe

Zwei Menschen, die sich lieben und sicher sind, den Lebensweg miteinander gehen zu wollen, entscheiden sich auch heute oft dafür, ihre Partnerschaft durch eine kirchliche Eheschließung zu bekräftigen.

Eine Partnerschaft, auf die man sich verlassen kann, in der man Geborgenheit und Intimität erfährt und so, wie man ist, geliebt wird, ist für viele eine Basis für ein erfülltes Leben. Im Bund der Ehe versprechen sich zwei Menschen, ein Leben lang füreinander zu sorgen und Verantwortung zu übernehmen. Nach dem christlichen Eheverständnis spiegelt sich darin das Versprechen, das Gott den Menschen im Bund am Sinai (▸ Ex 19) gegeben hat, und die Liebe Christi zu seiner Kirche. Dieser Bezug zu Gott (▸ S. 68) weist über die Dimension der Geschlechtlichkeit hinaus. Indem sich ein Ehepaar für Kinder und Familie entscheidet, erfüllt sich schließlich eine wichtige Dimension des Ehebundes und der Geschlechtlichkeit: die **Weitergabe des Lebens** (▸ S. 68)

Sich einander anvertrauen

Die kirchliche Trauung (von mhd. *trūwen* für „anvertrauen", seit dem 13. Jh. „ehelich verbinden") findet im Rahmen eines Wortgottesdienstes oder einer Eucharistiefeier statt. Oft beteiligt sich das Brautpaar an deren Gestaltung. Nach der Lesung, dem Evangelium und der Predigt folgt die feierliche Eheschließung. Sie ist ein Sakrament. Im Unterschied zu den anderen Sakramenten spenden sich Braut und Bräutigam das Sakrament der Ehe gegenseitig. Der Priester „assistiert" ihnen dabei lediglich. Vor den Trauzeugen und der anwesenden Gemeinde geben sie sich das Eheversprechen. Die Eheleute bekennen sich damit nicht nur zu sich selbst, sondern auch zu ihrer Verantwortung in Kirche und Welt und dazu, ihre künftigen Kinder christlich zu erziehen.

» *Vor Gottes Angesicht nehme ich dich an*
als meine Frau/meinen Mann.
Ich verspreche dir die Treue
in guten und bösen Tagen,
in Gesundheit und Krankheit,
bis der Tod uns scheidet.
Ich will dich lieben, achten und ehren
alle Tage meines Lebens.
Trag diesen Ring als Zeichen unsrer Liebe und Treue:
Im Namen des Vaters und des Sohnes
und des Heiligen Geistes. «

Vermählungsspruch, GL 604.6a

» *Was aber Gott verbunden hat, das darf der Mensch nicht trennen.* « *Mk 10,9*

» *Gott hat Mann und Frau füreinander bestimmt, damit sie ‚nicht mehr zwei, sondern eins' sind (▸ Mt 19,6): Auf diese Weise sollen sie die Liebe leben, fruchtbar sein und so zum Zeichen für Gott selbst werden (...)* « *Youcat, 260*

» *Der Wunsch, eine Familie zu gründen, ist der Entschluss, ein Teil von Gottes Traum zu sein.* «

▸ *Amoris laetitia 321*

Symbole bei der Trauung

Eheringe: Sinnbild der Liebe und Treue, werden vom Priester vor der Vermählung gesegnet
Hochzeitskerze: wird an der Osterkerze entzündet, begleitet das Ehepaar auf dem gemeinsamen Weg
Stola des Priesters um die Hände des Brautpaares: Bekräftigung des Beistandes der Kirche für die Eheleute, die sich das Sakrament der Ehe gegenseitig spenden

Trausprüche

» *Wenn ich in den Sprachen der Menschen und Engel redete, hätte aber die Liebe nicht, wäre ich dröhnendes Erz oder eine lärmende Pauke.* « *1 Kor 13,1*

» *Liebe ist die Verantwortung eines Ich für ein Du.* «
Martin Buber

» *Ertragt einander in Liebe und bemüht euch, die Einheit des Geistes zu wahren durch das Band des Friedens!* « *Eph 4,2–3*

» *Die Ehe ist eine Brücke, die man täglich neu bauen muss. Am besten von beiden Seiten.* « *Ulrich Beer*

» *Alles, was ihr tut, geschehe in Liebe.* « *1 Kor 16,14*

Gründe für eine kirchliche Trauung(?)

„Die kirchliche Trauung ist für uns mehr als die Vertragsunterzeichnung auf dem Standesamt."

„Ich will mich einmal im Leben wie eine Prinzessin fühlen, mit einem schönen weißen Kleid."

„Wir stellen unsere Beziehung unter den Segen Gottes, weil es Dinge im Leben gibt, bei denen man Unterstützung braucht."

„Meine Oma hat sich immer gewünscht, dass wir kirchlich heiraten."

1 Legt eine Mindmap zum Begriff „Ehe" an. Denkt dabei auch an Ehepaare, die ihr (persönlich) kennt.
2 Lest den Vermählungsspruch aus dem Gotteslob und gebt in eigenen Worten wieder, was die Worte bedeuten.
   - Erörtert, wie der Vermählungsspruch und die Erwartungen an Partnerschaft (▸ S. 62) zusammenhängen. Denkt dabei auch an die Landkarte der Liebe (▸ S. 54).
   - Begründet, auch mithilfe des Textes, warum das Versprechen der Ehe „alle Tage des Lebens" gilt und die Ehe unauflöslich ist.
3 Trausprüche enthalten Aussagen über Liebe und Ehe.
   - Benennt die Grundsätze einer Partnerschaft oder Ehe, die die Zitate (links) jeweils ansprechen.
   - Formuliert aus den Zitaten auf der Doppelseite einen Glückwunsch für ein Brautpaar. Fügt ein passendes Symbol hinzu und gestaltet eine Glückwunschkarte.
4 Interpretiert die Karikatur und beschreibt, welche Einstellung zur Ehe deutlich wird. Vergleicht Karikatur und Vermählungsspruch und skizziert, welche Auswirkungen auf eine Ehe die beiden Haltungen haben können.
5 Diskutiert die Gründe für eine kirchliche Eheschließung. Nennt weitere Gründe, die ihr euch vorstellen könnt.

Kraftfeld Ehe

Die Ehe ist mehr als ein Vertrag auf Zeit. Sie umfasst zwei Menschen ganz, gibt ihnen Halt und eine gemeinsame Basis. Aus ihr können sie immer wieder Kraft schöpfen, auch in schwierigen Zeiten.

spielregel
in dieser geschichte
spielst du mit
in dieser geschichte
spielt ihr mit
in dieser geschichte
spielt jeder mit

es gibt auch bei dir
hoch-zeit
tief-zeit

und auch dir oder euch beiden
wird schon mal der wein ausgehn

gerade dann
wenn ihr es am wenigsten vermutet
oder brauchen könnt

der wein
der freude
des glücks
der wein des vertrauens
und der täglichen zärtlichkeit
so sehr kann der wein ausgehn
dass man glaubt es geht nicht mehr

(…)
wenn die krüge in eurem leben leer sind
wenn euer leben leer ist
dann tut
was ER euch sagt
tut was zu tun ist
tut was ihr könnt
das einfachste von der welt
gebt was ihr habt –
nie sollen wir etwas halb tun
sondern ganz bis zum rand
sollen wir die leeren krüge füllen
mit dem was wir haben
vielleicht
mit unseren tränen
mit unseren ängsten
mit unserer traurigkeit

wer nicht an wunder glaubt
ist kein realist
ohne wunder geht kein leben
erst recht kein leben zu zweit
zu dritt
zu viert

wenn ER
jesus christus
bei euch dauergast ist
stillschweigender dauergast
dann ist eure liebe
eure ehe ein sakrament
dann ist sie mehr
als nur das was ihr beide einbringt
dann ist eure ehe ein kraftfeld
in dem alles sich geheimnisvoll ordnet
dann wird nicht alles funktionieren
dann wird nicht alles reibungslos
ablaufen und klappen
nach den maßstäben dieser welt
aber dann findet alles
eine wunderbare ordnung eine heimat
ihr beide
eure kinder
eure gäste
eure freunde
eure wohnung
wird zu seinen sakramentalen zeichen
Wilhelm Willms

▲ *Koroush Namazi, 2017*

» Wenig hilfreich sind manche Fantasien von einer idyllischen und vollkommenen Liebe, der so jeder Ansporn zum Wachsen genommen ist. Eine himmlische Vorstellung von der irdischen Liebe vergisst, dass das Beste das ist, was noch nicht erreicht wurde, der mit der Zeit gereifte Wein. « *Amoris laetitia 135*

1 Das Gedicht von Wilhelm Willms bezieht sich auf die Hochzeit in Kana (▸ Joh 2,1–12). Findet Beispiele für Krüge, die in einer Ehe im Alltag einmal leer sein können, aber auch für volle Krüge. Überlegt, wie mit Jesu Hilfe die Krüge wieder gefüllt werden könnten.

2 Beschreibt das Bild und arbeitet heraus, was es über die Ehe aussagen könnte. Gestaltet ein Bild oder eine Collage mit dem, was für euch in einer Ehe wichtig wäre.

3 Erklärt das Zitat aus ▸ Amoris laetitia mit eigenen Worten und Beispielen. Diskutiert, inwiefern eine sakramentale Ehe helfen könnte, „das Beste" zu erreichen.

Zeige, was du kannst

Aufgabe A: Füreinander da sein

Du bist da
Ich danke dir dafür, dass du mich einfach so nimmst
wie ich bin und will dir sagen:
Deine unendlich große Liebe gibt mir Kraft
und ist genauso die Antwort auf so viele Fragen,
die mich dennoch immer wieder plagen
und dich zu hinterfragen wagen.
Wenn dann meine Welt auseinanderbricht,
weiß ich genau, wer zu mir spricht, denn

du bist da,
jeden Tag, jede Stunde,
selbst in dieser Sekunde
bist du spürbar nah,
und ich danke dir dafür,
ich danke dir dafür.

Ich weiß, ich bin manchmal furchtbar kleinlich,
du bist mir nicht böse, siehst das Gute in mir.
Bist geduldig und gnädig auf deine Weise
und gibst mir die Chance auf eine herrliche Reise,
doch du lässt mich auch meine Grenzen spüren,
ohne mich in die Enge zu führen,
denn wenn meine Welt auseinanderfällt,
weiß ich genau, wer zu mir hält, denn

du bist da
jeden Tag, jede Stunde,
selbst in dieser Sekunde
bist du spürbar nah,
und ich danke dir dafür,
ich danke dir dafür.
viva voce

1 Gehe das Kapitel und deine Unterlagen dazu noch einmal in Ruhe durch: Welche Inhalte passen zu diesem Liedtext? Lege eine Liste oder eine Tabelle an und notiere zu den Inhalten die passenden Verszeilen. Ergänze jeweils in kurzen Stichpunkten deine Gedanken und Erkenntnisse.
2 Markiere in deiner Liste mit unterschiedlichen Farben die Inhalte, die für dich neu, überraschend oder besonders interessant waren. Tausche dich mit einer Partnerin/einem Partner aus, welche Erkenntnisse ihr gewonnen habt.
3 Setze dich kreativ mit dem Thema „Freundschaft, Liebe, Partnerschaft" auseinander. Du kannst z. B.
- einen eigenen Songtext schreiben,
- in Gruppen ein *lyric video* erstellen.

Aufgabe B: Rollenbilder im Spiegel der Kunst

Darstellungen von Frauen und Männern und von Paaren sind ein Hauptthema in der Kunst aller Epochen. An ihnen lässt sich „ablesen", wie sich Rollenbilder im Laufe der Zeit verändert haben bzw. verändern.

1 Sammle Bilder, die etwas über das jeweilige Bild der Zeit von „der Frau" bzw. „dem Mann" oder das Verhältnis der Geschlechter aussagen.
2 Analysiere und interpretiere die Bilder und fasse deine Ergebnisse auf einem Faktenblatt zusammen.
3 Vergleiche die in den Bildern zum Ausdruck gebrachten Einstellungen mit deiner Wertepyramide zum Thema „Beziehungen gestalten" (▸ S. 63).
4 Entwickelt ein Konzept für eine Ausstellung im Schulhaus mit den Bildern. Ihr könnt auch eigene Werke in der Ausstellung zeigen.

Aufgabe C: Vielfalt leben – auch in der Kirche

„Ebenso ist die Wertschätzung des eigenen Körpers in seiner Weiblichkeit oder Männlichkeit notwendig, um in der Begegnung mit dem anderen Geschlecht sich selbst zu erkennen. Auf diese Weise ist es möglich, freudig die besondere Gabe des anderen oder der anderen als Werk Gottes des Schöpfers anzunehmen und sich gegenseitig zu bereichern."

Laudato si' 155

„Deshalb sind alle Versuche abzulehnen, die den Hinweis auf den unaufhebbaren Geschlechtsunterschied zwischen Mann und Frau verschleiern: ‚[M]an [kann] das, was männlich und weiblich ist, nicht von dem Schöpfungswerk Gottes trennen […], das vor allen unseren Entscheidungen und Erfahrungen besteht und wo es biologische Elemente gibt, die man unmöglich ignorieren kann'".

Dignitas infinita 59

„Wir treten gegen jede Diskriminierung und Intoleranz gegenüber Menschen ein, die nicht den heteronormativen Bildern entsprechen. Ihnen ist in Blick auf die Menschenwürde und ihrer Ebenbildlichkeit mit Gott mit unbedingter geschwisterlicher Liebe zu begegnen. Sie gehören zu uns, der KjG."

KjG Bamberg über das Projekt „Vielfalt leben"

Nach dem „Leitbild Geschlechtervielfalt in der KjG" sind alle, die anerkennen, dass einem *„in jedem Menschen – ungeachtet der geschlechtlichen Identität – ein Ebenbild Gottes begegnet, […] herausgefordert, allen Menschen mit Nächstenliebe zu begegnen. (…) Wenn die Kirche sich vielgeschlechtlichen Realitäten öffnet, geht sie einen Schritt hin zu einer geschlechtergerechteren Kirche. Wenn mehr Menschen in und von ihrer Kirche willkommen geheißen werden, dann arbeiten diese in der Konsequenz intensiver an der Gemeinschaft aller" Christinnen und Christen mit.*

aus dem „Leitbild Geschlechtervielfalt in der KjG"

Die *Katholische junge Gemeinde* (KjG) ist ein Jugendverband im *Bund der deutschen katholischen Jugend* (BDKJ), der sich für Geschlechtergerechtigkeit einsetzt.

1 Man kann das Thema Geschlechtergerechtigkeit aus verschiedenen Perspektiven betrachten.
- Sammle Information zu den Begriffen aus den Texten und kläre unbekannte Begriffe.
- Recherchiere weiter zu den verschiedenen Positionen. Im Internet kannst du Genaueres zur kirchlichen Haltung finden (z. B. ▸ Amoris laetitia, Dignitas infinita) sowie die Position der KjG nachlesen (Stichwort „Geschlechtergerechtigkeit"). Auch die Bundeszentrale für politische Bildung oder die Bundeszentrale für gesundheitliche Aufklärung setzen sich mit dem Thema auseinander.
- Vergleiche und beurteile die Positionen. Beziehe dabei die Erkenntnisse aus diesem Kapitel ein.

2 Setze dich kritisch mit den beiden Statements des Jugendverbandes auseinander.
- Analysiere die Thesen und nimm dazu Stellung.
- Schreibe eine Antwort an die KjG, in der du erklärst, warum du der Position des Verbandes zustimmst bzw. nicht zustimmst.
- Entwickle Perspektiven einer geschlechtergerechten Kirche und Gesellschaft.

3 Plant eine Podiumsdiskussion zum Thema „Bilder von Partnerschaften heute". Ihr könnt dazu z. B. eine Vertreterin oder einen Vertreter der KjG-Ortsgruppe, sofern es eine gibt, einladen, den Pfarrer eurer Kirchengemeinde und zwei Schülerinnen oder Schüler aus der Klasse.
- Bereitet gemeinsam den Ablauf und inhaltlichen Rahmen der Podiumsdiskussion vor:
  - Einigt euch auf die Gäste, die ihr einladen wollt.
  - Klärt den organisatorischen Rahmen.
  - Welche Aspekte wollt ihr konkret ansprechen?
- Bestimmt ein Moderatorenteam aus einer Schülerin und einem Schüler, das die Diskussion leitet.
- Alternativ könnt ihr die Diskussion auch als Rollenspiel durchführen. Dann verteilt ihr die Rollen und bereitet die Rollen in Kleingruppen vor, indem ihr zu den jeweiligen Positionen recherchiert.

Tipp zu Aufgabe 1: Erstelle eine Mindmap, um einen Überblick über das Thema zu bekommen.

4 Christ sein in Bedrängnis

Der Widerstand der „Weißen Rose“

Überall und zu allen Zeiten haben die Dämonen im Dunkeln gelauert auf die Stunde, da der Mensch schwach wird, da er seine ihm von Gott auf Freiheit gegründete Stellung im ordo eigenmächtig verlässt, da er dem Druck des Bösen nachgibt, sich von den Mächten höherer Ordnung loslöst und so, nachdem er den ersten Schritt freiwillig getan, zum zweiten und dritten und immer mehr getrieben wird mit rasend steigender Geschwindigkeit – überall und zu allen Zeiten der höchsten Not sind Menschen aufgestanden, Propheten, Heilige, die ihre Freiheit gewahrt hatten, die auf den Einzigen Gott hinwiesen und mit seiner Hilfe das Volk zur Umkehr mahnten. Wohl ist der Mensch frei, aber er ist wehrlos wider das Böse ohne den wahren Gott, er ist wie ein Schiff ohne Ruder, dem Sturme preisgegeben, wie ein Säugling ohne Mutter, wie eine Wolke, die sich auflöst. Gibt es, so frage ich Dich, der Du ein Christ bist, gibt es in diesem Ringen um die Erhaltung Deiner höchsten Güter ein Zögern, ein Spiel mit Intrigen, ein Hinausschieben der Entscheidung in der Hoffnung, dass ein anderer die Waffen erhebt, um Dich zu verteidigen? Hat Dir nicht Gott selbst die Kraft und den Mut gegeben zu kämpfen? Wir müssen das Böse dort angreifen, wo es am mächtigsten ist, und es ist am mächtigsten in der Macht Hitlers.*

Aus dem 4. Flugblatt der „Weißen Rose“, Juli 1942

Du weißt, dass ich nicht leichtsinnig gehandelt habe, sondern dass ich aus tiefster Sorge und dem Bewusstsein der ernsten Lage gehandelt habe. Und Du mögest dafür sorgen, dass dieses Andenken in der Familie, den Verwandten und Freunden lebendig und bewusst bleibt. Für uns ist der Tod nicht das Ende, sondern der Anfang wahren Lebens und ich sterbe im Vertrauen auf Gottes Willen und Fürsorge. (…) Allein dieser Glaube ist mir Halt und Stärke. (…) Seid stark und betet zu Gott, aus dessen Hand wir Alles empfangen haben, dass Er Euch Trost und Kraft geben möge. In herzlicher Liebe Dein Willi

Abschiedsgruß von Willi Graf an seine Schwester Anneliese vom 12. Oktober 1943, der kurz vor seiner Hinrichtung aus dem Gefängnis geschmuggelt wurde. Willi Graf war Mitglied der „Weißen Rose“.

* lat. für „(von Gott gesetzte) Ordnung“

▲ Bodendenkmal für die „Weiße Rose“ in München. Es bildet die Flugblätter nach, die die Widerstandsgruppe verteilt hat.

» *Jeder Mensch hat das Recht auf Gedanken-, Gewissens- und Religionsfreiheit; dieses Recht schließt die Freiheit ein, die Religion oder Überzeugung zu wechseln, sowie die Freiheit, die eigene Religion oder Weltanschauung allein oder in Gemeinschaft mit anderen, öffentlich oder privat durch Lehre, Ausübung, Gottesdienst und Kulthandlungen zu bekennen.* «

Allgemeine Erklärung der Menschenrechte, Art. 18

» *In den letzten Jahren lässt sich weltweit ein Trend zu vermehrten Einschränkungen des Menschenrechts auf Religions- und Weltanschauungsfreiheit erkennen. Christen sind als Angehörige der zahlenmäßig größten Glaubensgemeinschaft weltweit von der Verletzung der Religionsfreiheit besonders betroffen.* «

Bericht der Bundesregierung zur Lage der Religionsfreiheit, 2020

---

1 Die ▸ „Weiße Rose“ leistete Widerstand gegen das Hitlerregime. Arbeitet aus den Zitaten aus dem Flugblatt und dem Abschiedsbrief ihre Motivation heraus.

2 Die Erklärung der Menschenrechte ist 1948 unter dem Eindruck des Zweiten Weltkriegs entstanden. Erläutert, was Art. 18 bedeutet. Stellt euch das Gegenteil vor: Wie sieht eine Gesellschaft aus, in der diese Rechte nicht gelten?

3 Betrachtet das Bild links und beschreibt seine Wirkung. Angenommen, es stammt aus einem Land, in dem es Angriffe gegenüber Christen gibt: Begründet, warum ihr auf dem gelben Sessel Platz nehmen würdet bzw. warum nicht.

Netzkarte

Immer wieder sind die Kirche und einzelne Christinnen und Christen herausgefordert, in Situationen der Benachteiligung, Bedrohung oder Verfolgung für ihren Glauben und christliche Werte einzustehen. Das erfordert Mut, oft ist es sogar lebensgefährlich. Auch heute werden Christen in vielen Ländern der Welt wegen ihres Glaubens verfolgt. Die Frage nach der christlichen Freiheit und dem Menschenrecht der Religionsfreiheit ist hier von zentraler Bedeutung.

... für Freiheit und Würde eintreten

... in der DDR

1 Bei Gesprächen über Religion und Glauben kann es mitunter unangenehm werden: Wer sich „outet", sonntags die Heilige Messe zu besuchen, wird möglicherweise belächelt, wer in schwierigen Situationen ein Gebet spricht, für naiv erklärt. Wer einer anderen Religionsgemeinschaft angehört als die Mehrheit, muss sich vielleicht rechtfertigen oder wird angefeindet. Tauscht euch darüber aus, wie es für euch ist, vor anderen über euren Glauben zu sprechen, und welche Erfahrungen ihr damit schon gemacht habt.
2 Diskutiert in Gruppen je eine der Thesen in dem Kasten oben rechts. Fasst anschließend eure Diskussion zusammen und präsentiert euer Ergebnis.
3 Die Menschenrechte gelten in vielen Ländern auf der Welt. Sammelt gemeinsam die Menschenrechte, die ihr kennt, in einer Liste. Überlegt, welche davon euch persönlich wichtig sind, und begründet eure Wahl.
4 Sammelt aus den Medien aktuelle Beispiele für Diskriminierung und Verfolgung von Christen weltweit und legt ein Plakat an, das während der nächsten Stunden gefüllt wird.

... mit Licht und Schatten

Christ sein ...

... sich entscheiden müssen

... im Nationalsozialismus

... Wege der Versöhnung gehen

... bedroht werden

4 Kirche

Vier Thesen

- *„Religion und Glaube sind Privatsache, da kann niemand etwas vorschreiben."*
- *„Die Religion der Mehrheit in einem Land sollte Vorrang vor anderen Religionen haben."*
- *„Religiöse Toleranz ist ein Gewinn – individuell und auch für eine Gesellschaft."*
- *„Je säkularer eine Gesellschaft, desto stärker geraten Religion und Glauben unter Rechtfertigungsdruck."*

Bedroht, weil sie Christin ist

Nach einem Bericht des katholischen Hilfswerks Kirche in Not werden in fast einem Drittel aller Staaten der Welt religiöse Minderheiten diskriminiert, bedroht oder verfolgt. Auch Christinnen und Christen sind betroffen und müssen oft sogar um ihr Leben fürchten.

Die Geschichte von Asia Bibi

Die pakistanische Christin Asia Bibi wurde 2009 der ▸ Blasphemie beschuldigt. Arbeitskolleginnen verlangten, sie solle sich zum Islam bekennen, damit sie das Trinkwasser, das sie für alle geschöpft hatte, nicht verunreinige. Als Asia sich weigerte, behaupteten die anderen Frauen, sie habe den Propheten Muhammad

▲ *Asia Bibi, 2020*

◂ *Shahbaz Bhatti war Minister für Minderheiten und der erste Christ in einer pakistanischen Regierung. Schon als Jugendlicher gründete er die „Christian Liberation Front" als Interessenvertretung der christlichen Minderheit.*

beleidigt, ein Vergehen, auf das nach pakistanischem Recht die Todesstrafe steht. Asia wurde festgenommen. Ein Gericht verurteilte sie zum Tod. Es folgten weitere Prozesse. Das Urteil wurde 2014 bestätigt. Erst der Oberste Gerichtshof Pakistans ließ 2018 ihre Berufung zu und sprach sie 2019 frei. Nach Morddrohungen von Islamisten reiste Asia mit ihrer Familie nach Kanada aus und lebt dort unter anderem Namen. Auch der Anwalt, der Asias Freispruch erreichte, musste Pakistan verlassen und erhielt in den Niederlanden Asyl. Während der Zeit im Gefängnis konnte Asia Bibi einen autobiografischen Bericht verfassen:

„Ich heiße Asia Noreen Bibi. Ich bin ein ‚Nichts', wie man hier sagt. Eine einfache Landarbeiterin aus Ittanwali, einem winzigen Dorf im Punjab, im Zentrum Pakistans. Und trotzdem kennt mich heute die ganze Welt. Jeder weiß, wer Asia Bibi ist. (…) Ich möchte der ganzen Welt mitteilen, dass ich den Propheten Mohammed respektiere. Ich bin Christin, ich glaube an meinen Gott, und jeder sollte die Freiheit haben, an den Gott zu glauben, an den er glauben möchte. (…) Ich bin keine Muslimin, aber eine gute Pakistanerin, katholisch, patriotisch und meinem Land sowie Gott treu ergeben. Wir haben muslimische Freunde. (…) Ich, Asia Bibi, bin zum Tode verurteilt, weil ich durstig war. Ich bin eingesperrt, weil ich aus demselben Becher Wasser trank wie diese muslimischen Frauen. Wasser, das ihnen dann von einer Christin gereicht und von diesen dummen Erntehelferinnen als unrein bezeichnet wurde."

Asia Bibi hatte auch in dem Politiker Shahbaz Bhatti einen Fürsprecher. Bhatti, selbst tiefgläubiger Katholik, unterstützte Asia öffentlich und forderte trotz Morddrohungen gegen ihn eine Reform der Blasphemie-Gesetzgebung. Er wurde 2011 wegen seines Engagements für religiöse Toleranz und den Dialog der Religionen von einem unbekannten Attentäter erschossen.

» *Wenn ich für meine Haltung sterben muss, dann ist das eben so.* « *Shahbaz Bhatti*

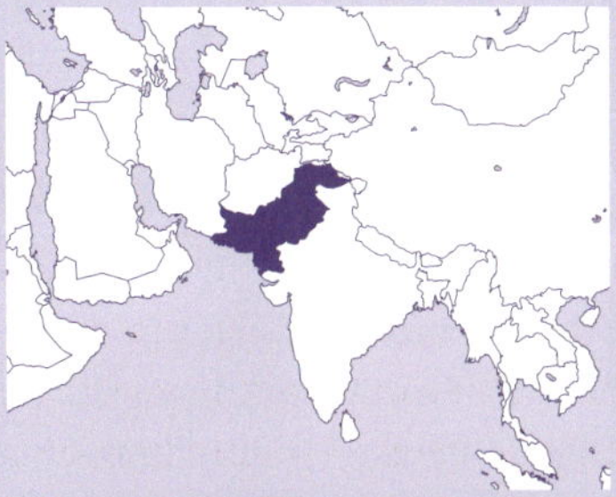

Länderinfo Pakistan

- gegründet 1947 als säkularer Staat
- seit 1956 Islam Staatsreligion
- ca. 247 Mio. Einwohner (Stand: 2023)
- 96,5% Muslime, 3,5% andere Religionen (darunter Christen, Hindus, Ahmadis, Sikhs, Buddhisten)
- 1986 Inkrafttreten des „Blasphemiegesetzes“

Hintergründe

Pakistan steht unter dem Einfluss fundamentalistischer Strömungen, die ein Klima der religiösen Intoleranz fördern. Darunter leiden neben den knapp drei Millionen Christinnen und Christen auch andere religiöse Minderheiten im Land. Diskriminierung, Bedrohung und Verfolgung sind weit verbreitet. Die Ursachen und Gründe dafür sind vielschichtig.
Für Christinnen und Christen gilt: Gott will, dass die Menschen frei sind. Wo Menschen unterdrückt werden, sind sie aufgerufen, Widerstand zu leisten. Dies kann dazu führen, dass z. B. ihre Loyalität gegenüber einem Staat bzw. einer Gesellschaft infrage gestellt wird und andere ihnen mit Misstrauen begegnen. Die Zugehörigkeit zu einer Religion ist mitunter aber nur vordergründig der Auslöser für Verfolgung. Wie der Fall Asia Bibis zeigt, gehen oft religiöse Vorurteile, soziale und wirtschaftliche Gründe und politische Motive Hand in Hand. Ethnische Konflikte schüren religiöse Konflikte zusätzlich. Die Frage der Religionsfreiheit (▸ S. 98/99) kann jedoch nicht losgelöst von der Frage nach der Einhaltung der Menschenrechte insgesamt betrachtet werden.

Begriffsklärung

Wenn von **„Verfolgung“** von Christen oder anderen religiösen Minderheiten die Rede ist, ist dies als **Überbegriff für verschiedene Phänomene** zu verstehen.

- Gerüchte und gezielte Desinformation zerstören den Ruf einer Person oder Gruppe.
- Staat, Bürokratie und Zivilgesellschaft sehen eine Person oder Gruppe als Menschen „zweiter Klasse“.
- Ausübung von Gewalt durch Mitglieder der Zivilgesellschaft gegen Individuen bis hin zu (Lynch-)Mord oder, staatlicherseits, Verhängen von Gefängnisstrafen bis hin zur Todesstrafe.

Verfolgung kann **von verschiedenen Akteuren** ausgehen:

- von staatlichen Organen (Polizei, Militär und Geheimdienst, Justiz und Verwaltung),
- vom sozialen Umfeld, von anderen (religiösen) Gruppen und Organisationen, Terroristen.

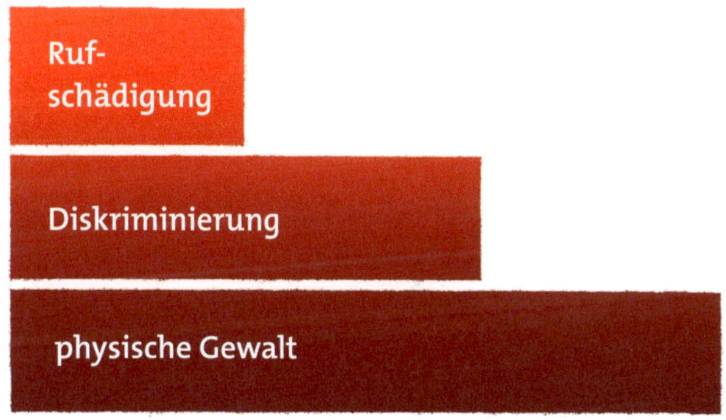

1 Lest die Geschichte Asia Bibis sowie die Informationen über Pakistan und die Verfolgung religiöser Minderheiten. Systematisiert die Informationen mithilfe einer Mindmap (Person, Vorwurf, Unterstützer, Hintergründe, Folgen etc.).
2 Ordnet Asia Bibis Fall begründet einer der Stufen in der Grafik oben zu.
3 Arbeitet heraus, was die Haltung von Asia Bibi und Shahbaz Bhatti kennzeichnet. Tauscht euch darüber aus.
4 Shahbaz Bhatti wird von manchen als ▸ Märtyrer verehrt. Sammelt Informationen über ihn und seinen Einsatz und diskutiert, ob man ihn so bezeichnen kann.
5 Recherchiert andere Beispiele für religiöse Verfolgung einer Person oder Gruppe und verfasst Porträts über sie.

Für Profis: Verfasst eine Wandzeitung oder einen Podcast (▸ S. 91), der auf die Not von Christen und anderen religiösen Minderheiten aufmerksam macht.

Konflikte zwischen Religionen überwinden

Am Beispiel Nigerias zeigt sich, dass religiöse Spannungen oft in geografischen, ethnischen und kulturellen Gegebenheiten sowie historischen, wirtschaftlichen und politischen Entwicklungen begründet sind. Um Konflikte zu überwinden, ist gegenseitiges Verständnis notwendig und die Bereitschaft zu Vergebung und Versöhnung.

Nigeria – Land und Geschichte

Das heutige Staatsgebiet von Nigeria ist aus verschiedenen alten afrikanischen Reichen mit hochstehenden Kulturen entstanden. Ab dem 11. Jahrhundert wurden weite Teile des Landes muslimisch. In der Neuzeit war der Süden Nigerias ein Zentrum des weltweiten Sklavenhandels. Im 19. Jahrhundert kolonisierte das britische Empire das Land. Nach der Unabhängigkeit stritten verschiedene Bevölkerungsgruppen um die Vorherrschaft, Erdölfunde im Süden befeuerten die Konflikte. Der daraus resultierende Bürgerkrieg verursachte eine verheerende Hungersnot. Die politischen Zustände in den Folgejahren waren geprägt durch Diktaturen und Militärputsche.

Gesellschaftliche Herausforderungen

Nigeria besteht aus 36 Bundesstaaten. Es ist das bevölkerungsreichste Land auf dem afrikanischen Kontinent und weist eine große ethnische und religiöse Vielfalt auf. Die größten Volksgruppen sind die vorwiegend muslimischen Hausa im Norden Nigerias, die Yoruba und die christlichen Igbo im Süden. Nigeria, Afrikas größte Wirtschaftsnation, verfügt über reiche Erdöl- und Erdgasvorkommen. Dennoch leben etwa 40 Prozent der Menschen in Armut. Viele haben keinen Zugang zu sauberem Trinkwasser. Die schlechte Gesundheitsversorgung führt u. a. zu einer geringen Lebenserwartung. Die Luftverschmutzung, die Abholzung der Wälder, die Bodenzerstörung und der Verlust von Ackerland bedrohen die Lebensgrundlage der rasch wachsenden Bevölkerung. Über 40% der Nigerianer sind unter 14 Jahre alt, doch ihre Zukunftsaussichten sind aufgrund der enorm hohen Jugendarbeitslosigkeit eher düster.

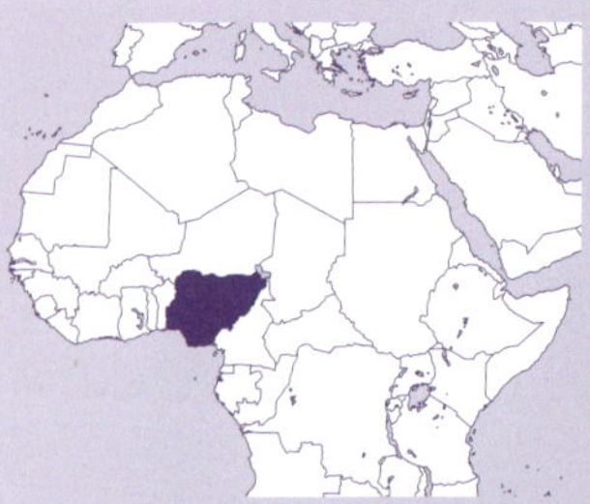

Länderinfo Nigeria

- 1960 Unabhängigkeit
- 1963 Gründung der ersten Republik
- abwechselnd demokratische Regierungen und Militärdiktaturen
- Religionsfreiheit in der Verfassung verankert
- ca. 230 Mio Einwohner (Stand: 2023)
- ca. 53% Muslime, 46% Christen (davon ca. 10% Katholiken)

Konflikte mit religiösem Hintergrund

Im Norden Nigerias ist der Islam die vorherrschende Religion, der Süden ist mehrheitlich christlich geprägt. Nigerias Verfassung gewährt grundsätzlich Religionsfreiheit und legt keine Staatsreligion fest. Seit 1999 gilt jedoch in zwölf nördlichen Bundesstaaten die Scharia als Rechtsgrundlage, d. h. dass im privaten Bereich und im Strafrecht islamische Rechtsprinzipien angewandt werden. Die Einführung der Scharia führte zu blutigen Konflikten zwischen Muslimen und Christen, bei denen Hunderte von Menschen starben und sowohl christliche wie islamische Kultstätten, Moscheen und Kirchen zerstört wurden.
Etwa ab 2010 weitete die islamistische Terrorgruppe Boko Haram mit großer Brutalität ihren Einfluss v. a. im Nordosten Nigerias und in einigen Nachbarstaaten aus. Boko Haram lehnte die westliche Kultur und deren Einfluss auf die Bevölkerung Nigerias ab. Die Gewalt der Terroristen richtete sich jedoch gleichermaßen gegen Muslime wie Christen. Tausende wurden verschleppt oder ermordet, Hunderttausende flohen innerhalb des Landes oder in Nachbarländer vor der Verfolgung.
Neben religiösen Gründen spielen auch machtpolitische und ethnische Interessen eine große Rolle in den Konflikten zwischen Muslimen und Christen. Für die Menschen auf beiden Seiten führen die Konflikte u. a. zu Einschränkungen in der Ausübung ihrer Religion.

Versöhner und Brückenbauer

Imam Dr. Ashafa und Pastor Dr. Wuye aus Nigeria kennen Hass und Gewalt aus eigener Erfahrung. Sie führten selbst jahrelang christliche bzw. muslimische Milizen an und waren erbitterte Feinde. Dass sie heute Freunde sind, scheint wie ein kleines Wunder. Ihre Erfahrungen aus dem persönlichen Versöhnungsprozess fließen seit Jahren in vielfältige Projekte der Friedensarbeit, die auch ihre Landsleute zu gegenseitigem Verständnis führen sollen: Sie gründeten das „Interfaith Mediation Centre", in dem sie Mediatoren ausbilden, die bei drohenden Konfliktausbrüchen vor Ort und Stelle reisen, um zu vermitteln. Sie organisieren Begegnungen und Gespräche zwischen islamischen und christlichen Geistlichen und radikalisierten Jugendlichen beider Religionen. Ihre „Kaduna Peace Declaration", die von muslimischen und christlichen Geistlichen unterschrieben wurde, dient als Modell für andere Friedensschlüsse. Sie haben ein Schulcurriculum entwickelt und erläutern missverständliche Passagen in Koran und Bibel im Fernsehen und im Radio. Für ihre unermüdlichen Aktivitäten wurden sie mit dem Hessischen Friedenspreis der Albert-Osswald-Stiftung ausgezeichnet.

Aus der Dokumentation des Festakts anlässlich der Verleihung des Friedenspreises 2013

▲ *James Wuye (links) und Muhammad Ashafa (rechts), die Gründer des „Interfaith Mediation Centre", bei der Verleihung des Hessischen Friedenspreises 2013*

Friedenserklärung von Kaduna

1. Muslime und Christen aller Stämme müssen die göttlich verordneten Ziele des Schöpfers respektieren, durch dessen Gnade wir (...) zusammenleben, die unter anderem die Freiheit der Anbetung, den Zugang zu und die Unantastbarkeit von Kultstätten und Gerechtigkeit umfassen.

2. Als religiöse Führer streben wir danach, mit allen Teilen der Gemeinschaft für einen dauerhaften und gerechten Frieden gemäß den Lehren unserer Religionen zu arbeiten.

3. Wir verurteilen alle Formen von Gewalt und versuchen, eine Atmosphäre zu schaffen, in der gegenwärtige und zukünftige Generationen mit gegenseitigem Respekt und Vertrauen ineinander leben. Wir appellieren an alle, Aufstachelung und Dämonisierung zu unterlassen, und verpflichten uns, unsere Jugend entsprechend zu erziehen.

7. Wir kündigen die Einrichtung eines ständigen gemeinsamen Ausschusses an zur Umsetzung der Empfehlungen dieser Erklärung und zur Förderung des Dialogs zwischen den beiden Religionen, denn wir glauben, dass der Dialog zur Wiederherstellung des Ansehens der beiden Religionen in den Augen der anderen führen wird.

unterzeichnet 2002, Auszug

1 Arbeitet aus dem Text ▸ S. 84 heraus, welche Faktoren die Lage in Nigeria beeinflussen.
- Ordnet die Faktoren thematisch und skizziert sie kurz.
- Erklärt die Rolle der Religionen bei Konflikten.
- Diskutiert, warum es schwer ist, Religionskonflikte zu überwinden.

2 Pastor Wuye und Imam Ashafa haben gegenseitigen Hass und Vorurteile überwunden.
- Stellt die Entwicklung dar, die beide im Laufe ihres Lebens durchgemacht haben.
- Beschreibt, wie sie sich für die Annäherung zwischen Muslimen und Christen einsetzen.
- Beurteilt, welche zentralen christlichen und muslimischen Werte dabei eine Rolle gespielt haben.

3 Die Friedenserklärung von Kaduna war ein Schritt zur Aussöhnung zwischen Christen und Muslimen. Nennt die wichtigsten Aussagen und Vorhaben darin.

Für Profis: Untersucht am Beispiel Nigerias die Auswirkungen des Kolonialismus auf religiöse Konflikte heute.

Christinnen und Christen widersetzen sich

In der Zeit des Nationalsozialismus standen die Christinnen und Christen in Deutschland vor einer großen Herausforderung. Das christliche Weltbild und Wertesystem waren nicht vereinbar mit der nazistischen Ideologie. Doch wer sich dem NS-System widersetzte, riskierte viel – oft sogar das Leben.

Viele Christinnen und Christen hielten ihre religiöse Einstellung in dieser Zeit zurück. Doch manche stellten sich trotz der drohenden Gefahr gegen das NS-Regime. Dabei handelte es sich um Menschen in ganz unterschiedlichen Lebenssituationen, die fest auf dem Boden ihrer christlichen Überzeugungen standen und bereit waren, die Konsequenzen ihres Handelns zu tragen.

Gertrud Luckner (1900–1995)

Gertrud Luckner wurde in Liverpool geboren. Mit ihren Pflegeeltern, die sie später adoptierten, kam sie als Kind nach Deutschland. Sie studierte Volkswirtschaft und Sozialwirtschaft. Nach dem Tod der Pflegeeltern zog sie nach Freiburg und setzte ihre Studien dort fort. Dort konvertierte sie 1934 zum katholischen Glauben. Sie war sozial engagiert und eine überzeugte Pazifistin. Daher schloss sich Gertrud dem Friedensbund Deutscher Katholiken an. Schon bevor die ▸ Nationalsozialisten an die Macht kamen, erkannte sie deren Programm als menschenverachtend und judenfeindlich (▸ S. 120). Nach der Machtübernahme durch die Nationalsozialisten engagierte sie sich mit aller Kraft für verfolgte Jüdinnen und Juden. Seit den 30er-Jahren war sie bei der Caritas in Freiburg angestellt, wo sie, auch unter dem Schutz des Bischofs, ihre Bemühungen intensivierte. Sie knüpfte ein deutschlandweites, persönliches Netzwerk, um weiterhin verfolgten Jüdinnen und Juden zu helfen, sie verschickte Lebensmittelpakete und Kleidung an Lagerinsassen und unterstützte Einzelne auch mit Geld.

Bald stand Gertrud unter Beobachtung durch die Geheime Staatspolizei. Nachdem sie denunziert worden war, wurde sie verhaftet. Nach langen Verhören wurde sie als „katholische Aktivistin“ in das Frauenkonzentrationslager Ravensbrück gebracht. Dort erhielt sie einen „roten Winkel“, die Markierung für politische Häftlinge. Trotz der unmenschlichen Haftbedingungen und des Todesmarsches, auf den die KZ-Gefangenen kurz vor Kriegsende geschickt wurden, überlebte sie und wurde 1945 befreit. Sie kehrte nach Freiburg zurück und richtete bei der Caritas eine Anlaufstelle für KZ-Überlebende ein. Zeitlebens setzte sie sich für den jüdisch-christlichen Dialog ein. 1966 wurde ihr von der Holocaust-Gedenkstätte Yad Vashem (Israel) der Ehrentitel „Gerechte unter den Völkern“ verliehen. Gertrud Luckner starb 1995 in Freiburg.

» Eigentlich finde ich, dass ich nichts Besonderes getan habe. Für mich war diese Hilfstätigkeit eine mir selbstverständlich zugefallene Pflicht. «

Gertrud Luckner, in einer Rede 1985

▲ *Gertrud Luckner in einer Aufnahme aus dem Jahr 1936*

Walter Klingenbeck (1924–1943)

Walter Klingenbeck lebte in München. Durch die Erziehung und das Vorbild seiner Eltern war er tief im christlichen Glauben und der katholischen Kirche verwurzelt. Von seinem Vater lernte er früh, dass es wichtig war, informiert zu sein, um sich selbst ein Urteil bilden zu können. In seiner Freizeit interessierte er sich für das damals recht neue Medium Radio und begann daher 1941 eine Ausbildung zum Radiotechniker. Er lernte Daniel von Recklinghausen, Hans Haberl und Erwin Eidel kennen, die wie er aus einer christlichen Grundhaltung heraus gegen den ▸ Nationalsozialismus eingestellt waren. Gemeinsam hörten sie heimlich und trotz Androhung hoher Strafen durch das NS-Regime auf sogenannten „Feindsendern" (z. B. BBC oder Radio Vatikan) Nachrichten aus dem Ausland über das Kriegsgeschehen und die politische Lage. Durch ihre Begeisterung für Technik waren die Freunde in der Lage, ein Sendegerät zu konstruieren, und planten, selbst einen Radiosender für den Widerstand gegen das Nazi-Regime aufzubauen. Zudem verfassten sie Flugblätter, die sie mithilfe eines selbst gebauten ferngesteuerten Flugzeugs abwerfen wollten. Doch zur Umsetzung dieser Pläne sollte es nicht mehr kommen. Bei einer Graffiti-Aktion malte Walter an zahlreichen Stellen in München ein „V" für „Victory" als Zeichen für den Sieg der Alliierten. Er wurde denunziert und am 26. Januar 1942 verhaftet. Auch seine Freunde kamen in Haft. In einem Verfahren vor dem Berliner „Volksgerichtshof" wurden sie wegen „Hochverrats" und „Feindbegünstigung" zum Tod verurteilt, Erwin zu acht Jahren Zuchthaus. Daniel und Hans wurden zu Zuchthausstrafen begnadigt. Walters Gnadengesuch wurde abgelehnt. Als „Anführer" der Gruppe wurde er am 5. August 1943 im Gefängnis München Stadelheim durch das Fallbeil ermordet.

» *Lieber Jonny! Vorhin habe ich von Deiner Begnadigung erfahren. Gratuliere! Mein Gesuch ist allerdings abgelehnt. Ergo gehts dahin. Nimms net tragisch. Du bist ja durch. Das ist schon viel wert. Ich habe soeben die Sakramente empfangen und bin jetzt ganz gefasst. Wenn Du etwas für mich tun willst, bete ein paar Vaterunser.*
Leb wohl. Walter «

Abschiedsbrief von Walter Klingenbeck an Hans Haberl, 1943

Walter Klingenbeck in einer Aufnahme von 1943 ▸

Verkehrsschild an einer Kreuzung in München, das von Walter Klingenbeck mit einem „V" bemalt wurde, Fotografie aus den Prozessakten, 1942 ▸

1 Untersucht die Zitate und die Texte über Gertrud Luckner und Walter Klingenbeck.
- Sammelt Adjektive, die die Personen charakterisieren.
- Vergleicht Gertrud und Walter: Was haben sie gemeinsam? Worin unterscheiden sie sich?
- Nennt Gründe, die ihr Verhalten und ihre Taten erklären. Überlegt: Woher nahmen die beiden den Mut, sich gegen die damals geltenden Regeln zu stellen?

2 Arbeitet aus den Texten Situationen heraus, in denen sie vor Entscheidungen standen. Welche Alternativen gab es, welche Werte (▸ S. 15) waren damit verbunden?

3 Erörtert, warum es wichtig ist, die Erinnerung an die unbekannten Heldinnen und Helden des Widerstandes wie Gertrud Luckner und Walter Klingenbeck wachzuhalten.

Licht und Schatten – die Kirche in der NS-Zeit

Die Kirche befand sich während der Zeit des Nationalsozialismus und des Zweiten Weltkrieges in einem Zwiespalt. Der Münsteraner Bischof Clemens von Galen ist ein Beispiel für das widersprüchliche Verhältnis von Kirche und Staat zwischen 1933 und 1945.

Zeittafel

1930 Katholische Bischöfe erklären: „Ein Katholik kann nicht auch Mitglied in der NSDAP sein."
1933 „Machtergreifung" - Bischöfe heben o. g. Verbot auf, stellen sich hinter die neue Reichsregierung. – Einzelne Bischöfe lehnen NS-Ideologie als „neuheidnisch" ab, v. a. Rassenlehre und Zwangssterilisationen. - Unterzeichnung des ▸ Reichskonkordats
ab 1935 NS schränken den Religionsunterricht an öffentlichen Schulen ein, verbieten konfessionelle Schulen, gehen gegen Geistliche und Ordensmitglieder vor, verbieten kirchliche (Jugend-)Verbände.
1937 Papst Pius XI. Enzyklika ▸ „Mit brennender Sorge" wird in allen deutschen Diözesen verlesen.
1939 Kriegsausbruch - Bischöfe rufen Katholiken zu Gehorsam und Pflichterfüllung für das Vaterland auf.
ab 1940 NS enteignen Klöster und kirchliche Einrichtungen, richten im KZ Dachau den sogenannten „Priesterblock" ein.
1941 „Kanzelprotest" - Clemens August Bischof von Galen klagt in drei Predigten den „Klostersturm" und die ▸ Euthanasie an.
1942 ▸ Hirtenbrief der Bischöfe zur universalen Gültigkeit der Menschenrechte - Der Berliner Bischof Konrad von Preysing erklärt den NS-Staat in einem Hirtenbrief zum Unrechtsstaat.
1943 Bischöfe verurteilen in Hirtenbrief Tötung von Menschen mit geistiger Behinderung, Gefangenen und „Menschen fremder Rasse und Abstammung".

Bischof Clemens August von Galen – Licht ...

Clemens August von Galen stammte aus einer Adelsfamilie im Münsterland. 1933 wurde er zum Bischof von Münster geweiht. Früh kritisierte er öffentlich die nationalsozialistische Rassenideologie. In drei Predigten erhob er mutig Einspruch gegen das „Euthanasie-Programm" der ▸ Nationalsozialisten. Sein Mut brachte ihm den Namen „Löwe von Münster" ein. 2005 wurde er seliggesprochen.

Seit einigen Monaten hören wir Berichte, dass aus Heil- und Pflegeanstalten für Geisteskranke auf Anordnung von Berlin Pfleglinge, die schon länger krank sind und vielleicht unheilbar erscheinen, zwangsweise abgeführt werden. Regelmäßig erhalten die Angehörigen nach kurzer Zeit die Mitteilung, der Kranke sei verstorben, die Leiche sei verbrannt (...). Allgemein herrscht der an Sicherheit grenzende Verdacht, dass diese zahlreichen unerwarteten Todesfälle von Geisteskranken nicht von selbst eintreten, sondern absichtlich herbeigeführt werden, dass man dabei jener Lehre folgt, die behauptet, man dürfe sogenanntes ‚lebensunwertes Leben' vernichten, also unschuldige Menschen töten, wenn man meint, ihr Leben sei für Volk und Staat nichts mehr wert, eine furchtbare Lehre, die die Ermordung Unschuldiger rechtfertigen will, die die gewaltsame Tötung der nicht mehr arbeitsfähigen Invaliden, Krüppel*, unheilbar Kranken, Altersschwachen freigibt! (...) Als ich von dem Vorhaben erfuhr, Kranke abzutransportieren, um sie zu töten, habe ich bei der Staatsanwaltschaft (...) in Münster Anzeige erstattet. (...) Wenn man den Grundsatz aufstellt und anwendet, dass man den ‚unproduktiven' Mitmenschen töten darf, dann wehe uns allen, wenn wir alt und altersschwach werden! (...)*

Predigt von Bischof von Galen am 3.8.1941

**In der Vergangenheit Bezeichnungen für Menschen mit psychischen Erkrankungen bzw. körperlichen Behinderungen. Sie gelten heute als abwertend.*

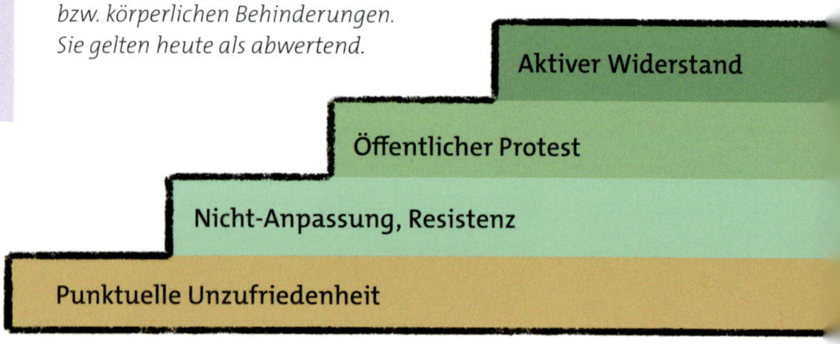

... und Schatten in einer Person

Denken und Handeln von Galens sind nicht zu verstehen, wenn man sie ausschließlich politisch deutet. Als Kirchenmann interpretierte er Autorität als „gottgegeben“ (▸ Röm 13,1–7) und vertrat, beeinflusst von Augustinus und Thomas von Aquin, die Vorstellung von einem „gerechten Krieg“. Den Ausbruch des Zweiten Weltkriegs empfand er als „gerechten Kampf“ gegen den 1919 erzwungenen „Gewaltfrieden“ von Versailles und gegen den „gottlosen“ ▸ Bolschewismus der stalinistischen Sowjetunion. Er äußerte sich gegen die Diskriminierung einzelner, Äußerungen über die Vernichtung der Juden sind bisher nicht bekannt.

Bei der klaren Erkenntnis der Schlechtigkeit der kommunistischen Lehren (…) war es für uns die Befreiung von einer ernsten Sorge und eine Erlösung von schwerem Druck, als der Führer und Reichskanzler am 22. Juni 1941 den im Jahre 1939 mit den bolschewistischen Machthabern abgeschlossenen sog. ‚Russenpakt‘ als erloschen erklärte und in einem (…) Aufruf an das deutsche Volk die Verlogenheit und Treulosigkeit der Bolschewisten aufdeckte. (…) Das deutsche Volk in Waffen ist seit dem Juni dieses Jahres angetreten, um den militärisch-machtmäßigen Versuch Moskaus zu vereiteln, die bolschewistische Irrlehre und Gewaltherrschaft nach Deutschland und Westeuropa vorzutragen. (…) Bei Tag und Nacht weilen unsere Gedanken bei unseren tapferen Soldaten, steigen unsere Gebete zum Himmel, dass Gottes Beistand auch in Zukunft mit ihnen sei, zu erfolgreicher Abwehr der bolschewistischen Bedrohung von unserem Volk und Land, ja auch zur Befreiung des seit bald 25 Jahren von der Pest des Bolschewismus verseuchten und fast zugrunde gerichteten russischen Volkes.

Hirtenbrief von Bischof von Galen vom 14.9.1941

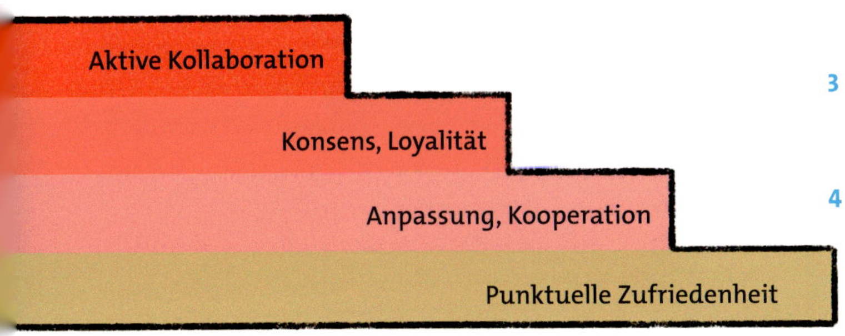

▲ *Graffito unter Verwendung eines Porträts von Galens*

Heute blicken wir mit Trauer und Scham auf die Opfer und diejenigen, deren existenzielle Fragen angesichts der Verbrechen und des Krieges ohne angemessene Antwort aus dem Glauben blieben. Mit dem Abstand der Jahre ist der Umstand, dass für die Leiden und die Opfer der anderen lange Zeit jeder Blick fehlte – von offenen Worten ganz zu schweigen –, besonders beschämend.

Auszug aus einem Text der Deutschen Bischofskonferenz 75 Jahre nach dem Ende des Zweiten Weltkriegs mit dem Titel „Die Deutschen Bischöfe im Weltkrieg“, 2020

1 Analysiert den Predigttext und den Hirtenbrief.
   - Charakterisiert die Texte jeweils mit Adjektiven.
   - Skizziert ein Bild von Bischof von Galen. Interpretiert dabei auch die Abbildung oben und bezieht sie ein.

2 Beschreibt das Verhalten der Kirche während der NS-Zeit. Klärt die Begriffe des Stufenmodells der Widerstandsforschung. Ordnet anschließend die Ereignisse der Zeittafel den Stufen zu. Diskutiert eure Zuordnungen.

3 Erklärt die Aussage der deutschen Bischöfe 2020 zu ihren Amtsvorgängern zwischen 1939–1945. Welches Versäumnis bzw. Versagen beklagen sie hier im Besonderen?

4 Diskutiert: Welche Konsequenzen ergeben sich für das Verhalten und die Positionierung der katholischen Kirche in Konfliktfällen und Krisen heute? Denkt z. B. an die Frage von Waffenlieferungen in Krisengebiete.

Entscheidung für Glauben und Gewissen

In welche Gewissensnot ein Mensch geraten kann, wenn er zwischen der Verantwortung für andere und den eigenen Überzeugungen wählen und entscheiden muss, zeigt das Beispiel von Franz Jägerstätter.

Franz Jägerstätter wurde 1907 in Oberösterreich geboren. Mit 26 Jahren erbte er den Bauernhof seines Adoptivvaters. 1936 heiratete er Franziska Schwaninger. Beide vereinte nicht nur eine tiefe gegenseitige Zuneigung, sondern auch ihr christlicher Glaube. Das Paar bekam drei Töchter.
Jägerstätter verfolgte aufmerksam die politischen Entwicklungen in Deutschland und Österreich. Bei der Volksabstimmung über den sogenannten „Anschluss" Österreichs an Hitler-Deutschland (1938) stimmte er als Einziger in seinem Dorf dagegen. Besonders die zunehmende Verfolgung der Kirche und ihrer Priester durch die Nationalsozialisten machte ihm Sorge. Als Christ stellte er die Ideologie des ▸ Nationalsozialismus und die Rechtmäßigkeit des Nazi-Regimes und des Krieges, der 1939 begann, infrage. Mehrfach entging er der Einberufung zur Wehrmacht. In seinen Aufzeichnungen sagt er dazu: *„Gibt es denn noch viel Schlechteres, als wenn ich Menschen morden und berauben muss, die ihr Vaterland verteidigen, nur um einer antireligiösen Macht zum Siege zu verhelfen, damit sie (...) ein gottloses Weltreich gründen können?"* Als er 1943 den Einberufungsbefehl erhielt, entschloss er sich, trotz der Gefahr für sich und seine Familie, den Kriegsdienst zu verweigern. Anfang März wurde er wegen „Wehrmachtszersetzung" inhaftiert und in das Untersuchungsgefängnis nach Linz gebracht.

▲ *Franz Jägerstätter in einer undatierten Aufnahme*

Die Haftbedingungen waren schwer und die Trennung von seiner Familie belastete ihn. Er hoffte, statt des Dienstes an der Waffe in einem Lazarett dienen zu können. An seine Frau schrieb er am 11. März 1943: „..., *dass ich mich zur Sanität bereit erkläre, denn hier kann man ja eigentlich doch Gutes tun und die christliche Nächstenliebe im praktischen Sinne ausüben, wozu sich auch mein ▸ Gewissen nicht mehr sträubt."*
Doch am 4. Mai 1943 wurde er nach Berlin-Tegel verlegt, wo er vor das Reichskriegsgericht gestellt und am 6. Juli 1943 zum Tod verurteilt wurde. In Gerichtsakten heißt es: „*(FJ) erklärte (...), dass er aufgrund seiner religiösen Einstellung den Wehrdienst mit der Waffe ablehne (...), dass er gegen sein religiöses Gewissen handeln würde, wenn er für den nationalsozialistischen Staat kämpfen würde. (...) Er könne nicht gleichzeitig Nationalsozialist und Katholik sein (...).*" Seine letzten Tage verbrachte er mit der Lektüre der Bibel und im Gebet. Der Priester, der ihn bis zuletzt begleitete, beschrieb ihn als „beherrscht" und „ergeben". Am 9. August 1943 starb Franz Jägerstätter durch Enthauptung.
Nach 1945 wurde die Haltung Jägerstätters lange nicht als Akt des Widerstandes gewertet, sondern als „Drückebergerei", Feigheit und Verrat. Erst 1997 wurde das Todesurteil gegen ihn offiziell aufgehoben. In den Jahren danach setzte in der Öffentlichkeit ein Umdenken ein. 2007 wurde Franz Jägerstätter seliggesprochen.

1 Franz Jägerstätter traf eine schwerwiegende Entscheidung.
   - Beschreibt den Gewissenskonflikt, in dem er sich befand.
   - Stellt in einer Grafik dar, welche Motive und Gründe für und welche gegen seine Entscheidung sprechen.

2 Recherchiert weiter zu Franz Jägerstätters Schicksal und produziert einen Podcast (▸ S. 91) über sein Leben. Ihr könnt auch die Schicksale anderer Christinnen und Christen recherchieren, die sich dem Nationalsozialismus mit ihren Mitteln und Möglichkeiten widersetzten (z. B. ▸ S. 86/87).

So geht's
Einen Podcast erstellen

Podcast nennt man eine Reihe von Hörbeiträgen, die im Internet auf speziellen Streamingplattformen verfügbar ist und meist fortlaufend ergänzt wird. Es gibt Podcasts in verschiedensten Genres oder auch zu konkreten Themen.

Die Aufgaben bei der Produktion eines Podcast sind vielfältig, sodass jede und jeder etwas zum Gesamtergebnis beitragen kann.

1 Das Thema finden

Macht ein Brainstorming und sammelt eure Ideen. Stimmt ab und entscheidet euch für ein Thema.
Ihr könnt z. B. über Menschen berichten, die wie Franz Jägerstätter (▸ S. 90) für ihren Glauben Gefahren eingegangen sind oder sogar getötet wurden.

2 Das Thema eingrenzen

- Recherchiert arbeitsteilig zu eurem Thema.
- Entscheidet, was in den Podcast kommt.
  - Entwickelt einen roten Faden, der durch das Thema führt.
  - Überlegt, wie ihr den Podcast formal anlegen wollt. Zur Anregung könnt ihr verschiedene Beispiele anhören, um zu entscheiden, welche Form zu eurem Thema passen könnte (Sachtexte, Dialoge, Kommentare, Hörspielszenen, Interviews, Musik etc.).
  - Legt auch fest, für wen ihr den Podcast machen wollt (Zielgruppe) und in welchem Genre (Unterhaltung, Information, Fiktion, Reportage).

3 Das Script verfassen

Erarbeitet den Inhalt für die spätere Aufnahme des Podcast entsprechend eurer Planung:

- Verfasst die Texte. Achtet dabei darauf, dass sie sachlich richtig sind, aber auch interessant und spannend für den bzw. die späteren Hörer.
  - Formuliert kurze, am gesprochenen Wort orientierte Sätze.
  - Vermeidet Fachvokabular und Fremdwörter.
  - Baut Zitate oder Dialoge ein, um das Script lebendiger zu gestalten.
  - Auch Vorausblenden bzw. Rückblenden machen das Zuhören interessanter.
- Bereitet die Interviews vor und führt sie durch.
  - Findet geeignete Interviewpartnerinnen bzw. -partner.
  - Formuliert Fragen.
  - Nehmt die Interviews auf (z. B. mit einer Sprachmemo-App auf eurem Mobiltelefon).
- Wählt Musikstücke für den Hintergrund aus. (Wenn ihr den Podcast am Ende online stellen wollt, spielt ihr wegen der Rechte am besten selbst Musik ein.)

4 Den Podcast produzieren

- Ihr benötigt einen Computer und ein Mikrofon, das an den Computer angeschlossen werden kann. Zur Erstellung der Audio-Datei gibt es kostenlose Programme, die einfach zu bedienen sind.
- Sprecht nun eure Texte ein. Achtet darauf, deutlich und nicht zu schnell zu sprechen.
- Fügt nun ggf. weitere Elemente hinzu, spielt z. B. Originaltöne aus euren Interviews oder Musik ein.
- Ihr könnt die Aufzeichnungen nachbearbeiten, um z. B. störende Geräusche zu entfernen oder Effekte hinzuzufügen.
- Wenn ihr mit dem Gesamtergebnis zufrieden seid, speichert die Datei ab und exportiert sie in ein gewünschtes Format (mp3, wav o. Ä.).

5 Den Podcast veröffentlichen

Ihr könnt den Podcast z. B. im Rahmen eines Projekttages an eurer Schule als Hörstation einrichten.
Wenn ihr den Podcast breiter zugänglich machen wollt, müsst ihr unbedingt die rechtlichen Rahmenbedingungen hinsichtlich des Datenschutzes beachten.

Atheistische Kampagnen in der DDR

Das totalitäre System der DDR durchdrang sämtliche Bereiche von Staat und Gesellschaft. Auch die Menschen und ihr privater Bereich sollten entsprechend der sozialistischen Ideologie geformt werden. Deshalb versuchte die DDR-Führung, schon auf Kinder und Jugendliche Einfluss zu nehmen, z. B. durch die Jugendweihe.

Erlebnisbericht von einer Jugendweihe

Diese Worte sprach ich wie Zehntausende anderer Schüler der 8. Klassen in der ganzen ▸ DDR im Frühjahr 1970 während der Jugendweihe vor unseren Verwandten und Lehrern in einem festlich geschmückten Saal. Unsere Veranstaltung fand im Theater statt. Wir gelobten, ‚als junge Bürger unserer Deutschen Demokratischen Republik, getreu der Verfassung, für die große und edle Sache des Sozialismus zu arbeiten und zu kämpfen und das revolutionäre Erbe des Volkes in Ehren zu halten'. (…) Das waren schon beeindruckende und unvergessliche Momente, als wir die Bühne betraten und die Urkunden zusammen mit Blumensträußen entgegennahmen. Lehrer überreichten auch jedem ein Buch zur Erinnerung an diesen denkwürdigen Tag. Es trug den Titel: ‚Weltall, Erde, Mensch' und war ein dickes Sammelwerk zur Entwicklungsgeschichte von Natur und Gesellschaft. Auf den ersten Seiten befand sich ein Geleitwort von Walter Ulbricht, dem damaligen Staatsratsvorsitzenden, das mit den Worten: „Dieses Buch ist das Buch der Wahrheit" begann (…)

Die Jugendweihe war ohne Zweifel nach der Schuleinführung die bedeutsamste Veranstaltung und ein Höhepunkt im Leben für uns junge Menschen, aber die Teilnahme daran war auch ein Muss, ebenso wie die ‚freiwillige' Mitgliedschaft in der Pionierorganisation oder der Freien Deutschen Jugend. (…)

Auf die Jugendweihe wurden wir vonseiten der Schule natürlich intensiv vorbereitet. Es fanden zehn Jugendstunden statt, bei denen Teilnahme Pflicht war. Ich kann mich aber nur an eine deutlich erinnern, denn der Besuch in dem ehemaligen Konzentrationslager Buchenwald bei Weimar, zu DDR-Zeiten Nationale Mahn- und Gedenkstätte, hat sich in mein Denken tief eingeprägt und tiefe, unauslöschliche Spuren hinterlassen. (…) Ich bin an diesem Tag (…) zu der Erkenntnis gekommen, dass ich mich mit einem Staat, dessen Grundsatz der Antifaschismus ist, sehr gut identifizieren kann. Spätestens von diesem Zeitpunkt an begann ich bewusst an den Sozialismus zu glauben und ihn als den einzig richtigen Weg zu einem gerechten, humanen Leben anzuerkennen.

Bericht der Zeitzeugin Sabine Hädicke

▸ *Aufnahme der Jugendweihe 1967 in einer Berliner Oberschule. Die Schülerinnen und Schüler der 8. Klasse erhalten ihre Urkunden.*

Die antireligiöse Einstellung des DDR-Regimes

Bei der Gründung der DDR waren etwa 90% der Bevölkerung Mitglied in einer der beiden großen christlichen Kirchen. An ihrem Ende war der Anteil um zwei Drittel geschrumpft. Dies war das Ergebnis einer gezielten staatlichen Politik, die einen „neuen, klassenlosen, von allen Zwängen befreiten" Menschen als Ideal pries. Der Mensch sollte auch von der Religion „befreit" werden und stattdessen zur ▸ atheistischen Staatsbürgerin bzw. zum atheistischen Staatsbürger erzogen werden.
Die Kirchenpolitik der DDR zeichnete sich bis 1953 durch antikirchliche Einzelmaßnahmen aus, z. B. propagandistische Zeitungsartikel, Behinderung von Gefängnis- und Krankenhausseelsorge, Inhaftierung kirchlicher Mitarbeiter. In der Folge wurden die Methoden systematischer. Beispielsweise wurde die Durchführung des Religionsunterrichts durch Gesetze eingeschränkt und behindert. Die Maßnahmen des DDR-Regimes bewirkten, dass der Anteil der Menschen, die sich zum Christentum bekannten, stark zurückging.

Die Einführung der Jugendweihe

1958 wurde die staatlich organisierte Jugendweihe eingeführt als Konkurrenz zur katholischen Firmung und der protestantischen Konfirmation. Ursprünglich war die Jugendweihe ein Übergangsritus vom Jugend- ins Erwachsenenalter, der seit Mitte des 19. Jahrhunderts in freikirchlichen Gemeinden gefeiert wurde. In der DDR wurde sie als eine areligiöse Feier für alle Jugendlichen im Alter von 14 Jahren instrumentalisiert. Offiziell war die Teilnahme daran immer „freiwillig". Doch nicht teilzunehmen, konnte schwerwiegende Nachteile zur Folge haben, z. B. ein Zugangsverbot zu weiterführenden Schulen oder zum Studium, Einschränkungen bei der Berufsauswahl. Oft litten auch die Familien unter den Repressionen. Daher nahmen die meisten Jugendlichen daran teil – bereits Mitte der 60er-Jahre waren es 97%. Die Jugendweihe war für viele das zentrale Lebensfest im Jugendalter. Die Jugendlichen bereiteten sich ein Jahr lang in einem Programm aus Gruppentreffen, politischen Vorträgen, Aktivitäten etc. auf die Feier vor. Der wichtigste Inhalt des Festaktes der Jugendweihe bestand im Bekenntnis der Teilnehmerinnen und Teilnehmer zum sozialistischen Staat und seinen Zielen. Gemeinsam sprachen sie das Gelöbnis, für den Sozialismus zu kämpfen und ihn zu verteidigen. Die offizielle Feier wurde in einer Familienfeier fortgesetzt.

» *Als andere zur Jugendweihe gingen, wurde ich konfirmiert. Trotz sehr guter schulischer Leistungen durfte ich kein Abitur machen. Meine Schulzeit war wesentlich geprägt von Demütigungen, Repressalien und Ausgrenzungen.* « *Caritas Führer, Zeitzeugin*

Atheistische Eltern und ihre atheistisch erzogenen Kinder haben ihr selbstverständliches Recht, sich durch das feierliche Gelöbnis der Jugendweihe zu einer atheistischen Lebensführung zu verpflichten. Aber Christen, die mit Gott leben wollen, können nicht gleichzeitig ein feierliches Ja-Wort sagen zu der unbestritten atheistischen Zielsetzung der Jugendweihe. Dies darf man Christen nicht zumuten! Es ist ein Unrecht, sie durch moralischen Druck dazu zwingen zu wollen.
Aus einem Hirtenwort der katholischen Bischöfe in der DDR, 1981

---

1 Lest den Bericht von Sabine Hädicke und beschreibt, wie die Jugendweihe auf sie wirkte. Nennt dafür Adjektive oder Formulierungen aus dem Text als Belege. Setzt euch mithilfe der Sachtexte kritisch mit dem Zeitzeugenbericht auseinander.
2 Die Firmung und die Konfirmation stehen am Beginn eines neuen Lebensabschnitts. In ihr bekennen sich die Jugendlichen zu einem Leben als Christin bzw. Christ. Vergleicht die Firmung mit der Jugendweihe. Untersucht sowohl inhaltliche Aspekte als auch den Ablauf.
3 Eine schwierige Frage für die Kirchen damals: Darf ein Jugendlicher, der die Jugendweihe empfangen will, zur Firmung/Konfirmation zugelassen werden? Lest die beiden Zitate und skizziert den Konflikt, in dem sich gläubige Christinnen und Christen befanden. Sammelt Pro- und Kontra-Argumente und tauscht euch darüber aus.
4 Die Jugendweihe wurde nach 1990 von verschiedenen privaten Anbietern mit veränderter Ausrichtung fortgeführt. Die Kirchen bieten für nicht christliche Jugendliche sogenannte Lebenswendefeiern an. Recherchiert die Unterschiede und bewertet die Angebote.

Christen in der DDR – Engagement und Repression

Christinnen und Christen mussten sich gegen den totalitären Anspruch des DDR-Regimes behaupten. Die Kirchen wurden zu einem Rückzugsort für Menschen, die mit dem Regime nicht einverstanden waren, und zu einem Katalysator der „Friedlichen Revolution" 1989.

Repressionen gegen Christen

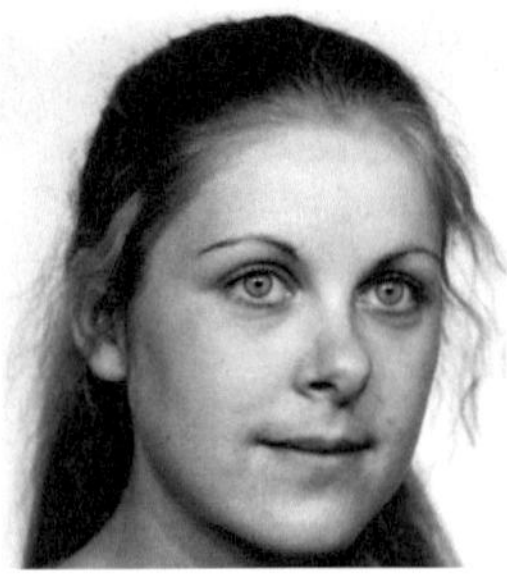

„Ich habe damals mit meiner Familie in der Nähe von Dessau gelebt und bin daher auf eine Dorfschule gegangen. Eine Lehrerin kam in den Unterricht und sagte, dass alle die aufstehen sollten, die in die Christenlehre (kirchliche Unterweisung) gehen. Das waren in meiner Klasse zwei Schüler, nämlich meine beste Freundin und ich. Wir sind dann aufgestanden, weil wir nicht wussten, was sie von uns wollte. Dann hat die Lehrerin zu den anderen gesagt: ‚So, und jetzt könnt ihr die mal alle auslachen, weil die glauben.' Das war die Glaubensfreiheit – ich habe das natürlich nur unbewusst mitbekommen, aber das war ein Grunderlebnis für mich."
Susanne Hartzsch-Trauer, Zwickau

„Katholisch getauft. Religionsunterricht, Klavierunterricht, Reitunterricht, kein naher Familienangehöriger war ▸ SED-Mitglied. Trotz eines Notendurchschnittes von 1,7 wurde mir 1976 mitgeteilt, dass auf dem Gymnasium kein Platz für mich frei sei. Ich nahm an, weil ich einer Aufforderung des Direktors meiner Schule, die Halskette mit dem Kreuz-Anhänger nicht zu tragen, nicht nachkam."
Josephine Keßling, Hannover

„Ich habe dann nach vier Jahren den Abschluss als Jugenddiakon gehabt. Hab mit vielen jungen Menschen gearbeitet. Wir haben Veranstaltungen organisiert: viele Musikveranstaltungen, viele thematische-inhaltliche Veranstaltungen, Jugendgottesdienste, liturgische Nächte, große Werkstatttreffen – alles das, was ansonsten nicht gemacht wurde. Alles unter dem Dach der Kirche. (…) Das fiel dann immer stärker natürlich auch dem ▸ Ministerium für Staatssicherheit auf. Dann sind Freunde von mir verhaftet worden, ich bin's erste Mal verhaftet worden und irgendwann – knapp sechs Jahre nachdem ich angefangen hatte, nachdem man viele, viele Seiten und Spitzelberichte über mich gemacht hatte – bin ich im Juni 1983 offiziell verhaftet worden mit dem Vorwurf der Beeinträchtigung der staatlichen Ordnung und Sicherheit. Später kam dazu: staatsfeindliche Hetze."* *Lothar Rochau, Halle*

*Person in einer evangelischen Gemeinde oder Einrichtung, die für Jugendarbeit und -seelsorge zuständig ist

„Am 7. September (1989) hatten wir dann schon mit anderen Gruppen zusammen eine Aktion auf dem Alexanderplatz geplant, wo wir (…) ein T-Shirt anhatten mit einem Buchstaben darauf, und wir wollten uns aufstellen und dann die Jacken ausziehen und das sollte groß die Schrift geben: „7. Mai Wahlbetrug". (…) Und Trillerpfeifen hatten wir noch mit, um auf die Wahl zu pfeifen. Also ein bisschen zum Pfeifen kamen wir, (zum) Jackenausziehen mehr oder weniger nicht, weil da schon die ▸ Stasi auf uns einstürzte und uns niederprügelte und wegtrug." *Frank Pfeifer, Leipzig*

„Die Kirche hat eine riesengroße Rolle gespielt“

Uwe Schwabe war Teil der Protestbewegung, die in der Leipziger Nikolaikirche einen Ausgangspunkt hatte. Seit 1982 gab es jeden Montag Friedensgebete. 1989 wurde das evangelische Gotteshaus zum zentralen Ort der friedlichen Revolution in der ▸ DDR. Uwe Schwabe, damals Mitte 20 und kirchenfern, war ab 1984 regelmäßig dabei. Denn die evangelischen Kirchen boten jungen Andersdenkenden Rückzugsräume, die es sonst nicht gab.

▲ *Friedensgebet in der Leipziger Nikolaikirche am 9. Oktober 1989. Die Friedensgebete fanden seit 1982 wöchentlich statt. Im Herbst 1989 beteiligten sich immer mehr Menschen daran. Aus dem regelmäßigen Friedensgebet gingen die Montags-Demonstrationen hervor, die am 9. November 1989 zum Fall der Mauer führten.*

epd: Wie wurden Sie Teil der von der Nikolaikirche ausgehenden Protestbewegung?

Schwabe: Mich hat 1984 einfach mal jemand dorthin mitgenommen und das war ein Glücksfall. Ich bin kein Christ, aber man traf dort auf junge Leute, die ganz anders tickten und nicht nur alles nachbeteten, was von oben verlangt wurde. Die redeten ganz offen *über gesellschaftliche Probleme und wollten wirklich etwas verändern. Für mich war das wie eine Schule der Demokratie* (...). Die Kirche gab damals in der DDR Raum, um gesellschaftliche und politische Herausforderungen friedlich zu lösen. Das bleibt Herausforderung und Vorbild – auch für heutiges kirchliches Handeln.

epd: Wie ist es gelungen, diesen Geist der Kritik, auch des Protests, in die Öffentlichkeit zu tragen?

Schwabe: Wir haben Ende der 80er-Jahre gesagt, dass wir Demonstrationen in der Öffentlichkeit machen müssen. Die Überlegung war, wie man die Menschen emotional erreichen kann. Da bot sich das Umweltthema an, denn das betraf jeden. Wir haben dann 1988 den ersten Pleiße-Gedenkumzug organisiert. Demonstration durfte das nicht heißen, denn die waren verboten. (...) Es kamen ungefähr 300 Leute. Für uns war das ein Symbol, dass es die Bereitschaft gab, öffentlich gegen Missstände in diesem Land aufzutreten.

epd: Diese und weitere Aktionen, auch die Montags-Demonstrationen, gingen im Ursprung von der Kirche aus, speziell von der Leipziger Nikolaikirche. Welche Bedeutung hatte die Kirche für die friedliche Revolution?

Schwabe: Die Kirche hat eine riesengroße Rolle gespielt. (...) Es gab in der DDR viele Menschen, die eigentlich Journalisten oder Juristen werden wollten, aber gesagt haben, unter diesen Umständen in diesem Land können sie das nicht machen. Die wurden dann oft Theologen, da hatte man eine gewisse Freiheit und die Ausbildung war staatsfern. Dadurch sind dann in der Kirche später viele Gruppen entstanden und das war eine Grundbedingung für das, was dann zur Wendezeit passiert ist.

Interview Evangelischer Pressedienst (epd)

1 Lest die Berichte ▸ S. 94 und skizziert Folgen, die die Zugehörigkeit zu einer christlichen Kirche für die Frauen und Männer hatte. Welche ihrer Rechte waren beschnitten?

2 Erklärt mithilfe des Interviews die Bedeutung der Kirche in der DDR für die „Friedliche Revolution“.

3 Recherchiert und porträtiert weitere christliche Frauen und Männer der Bürgerrechtsbewegung in der früheren DDR.

4 Diskutiert: Sollen sich Christinnen und Christen politisch engagieren? Was spricht dafür, was spricht dagegen?

Eintreten für Freiheit und Menschenwürde

Mit dem Zweiten Vatikanischen Konzil (1962–1965) positionierte sich die katholische Kirche im Dialog mit der modernen Welt neu, z. B. in Fragen der Würde und Freiheit des Menschen. Johannes Paul II. griff später bei der Überwindung der Spaltung zwischen Ost und West die Anstöße des Konzils auf und führte sie weiter.

Kirche und Menschenrechte

Die Beschlüsse des ▸ Zweiten Vatikanischen Konzils sind eine wichtige Grundlage der katholischen Kirche. Ein zentrales Dokument ist die Konstitution **Gaudium et spes** („Freude und Hoffnung") über das Verhältnis der Kirche zur Welt von heute. Ein zweiter bedeutender Text ist die Erklärung **Dignitatis humanae** („Die Würde der menschlichen Person") über die Religionsfreiheit, die in der Würde des Menschen wurzelt. Mit den Konzilstexten signalisierte die Kirche die Bereitschaft, ihren Beitrag zu Freiheit, Gerechtigkeit und Frieden in der Weltgemeinschaft zu leisten, und bejahte ausdrücklich Artikel 18 der Allgemeinen Erklärung der Menschenrechte (▸ S. 79).

Aus der Konstitution Gaudium et spes

Die Kirche aber, in der Liebe des Erlösers begründet, trägt dazu bei, dass sich innerhalb der Grenzen einer Nation und im Verhältnis zwischen den Völkern Gerechtigkeit und Liebe entfalten. Indem sie nämlich die Wahrheit des Evangeliums verkündet und alle Bereiche menschlichen Handelns durch ihre Lehre und das Zeugnis der Christen erhellt, achtet und fördert sie auch die politische Freiheit der Bürger und ihre Verantwortlichkeit.

Gaudium et spes 76

Aus der Erklärung Dignitatis humanae

2. Das Vatikanische Konzil erklärt, dass die menschliche Person das Recht auf religiöse Freiheit hat. Diese Freiheit besteht darin, dass alle Menschen frei sein müssen von jedem Zwang (…), so dass (…) niemand gezwungen wird, gegen sein ▸ Gewissen zu handeln, noch daran gehindert wird, (...) nach seinem Gewissen zu handeln. Ferner erklärt das Konzil, das Recht auf religiöse Freiheit sei in Wahrheit auf die Würde der menschlichen Person selbst gegründet, so wie sie durch das geoffenbarte Wort Gottes und durch die Vernunft selbst erkannt wird. Dieses Recht der menschlichen Person auf religiöse Freiheit muss in der rechtlichen Ordnung der Gesellschaft so anerkannt werden, dass es zum bürgerlichen Recht wird.

4. Die Freiheit als Freisein vom Zwang in religiösen Dingen, die den Einzelnen zukommt, muss ihnen auch zuerkannt werden, wenn sie in Gemeinschaft handeln. Denn die Sozialnatur des Menschen wie auch der Religion selbst verlangt religiöse Gemeinschaften.

Deshalb steht diesen Gemeinschaften (…) rechtens die Freiheit zu, dass sie sich gemäß ihren eigenen Normen leiten, der Gottheit in öffentlichem Kult Ehre erweisen, ihren Gliedern in der Betätigung ihres religiösen Lebens beistehen, sie durch Unterricht unterstützen und jene Einrichtungen fördern, in denen die Glieder zusammenarbeiten, um das eigene Leben nach ihren religiösen Grundsätzen zu ordnen.

6. (…) Der Schutz und die Förderung der unverletzlichen Menschenrechte gehört wesenhaft zu den Pflichten einer jeden staatlichen Gewalt. Die Staatsgewalt muss also (...) dafür sorgen, dass die Gleichheit der Bürger vor dem Gesetz (...) niemals entweder offen oder auf verborgene Weise um der Religion willen verletzt wird und dass unter ihnen keine Diskriminierung geschieht.

Dignitatis humanae 2–6

Gebet zum Schöpfer

Herr und Vater der Menschheit, du hast alle Menschen mit gleicher Würde erschaffen. Gieße den Geist der Geschwisterlichkeit in unsere Herzen ein. Wecke in uns den Wunsch nach einer neuen Art der Begegnung, nach Dialog, Gerechtigkeit und Frieden. Sporne uns an, allerorts bessere Gesellschaften aufzubauen und eine menschenwürdigere Welt ohne Hunger und Armut, ohne Gewalt und Krieg. Gib, dass unser Herz sich allen Völkern und Nationen der Erde öffne, damit wir das Gute und Schöne erkennen, das du in sie eingesät hast, damit wir engere Beziehungen knüpfen vereint in der Hoffnung und in gemeinsamen Zielen. Amen.

Aus der Enzyklika „Fratelli tutti" von Papst Franziskus, 2020

Auf dem langen Weg zur Freiheit

Als 1978 der Pole Karol Wojtyła zum Papst Johannes Paul II. gewählt wurde, war Europa durch den „Eisernen Vorhang" geteilt: Die demokratischen Staaten Westeuropas standen den sozialistischen Diktaturen Osteuropas gegenüber („Kalter Krieg"). Johannes Paul II. hatte in seiner Heimat selbst erfahren, was es bedeutete, in einem totalitären System zu leben. Die Belange der Menschen, die unter sozialistischen Regimen litten, waren ihm daher ein besonderes Anliegen. Schon 1979 unternahm er eine neuntägige Reise als Oberhaupt der katholischen Kirche nach Polen. Von der Bevölkerung wurde er begeistert empfangen. Hunderttausende Polinnen und Polen strömten zu den Heiligen Messen, Millionen hörten seine Predigten. Darin ermutigte und bestärkte er die Menschen, für ihre Freiheit zu kämpfen. Aus dieser Aufbruchstimmung heraus wurde 1980 die Gewerkschaft *Solidarność* („Solidarität") gegründet, die mit landesweiten Streiks der Regierung die Stirn bot. Die Ostpolitik Johannes Pauls II. war ein wesentlicher Beitrag zur Überwindung der kommunistischen Diktatur, dem Fall des „Eisernen Vorhangs" 1989.

» *Habt keine Angst! Öffnet, ja reißt die Tore weit auf für Christus! Öffnet die Grenzen der Staaten, die wirtschaftlichen und politischen Systeme, die weiten Bereiche der Kultur, der Zivilisation und des Fortschritts seiner rettenden Macht! Habt keine Angst!* «

Johannes Paul II., 1978 zu Beginn seines Pontifikats

▲ *1980 streikten in Polen in vielen Betrieben die Arbeiter. Der damalige Papst Johannes Paul II. unterstützte ihre Anliegen.*

▲ *Johannes Paul II. traf sich mehrfach mit Lech Wałęsa, dem Führer der Gewerkschaft Solidarność, hier im Jahr 1981.*

» *Ich bitte euch, verliert niemals das Vertrauen, lasst euch nicht niederschlagen und nicht entmutigen. (...) Ich bitte euch, traut euch, trotz all eurer Schwäche, eure Kraft bei dem zu suchen, bei dem schon so viele Generationen unserer Väter und Mütter sie gefunden haben. (...) Verliert nie die Freiheit des Geistes, mit der er den Menschen befreit!* «

Johannes Paul II. 1979 während seiner ersten Reise nach Polen

1 Fasst die Kernaussagen der Auszüge aus den beiden Konzilstexten zusammen.
- Formuliert den Auftrag der Kirche heute in euren eigenen Worten.
- Nennt Beispiele, wie und wo die Kirche den Auftrag verwirklicht oder eurer Meinung nach verwirklichen sollte.

2 Vergleicht den Text aus Dignitatis Humanae mit Artikel 18 der Allgemeinen Erklärung der Menschenrechte (▸ S. 79).
- Arbeitet Gemeinsamkeiten und Unterschiede heraus.
- Zeigt Konsequenzen auf, die aus Menschenwürde und Freiheit für das Individuum und für eine Gemeinschaft erwachsen.

3 Im Gebet aus ▸ „Fratelli tutti" fasst Papst Franziskus zusammen, was der Auftrag der Kirche in der Welt ist.
- Sammelt Beispiele, wo und wie sich Christen heute engagieren können.
- Vergleicht das „Gebet zum Schöpfer" kritisch mit dem „Gebet der Vereinten Nationen" (GL 20,1).

4 Untersucht, wie die Ostpolitik von Johannes Paul II. vom Geist des Zweiten Vatikanischen Konzils geprägt war.

Ringen um Religionsfreiheit

Jeder Mensch hat das Recht, seine Religion frei zu wählen und auszuüben. Die meisten Staaten haben sich zu Neutralität in religiösen Fragen verpflichtet und garantieren ihren Bürgerinnen und Bürgern Religionsfreiheit. Doch diese Freiheit muss auch verteidigt werden. In ihrer wechselvollen Geschichte entwickelte sich die Kirche zu einer Anwältin der Religionsfreiheit.

Was bedeutet „Religionsfreiheit"?

Religion ist für viele Menschen ein wichtiger Bestandteil ihres Lebens und ihrer Identität. Daher ist die Religionsfreiheit ein zentrales Menschenrecht. Sie umfasst verschiedene Aspekte und kann so differenziert werden:
Negative Religionsfreiheit bedeutet, niemand darf vom Staat oder von Dritten dazu gezwungen werden, ein bestimmtes Glaubensbekenntnis oder religiöse Handlungen auszuüben, einer Religionsgemeinschaft beizutreten, die Religion zu wechseln oder gegen den eigenen Willen in einer Glaubensgemeinschaft zu verbleiben. Die **positive Religionsfreiheit** kann in zwei Dimensionen unterteilt werden:
Die **individuelle Dimension** gewährt jedem Menschen das Recht, einen Glauben oder eine Weltanschauung zu wählen, einer Religionsgemeinschaft seiner Wahl anzugehören oder eine solche zu gründen. Dazu gehört auch die Ausübung und Bekundung des Glaubens und religiöser Kulte sowie der Unterricht. Umfasst wird aber auch die Entscheidung jedes Individuums, bewusst keiner Glaubensgemeinschaft angehören zu wollen.
Die **kollektive Dimension** umfasst das Recht, religiöse Gemeinschaften zu gründen und sich zum Zwecke der Religionsausübung zu versammeln, die geistlichen Führer/innen zu bestimmen sowie den Glauben zu verbreiten und aktiv neue Mitglieder anzuwerben. Gleichzeitig verpflichtet sich der Staat zu Neutralität, die von jeder Einflussnahme absieht (Neutralitäts-Gebot).

Nach Kritik: Richter hängt Kreuz wieder auf

Miesbach/München – Weil er das Kreuz wegen eines muslimischen Flüchtlings aus dem Gerichtssaal entfernte, stand ein Amtsrichter in der Kritik. Nun hat er es wieder aufgehängt. Dennoch fühlt er sich missverstanden.
Klaus-Jürgen Schmidt, Direktor des Amtsgerichts Miesbach, hat seine Entscheidung revidiert und das von ihm entfernte Kreuz im Gerichtssaal wieder aufgehängt. Wie der „Münchner Merkur" (...) berichtet, fühlt sich der Richter gründlich missverstanden. Es sei nie sein Bestreben gewesen, „Politik zu machen oder dem Islam entgegenzukommen", sagte er der Zeitung.
Vielmehr habe er damit in einem Prozess gegen einen muslimischen Flüchtling verdeutlichen wollen, „dass hier der Rechtsstaat urteilt und nicht das Christentum". Er habe den Angeklagten nicht in dessen Weltbild bestärken wollen.
Der 21-jährige Flüchtling war in dem Prozess zu einem Jahr Gefängnis auf Bewährung, drei Wochen Arrest und fünf Beratungsterminen verurteilt worden. Er hatte einen anderen, christlich gewordenen Asylbewerber bedroht. Schmidt legt Wert auf die Feststellung, dass er das Strafmaß voll ausgeschöpft habe.
Die Entscheidung des Richters, das Kreuz für den Prozess abzunehmen, sorgte für bundesweite Schlagzeilen. Wie er dem „Münchner Merkur" berichtete, erhielt er mehr als 200 Anschreiben, darunter etliche mit Beschimpfungen und Hasskommentaren. Zunächst hatte Schmidt beabsichtigt, das Kruzifix auf Dauer nicht mehr im Verhandlungssaal anzubringen, sondern nur noch im Gang.
Im Unterschied zu öffentlichen Schulen gibt es für Gerichtssäle in Bayern keine diesbezügliche Rechtsvorschrift. Dass in der Regel Kruzifixe in Sitzungssälen hängen, ist nach Angaben des Justizministeriums „Ausdruck der christlichen Tradition unseres Staatswesens". Die Entscheidung des Amtsrichters, das Kreuz abzuhängen, war auch von Bayerns ehemaligem Ministerpräsidenten Edmund Stoiber und der stellvertretenden Ministerpräsidentin Ilse Aigner (...) kritisiert worden. Stoiber sagte: „Wer einem anderen mit dem Tod droht, weil dieser Christ geworden ist, sollte dem Kreuz ins Auge sehen können." Aigner bezeichnete das Vorgehen als „in höchstem Maße unsensibel gegenüber den Gefühlen der Opfer".
bod/KNA, 1.2.2018

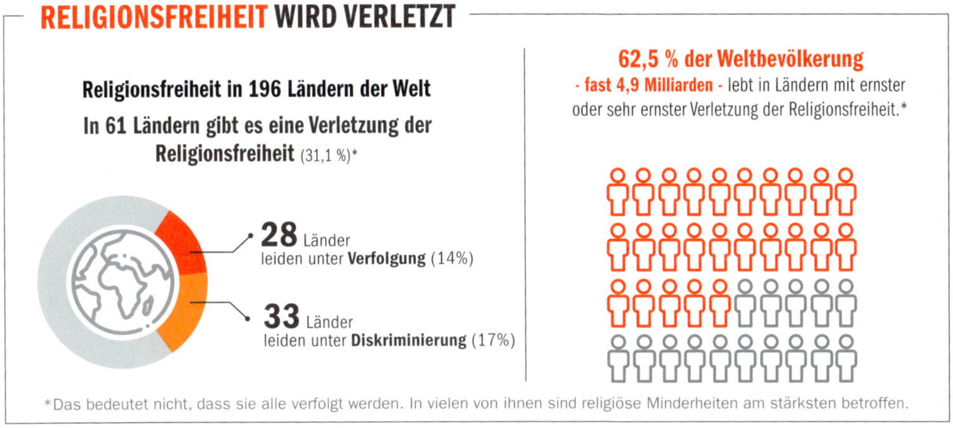

◂ *Grafik aus dem Bericht „Religionsfreiheit weltweit" der kirchlichen Organisation „Kirche in Not", 2023*

Der biblische Freiheitsbegriff

Wesentliches Merkmal des jüdisch-christlichen Gottesbildes ist die Freiheit: Gott beschenkt den Menschen mit seiner lebenserhaltenden und lebensfördernden Freiheit (▸ Ex 3,7-11; 2 Kor 3,17), aus der heraus auch der Mensch sein Leben gestalten soll. Der Freiheit des Menschen steht der Respekt vor den Freiheitsrechten seiner Mitmenschen gegenüber. Alle, die in dieser Glaubenstradition stehen, sind dazu aufgerufen, ihre Stimme dort zu erheben, wo diese Freiheit für eine Person oder eine Gruppe von Menschen gefährdet ist.

» *[13]Unterwerft euch um des HERRN willen jeder menschlichen Ordnung: dem Kaiser, weil er über allen steht, [14]den Statthaltern, weil sie von ihm entsandt sind, um die zu bestrafen, die Böses tun, und die auszuzeichnen, die Gutes tun! [15]Denn es ist der Wille Gottes, dass ihr durch eure guten Taten die Unwissenheit unverständiger Menschen zum Schweigen bringt. [16]Handelt als Freie, ohne die Freiheit als Deckmantel der Bosheit zu benutzen, sondern als Knechte Gottes! [17]Erweist allen Menschen Ehre, liebt die Brüder und Schwestern, fürchtet Gott und ehrt den Kaiser!* « *1 Petr 2,13-17*

1 Stellt die verschiedenen Aspekte und Dimensionen des Begriffs Religionsfreiheit dar.
   - Erläutert, wie der biblische Freiheitsbegriff sich zum Menschenrecht „Religionsfreiheit" verhält.
   - Diskutiert das Spannungsverhältnis von Religionsfreiheit und staatlicher Neutralität.

2 Erstellt zu der Nachricht links ein Schaubild, in dem alle direkt oder indirekt beteiligten Personen abgebildet werden.
   - Klärt, welche Interessen sie vertreten und was sie zu ihren Aussagen oder ihrem Verhalten bewegt haben könnte.
   - Besprecht in Partnerarbeit, ob und wie das Recht auf Religionsfreiheit in dem Fallbeispiel zum Tragen kommt. Bezieht dabei auch das Neutralitätsgebot des Staates mit ein.
   - Bewertet die im Zeitungsartikel beschriebene Argumentation und Handlungsweise des Richters und die Äußerungen der Politiker im Hinblick auf das Neutralitätsgebot des Staates.

3 Was bedeutet es, wenn die Religionsfreiheit missachtet wird? Zeigt Konsequenzen für ein Individuum und eine Gesellschaft auf. Ihr könnt dabei auch die ▸ S. 82–85 einbeziehen.

4 Erörtert die These: „Das biblische Gottes- und Menschenbild steht immer im Widerspruch zu totalitären Systemen."
   - Fasst zusammen, was das biblische Gottes- und Menschenbild ausmacht.
   - Klärt mit Blick auf ▸ 1 Petr 2,13–17: Wie weit müssen Christinnen und Christen staatlichen Institutionen gegenüber loyal sein?

Zeige, was du kannst

Aufgabe A: Eine christliche Perspektive auf ein universelles Menschenrecht

Als Kirchen wirken wir in einem freiheitlich-demokratischen Rechtsstaat. Wir profitieren von einem hohen Schutzniveau für die Religions- und Weltanschauungsfreiheit unter dem deutschen Grundgesetz (…). Deswegen halten wir es für unsere selbstverständliche Pflicht, uns solidarisch mit unseren Glaubensgeschwistern weltweit zu zeigen, die ihren Glauben mit stärkeren Einschränkungen oder gar in Verfolgungssituationen leben müssen. Dies ist fester Teil unseres Selbstverständnisses als Glieder der christlichen Weltgemeinschaft und mithin als „ökumenische" Kirchen. (…)

Damit hat der kirchliche Einsatz für die Religionsfreiheit neben der allgemein menschenrechtlichen auch eine spezifisch theologisch-ökumenische Begründung: Christinnen und Christen (…) sind Glieder am einen Leibe Christi und leiden mit, wo andere Glieder verfolgt und diskriminiert werden. Deshalb fühlen sie sich zum Einsatz für bedrängte Geschwister im Glauben verpflichtet, auch weil sie das Leiden von Menschen als gegenwärtiges Leiden Christi selbst deuten. (…) Dazu gehört, dass wir verdeutlichen, dass Christinnen und Christen in Bedrängungssituationen pars pro toto für religiöse Gruppen insgesamt und zumeist auch exemplarisch für die gesamte Menschenrechtslage in einem konkreten Kontext stehen. Sie können in ihrem Schicksal nicht von dem anderer Religionen und der jeweiligen Rechtsgemeinschaft getrennt betrachtet werden. Geht es um die Situation unserer Glaubensgeschwister, geht es also immer auch um die Religions- und Weltanschauungsfreiheit anderer und die Gewährleistung und den Schutz von Menschenrechten im Allgemeinen. Es gibt grundrechtlich keine andere Freiheit für Christen als für Juden, Muslime, Hindus, Buddhisten, um nur einige zu nennen, oder auch für ▸ Agnostiker und ▸ Atheisten. Das Grundrecht gilt für alle und zielt auf die Abschaffung religiöser Sonderbehandlungen, gleich ob positiv oder negativ.

aus: 3. Ökumenischer Bericht zur Religionsfreiheit weltweit 2023. Einleitung: Die Religionsfreiheit – ein ganz besonderes Grundrecht

1. Lies den Auszug aus dem Bericht zur Religionsfreiheit der Deutschen Bischofskonferenz und der Evangelischen Kirche in Deutschland.
   - Stelle die Motivation der christlichen Kirchen für ihren Einsatz für Religionsfreiheit dar.
   - Erläutere den Zusammenhang von Religionsfreiheit und Menschenrechten und zeige Konsequenzen daraus auf.
2. Diskutiere mit einer Partnerin oder einem Partner, ob die christlichen Kirchen beim Thema Religionsfreiheit eine besondere Verantwortung haben und inwiefern dadurch ein Unterschied zum Engagement von Menschenrechtsorganisationen besteht.
3. Am katholischen Gebetstag für verfolgte und bedrängte Christen und am evangelischen Sonntag Reminiszere erinnern die christlichen Kirchen in Gottesdiensten und Gebeten besonders an bedrängte und verfolgte Christinnen und Christen weltweit.
   - Recherchiere, welche Themenschwerpunkte die kirchlichen Aktionen dieses Jahr setzen.
   - Informiere dich, welche Aktionen dazu in deiner Gemeinde oder Diözese angeboten werden.

Aufgabe B: Christen treten für die Freiheit ein

1. Greift die Diskussionen zu den Thesen von ▸ S. 81 wieder auf. Welche neuen Aspekte und Argumente haben sich nach der Arbeit an diesem Kapitel ergeben?
2. Erörtere die Frage, wann Christen protestieren bzw. Widerstand leisten müssen. Prüfe in diesem Zusammenhang auch die Bedeutung und das (falsche) Verständnis von Toleranz.
3. Entwickle Handlungsoptionen und Verhaltensweisen, die sich daraus für das Zusammenleben im persönlichen Bereich oder in der Gesellschaft ableiten lassen.

Aufgabe C: Ein Papst bekennt Fehler der Kirche

„Gott unserer Väter, du hast Abraham und seine Nachkommen auserwählt, deinen Namen zu den Völkern zu tragen: Wir sind zutiefst betrübt über das Verhalten aller, die im Laufe der Geschichte deine Söhne und Töchter leiden ließen. Wir bitten um Verzeihung und wollen uns dafür einsetzen, dass echte Brüderlichkeit herrsche mit dem Volk des Bundes. (…)
[O]ft haben die Christen das Evangelium verleugnet und der Logik der Gewalt nachgegeben. Die Rechte von Stämmen und Völkern haben sie verletzt, deren Kulturen und religiöse Traditionen verachtet: Erweise uns deine Geduld und dein Erbarmen! Vergib uns! (…)
Die Verschiedenheit der Völker in der Einheit der Menschheitsfamilie hast du gewollt. Doch mitunter wurde die gleiche Würde deiner Kinder nicht anerkannt. Auch die Christen haben sich schuldig gemacht, indem sie Menschen ausgrenzten und ihnen Zugänge verwehrten.
Sie haben Diskriminierungen zugelassen aufgrund von unterschiedlicher Rasse und Hautfarbe.
Verzeih uns und gewähre uns die Gnade, die Wunden zu heilen, die deiner Gemeinschaft aufgrund der Sünde noch immer innewohnen, damit wir uns alle als deine Söhne und Töchter fühlen können. Darum bitten wir durch Christus unseren Herrn."

Schuldbekenntnis und Vergebungsbitte von Johannes Paul II. beim Pontifikalgottesdienst am 12.3.2000 in St. Peter in Rom

1. Nenne die historischen Ereignisse, auf die sich Johannes Paul II. in seinem Gebet bezieht.
2. Erkläre die Entwicklung innerhalb der katholischen Kirche, die seine Bitte um Vergebung möglich gemacht hat (▸ S. 122f.).

▲ Darstellung der „21 Märtyrer von Sirte".

Aufgabe D: Christliche Märtyrer

2015 erschütterte das Schicksal von 20 ▸ koptischen Ägyptern und einem Ghanaer die Welt, die als Gastarbeiter in Libyen lebten. Sie wurden von islamistischen Terroristen entführt und nahe der Stadt Sirte in Libyen enthauptet. Ein Video von ihrer Ermordung wurde als „Warnung an alle Christen" im Internet verbreitet. Viele Muslime verurteilten die Tat und sagten, sie repräsentiere nicht die Werte des Islams. Die Christen der koptisch-orthodoxen Kirche in Ägypten verehren die Männer als Heilige. 2023 nahm Papst Franziskus sie in die Liste der Märtyrer der römisch-katholischen Kirche auf.

1. Erläutere die Bedeutung der Ikone oben.
2. Für den Glauben sterben? Tausche mit einem Partner/einer Partnerin deine Gedanken dazu aus.
3. Diskutiert, ob das Beispiel der „21 Märtyrer" Gläubige aller Religionen verbinden könnte.

Aufgabe E: Christlicher Widerstand

„Es lebe die Freiheit!" Mit diesen Worten starb Hans Scholl, der Kopf der ▸ „Weißen Rose" (▸ S. 79).

1. Fasse zentrale Anliegen der „Weißen Rose" in deinen eigenen Worten zusammen.
2. Entfalte, inwiefern sich in dem Satz von Hans Scholl eine christliche Haltung spiegelt.
3. Überlege für dich: Was bedeutet mir (meine) Freiheit? Was wäre ich bereit einzusetzen?

5 Begegnung mit dem jüdischen Glauben

Identität

Damals war ich erst dreizehn.
Als kleiner Junge kam es mir vor, als würde ich am Fuße des Berges Sinai stehen.
Doch ich war nie ein Feigling, ich nahm all meinen Mut zusammen,
Als eine Stimme meinen Namen rief:
Jonathan Ben Salomo Ben Aryeh,
Jonathan Ben Salomo Ben Aryeh,
Lies die Zeilen die für dich in der ▸ Tora stehen!
Die drei Namen deiner Identität

Jonathan bedeutet Gottesgabe, spart euch die Kommentare (…)
Wie prophezeit im Buch der Offenbarung,
Reimt ein Jude von der Straße Jahrzehnte nach dem Holocaust in deutscher Sprache.
Ganz gleich, wie viele Leute starben,
Wenn Menschen Träume haben, können sie auf verbrannter Erde Bäume pflanzen.
Wie Pioniere etwas Neues wagen (…)
Nun ist die Frage: Was verbirgt sich hinter euren Namen?

Ich hab drei Namen (Jonathan),
Aus drei Generationen (Ben Salomo),
Die überliefert wurden vom Vater zum Sohn (Ben Aryeh),
Zeugen der Identität, drei Namen für drei Leben.
Ich muss die Bedeutung freilegen. (…)

Ben Salomo bedeutet Sohn des Friedens (…)
Wer seine Zukunft kennen möchte, muss wissen, wo seine Wurzeln liegen (…)

Heute bin ich über dreißig und als Mann kommt es mir vor, als würd ich auf dem Gipfel des Berges Sinai stehen.
Doch vor euch steht kein Feigling, ich nehme all meinen Mut zusammen, wenn seine Stimme meinen Namen wählt:
Jonathan Ben Salomo Ben Aryeh, Jonathan Ben Salomo Ben Aryeh
Lies die Zeilen, die für dich in der Tora stehen, die drei Namen deiner Identität.

Ben Salomo

Schma Jisrael

Höre, Jisrael, der Ewige, unser Gott, der Ewige ist einzig. Und du sollst lieben den Ewigen, deinen Gott, mit deinem ganzen Herzen und mit deiner ganzen Seele und mit deinem ganzen Vermögen. Und es sollen diese Worte, die ich dir heute gebiete, in deinem Herzen sein, und du sollst sie einschärfen deinen Kindern und davon reden, so du sitzest in deinem Hause und so du gehest auf dem Wege und so du dich niederlegst und so du aufstehest. Und binde sie zum Zeichen an deine Hand, und sie seien zur Stirnbinde zwischen deinen Augen, und schreibe sie auf die Pfosten deines Hauses und an deine Tore.

Dewarim 6,4–9, 5. Buch Mose in der Tora

1 Der Fotograf Rafael Herlich merkt zu seinem Foto (links) an, dass der Name der Zeitung „zum Programm einer religiösen Gemeinschaft“ wurde, „die für lange Zeit keine Hoffnungen auf die eigene Zukunft hegen konnte“.
- Beschreibt das Bild auf der linken Seite.
- Erklärt den Kommentar des Fotografen und was er damit über das Judentum aussagt.

2 Der Rapper Ben Salomo beschreibt die Suche nach seiner Identität. Dabei geht er von seinen Namen aus.
- Interpretiert den Rap-Text und klärt: Welche Bedeutung hat der Berg Sinai? Lest dafür in ▸ Ex 34 nach. Recherchiert, auf welches Ereignis im Leben eines Juden sich der Vers „Damals war ich erst dreizehn“ bezieht.
- Findet heraus, welche Bedeutung seine Namen haben.
- Diskutiert, inwieweit der Name eines Menschen Bestandteil seiner Identität ist.
- Recherchiert, was sich hinter eurem Namen verbirgt.

3 Das *Schma Jisrael* („Höre, Israel“) ist das wichtigste jüdische Gebet. Arbeitet die zentrale Aussage heraus und erläutert, inwiefern es zur Identität der jüdischen Religionsgemeinschaft beiträgt.

4 Fasst zusammen, was ihr aus den Text- und Bildelementen dieser Seite über das Judentum erfahren könnt. Stellt eure Ergebnisse strukturiert dar und verbindet sie mit euren Fragen, die ihr in den folgenden Stunden bearbeiten wollt.

Tipp zu Aufgabe 2: Nutzt das Namensregister in der Einheitsübersetzung. Den Namen Aryeh findet ihr unter dem Eintrag „Ariel“. „Ben“ bedeutet „Sohn des …“.

Netzkarte

Das Judentum und das Christentum sind eng verbundene Religionen. Sie teilen nicht nur ihre Quellen, sondern auch eine wechselvolle, konfliktreiche Geschichte, die deutlich macht, wie wichtig gegenseitige Toleranz und der Dialog zwischen den Religionen ist.

... im Land der Verheißung

... heute in Deutschland

5 Religionen

1 Sammelt und schreibt auf, was ihr über das Judentum wisst.
- Ordnet alles in einer Mindmap sinnvoll an.
- Gleicht die Mindmap mit den Stationen der Netzkarte ab und prüft, wo ihr euer Wissen vertiefen könnt.

2 1986 besuchte Johannes Paul II. als erster Papst der römisch-katholischen Kirche die Große Synagoge in Rom. Franziskus bezog sich bei seinem Besuch 2016 ausdrücklich auf seinen Vorgänger.
- Erläutert mithilfe des Zitates von Papst Johannes Paul II. die besondere Bedeutung, die das Judentum für das Christentum hat.
- Skizziert, welche Konsequenzen sich für die Kirche und für das Judentum heute aus den Feststellungen der Rabbinerkonferenz und von Papst Franziskus ergeben.

Über das Verhältnis von Juden und Christen

Trotz der unversöhnlichen theologischen Unterschiede sehen wir Juden Katholiken als unsere Partner, enge Verbündete, Freunde und Brüder in unserem gemeinsamen Streben nach einer besseren Welt, die mit Frieden, sozialer Gerechtigkeit und Sicherheit gesegnet ist.
Erklärung europ. und amerikan. Rabbiner, 2017

Die jüdische Religion ist für uns nicht etwas „Äußerliches", sondern gehört in gewisser Weise zum „Inneren" unserer Religion. Zu ihr haben wir somit Beziehungen wie zu keiner anderen Religion. Ihr seid unsere bevorzugten Brüder und, so könnte man gewissermaßen sagen, unsere älteren Brüder.
Papst Johannes Paul II., 1986

Von Feinden und Fremden sind wir zu Freunden und Brüdern geworden.
Papst Franziskus, 2016

Das Judentum ...

... und seine Feste

... und Jesus

... und seine Geschichte

... und die Tora

Jüdisches Leben in Deutschland

In Deutschland sind etwa 100 000 Menschen in jüdischen Gemeinden registriert, die verschiedene Strömungen innerhalb des Judentums repräsentieren. Das jüdische Leben in Deutschland ist vielfältig.

MAKKABI
DEUTSCHLAND

▶ *v. o. li. im Uhrzeigersinn: „Jewrovision" 2024 – auf dem Weg zur ▶ Synagoge – Helfer beim „Mitzvah-Day" – Gebetsraum der neuen Ohel-Jakob-Synagoge in München – Chanukka-Leuchter – Umzug der Torarollen: Prozession zur Einweihung der Ohel Jakob Synagoge 2006 – Logo von „Makkabi Deutschland" – Kunde in koscherem Supermarkt.*

Schon gewusst?

Makkabi heißt der jüdische Turn- und Sportverband mit Angeboten von Boxen über Schach bis Volleyball.

Die meisten jüdischen Gemeinden sind im **Zentralrat der Juden in Deutschland** vertreten. Er koordiniert die Arbeit von 105 Gemeinden und vertritt die Interessen der Jüdinnen und Juden in der Gesellschaft.
Die liberalen Gemeinden (▸ S. 109) haben sich in der **Union liberaler Juden** zusammengeschlossen.

Die **Jüdische Allgemeine** ist eine Wochenzeitung für Politik, Kultur und jüdische Themen. Neben der gedruckten Ausgabe hat sie auch einen Online-Auftritt.

Seit 2002 findet der Gesangs- und Tanzwettbewerb **Jewrovision** statt, bei dem Jugendliche aus den Jugendzentren der jüdischen Gemeinden in Deutschland in einer großen Show auftreten.

„Meet a Jew" heißt ein Projekt unter der Schirmherrschaft des Bundespräsidenten, bei dem Jüdinnen und Juden mit Nicht-Juden ins Gespräch kommen.

Spezielle **Geschäfte und Online-Versender** bieten ▸koschere Lebensmittel an und alles, was in einem religiösen jüdischen Haushalt gebraucht wird.

Koscher Essen geht auch im **Restaurant**. In einigen Städten bieten koschere Restaurants traditionelle und zeitgenössische koschere Speisen an. Hingehen kann jede und jeder, man muss nicht Jude sein.

In Bayern gibt es in Augsburg, Fürth und München **Jüdische Museen**. Sie zeigen die Vielfalt der jüdischen Kultur in Geschichte und Gegenwart und präsentieren z. B. auch Werke jüdischer Künstlerinnen und Künstler.

Jüdische Gemeinden unterhalten eigene **Schulen und Kindergärten**, z. B. in München und Nürnberg.

Am **Abraham-Geiger-Kolleg** bereiten sich angehende liberale ▸Rabbiner und Rabbinerinnen auf ihren Dienst in den Gemeinden vor. In Berlin gibt es ein orthodoxes Rabbinerseminar.

Mit dem **Leo-Baeck-Preis** ehrt der Zentralrat der Juden Menschen, die sich in besonderer Weise für die Belange der Juden in Deutschland eingesetzt haben.

» *‚In Deutschland zu Hause' – das Motto Ihres Gemeindetages ist ein Bekenntnis. Doch in diesen Zeiten höre ich sehr wohl, dass mit diesem Bekenntnis auch eine Frage verbunden ist. Als Präsident dieses Landes kann und will ich diese Frage beantworten, indem ich bekräftige, was ich bei anderer Gelegenheit mit großem Ernst gesagt habe: Diese Republik ist nur dann vollkommen bei sich, wenn Juden hier vollkommen sicher sind. Um das Motto Ihres Gemeindetags aufzunehmen: Dieses Land ist für uns alle nur dann ein Zuhause, wenn auch Juden sich hier zu Hause fühlen.* «

Bundespräsident Frank-Walter Steinmeier auf dem Gemeindetag des Zentralrats der Juden, 2019

» *Viele glauben, dass jetzt alle Jüdinnen und Juden tot sind. Ich habe Hunderte Male den Satz gehört: ‚Du bist der erste lebendige Jude, den ich kennenlerne.'* «

Michael Ushakov, ehem. Vorsitzender der Jüd. Studierendenunion

---

1 Die Fotos zeigen Momentaufnahmen zum Thema „Jüdisches Leben" in Deutschland.
- Beschreibt die Fotos links und findet jeweils zwei bis drei Stichwörter, die mit ihnen zusammenhängen.
- Ordnet die Bilder: Welche gehören in einen religiösen Zusammenhang, welche in einen nicht-religiösen? Manche stehen „dazwischen". Benennt sie und erklärt, warum sie zu beiden Bereichen gehören können.

2 Die Aufzählung jüdischer Einrichtungen und Angebote ergänzt die Fotos auf der linken Seite.
- Ordnet auch sie nach religiös bzw. nicht-religiös oder „dazwischen".
- Recherchiert arbeitsteilig zu den in den Fotos und im Text genannten Einrichtungen und Angeboten und informiert euch gegenseitig über die Hintergründe.
- Gestaltet eine Broschüre über jüdische Einrichtungen, Veranstaltungen etc., die es in eurer Nähe gibt.

3 Setzt euch mit der These von Frank-Walter Steinmeier auseinander. Erklärt dabei, welche „Frage" er meint.
- Diskutiert den Begriff „zu Hause" auch im Kontext der religiösen Identität.
- Zeigt Konsequenzen aus Steinmeiers These auf.
- Erläutert in diesem Zusammenhang, welches Anliegen hinter dem Zitat von Michael Ushakov stehen könnte.

Lies die Zeilen, die für dich in der Tora stehn!

Die Hebräische Bibel ist die Grundlage des jüdischen Glaubens und die wichtigste Quelle für die Überlieferung im Judentum. Als „Volk des Buches" verehren Jüdinnen und Juden sie auf besondere Weise.

Die Hebräische Bibel setzt sich aus drei Teilen zusammen: aus der ▸ Tora, diese umfasst die fünf Bücher Mose, aus den Newi'im, die die Bücher der Propheten enthalten, und aus den Ketuwim, eine Sammlung weiterer Schriften wie Psalmen, Geschichtsbücher und Texte für bestimmte Feiertage, z. B. das Buch Esther, das an ▸ Purim gelesen wird. Aus den Anfangsbuchstaben der drei Begriffe ergibt sich der Name „TaNaCh" für die Hebräische Bibel.
Der Tanach erzählt die Urgeschichte von der Schöpfung an, von Abraham, Isaak und Joseph, vom Auszug aus Ägypten mit Mose, der Wüstenwanderung und der Offenbarung am Sinai sowie die Geschichte des Volkes Israel im verheißenen Land, dem Exil in Babylon und der Rückkehr. In den Texten des Tanach werden Erfahrungen mit Gott erinnert und verarbeitet.
Doch die Tora ist weit mehr als ein „Geschichten- und Erinnerungsbuch". Sie ist auch das Buch der Weisung oder des Gesetzes, denn hier sind die Weisungen Gottes an das Volk ▸ Israel für ein gutes Leben aufgeschrieben.

Weisungen und deren Auslegung

Die Gebote der Tora bedurften stets der Auslegung und der Deutung, damit die Menschen sie befolgen konnten. Diese Aufgabe übernahmen ▸ Rabbiner und ihre Schüler, die jeweils im Zusammenhang mit den gesellschaftlichen und sonstigen Bedingungen ihrer Zeit die Tora studierten, kommentierten und diskutierten. Aus Sorge vor Verlust wurden die mündlichen Überlieferungen ab dem 2. Jahrhundert niedergeschrieben *(Mischna)*. Aus den zahlreichen Schriften bildete sich bis zum 8. Jahrhundert der ▸ Talmud heraus. Er enthält nicht nur die Diskussionen, Kommentare und Analysen der Rabbiner, sondern auch Geschichten und Gleichnisse, die dem Verständnis der Gebote dienen. Der sogenannte Babylonische Talmud wurde neben der Tora zu einer der wichtigsten Grundlagen des jüdischen Rechtssystems, der ▸ Halacha, die alle Lebensbereiche umfasst und regelt.

» Die Tora gleicht einem schönen, herrlichen Garten. Wie dieser durch einen Zaun vor Zerstörung geschützt werden muss, so sollen die Weisen Anordnungen treffen, durch die das Gesetz vor Übertretung geschützt und seine Erfüllung gefördert wird. «

Rabbiner Seckel Bamberger (1863–1934)

Unterschiede in der Auslegung

Es gibt drei Hauptrichtungen im Judentum, die sich in der Auffassung davon unterscheiden, wie die Tora und deren Vorschriften zu verstehen und zu erfüllen seien: Das **orthodoxe Judentum** erkennt in der Tora die direkt von Gott geoffenbarte Wahrheit. Die Gebote gelten als unantastbar. Daher lehnt es die Anpassung der religiösen Gesetze an die heutige Zeit ab. Das Verbot, am ▸ Schabbat Feuer zu machen, führt z. B. zum Verbot, am Schabbat Auto zu fahren, da im Motor Benzin verbrannt wird. Das **liberale Judentum** vertritt die Auffassung, die Tora sei von Gott inspiriert, aber letztlich von Menschen geschrieben. Daher hat die persönliche Glaubensentscheidung und die persönliche Verantwortung in religiösen Fragen mehr Gewicht. Bei der Bewertung eines Gebotes werden z. B. gesellschaftliche Bedingungen und wissenschaftliche Erkenntnisse berücksichtigt. Gebote können dementsprechend angepasst werden. Das **konservative Judentum** versteht sich als Mittelweg. Die Tora gilt hier zwar als von Gott offenbart und die Gebote sind unumstößlich. Da der Mensch aber bei der Erfüllung der Gebote fehlgehen kann, ist es möglich, ihm in Maßen mit einer zeitgemäßen Auslegung entgegenzukommen. So ist es z. B. am Schabbat erlaubt, Auto zu fahren, wenn man damit z. B. zur Synagoge kommt.

Umgang mit der Tora

Die Tora ist nach genauen Regeln von Hand auf Pergament geschrieben und zu einer Torarolle aufgerollt. Diese wird in einen reich geschmückten Toramantel gehüllt und im Toraschrein aufbewahrt. Von dort trägt der Vorleser die Rolle in einer feierlichen Prozession zum Lesepult *(Bima)*. Die Gemeindemitglieder verneigen sich vor der Tora und berühren sie mit ihrem Gebetsschal, während sie vorbeigetragen wird. Beim Vorlesen darf die Torarolle nicht mit den bloßen Fingern berührt werden. Daher benutzt der Vorleser einen Zeigestab *(Jad)*. Der ehrfürchtige Umgang mit einer Torarolle setzt sich auch dann fort, wenn sie beschädigt ist und nicht mehr repariert werden kann: Sie wird nicht einfach weggeworfen, sondern feierlich begraben.
Das Lesen der Tora bildet den Kern der religiösen Praxis. Beim Morgengottesdienst am Schabbat wird in der ▸ Synagoge einer der 54 Wochenabschnitte und ein Text aus den Prophetenbüchern vorgelesen. Der Wochenabschnitt wird nach einer Melodie in einer Art Sprechgesang vorgetragen. Es ist eine große Ehre, zur Tora-Lesung aufgerufen zu werden. Innerhalb eines Jahres wird die gesamte Tora einmal gelesen. Am Ende des Lesejahres steht das Fest ▸ Simchat Tora, das zugleich der Beginn des neuen Lesejahres ist.

▸ *Umgeben von ihrer Familie liest ein Mädchen bei der ▸ Bat Mizwa zum ersten Mal aus der Tora vor.*

1. Beschreibt mithilfe der Illustration und des Textes ▸ S. 108 den Aufbau der Hebräischen Bibel und belegt die herausragende Stellung der Tora.
2. Erläutert das Zitat von Seckel Bamberger und setzt es in Zusammenhang mit dem Talmud und der Halacha.
3. Die Weisungen Gottes und ihre Erfüllung sind in der jüdischen Tradition die Basis für ein gutes Leben.
   - Recherchiert, welche Bereiche die Halacha regelt, und untersucht einen genauer, z. B. die ▸ Speisegesetze.
   - Diskutiert, ob die Gebote auch heute eine Hilfestellung sein können, obwohl sie über 2000 Jahre alt sind.
4. Recherchiert weitere Unterschiede zwischen den Richtungen des Judentums, z. B. in Bezug auf die Tora, Regeln des Gottesdienstes, die Rolle der Frau etc.
5. Beschreibt die Bedeutung der Tora im religiösen Leben.
   - Sammelt Informationen und Bilder zu den im Text genannten Stichwörtern und gestaltet ein Portfolio.
   - Während der Toralesung stehen neben dem Vorleser oder der Vorleserin noch andere Gemeindemitglieder an der *Bima*. Erläutert mithilfe der gesammelten Informationen, was dadurch über die Tora zum Ausdruck kommt.

„Nächstes Jahr in Jerusalem!“

Mit diesem Wunsch beenden Juden traditionell das Pessach-Mahl. Jerusalem – das ist für Juden mehr als nur die Hauptstadt Israels. Jerusalem und das Land Israel insgesamt stehen für die Verheißung Gottes an das Volk Israel, in Freiheit nach Gottes Geboten leben zu können.

Ein besonderes Land, eine besondere Stadt

▸ Israel hat weltweit für viele Juden eine besondere Bedeutung. Es ist der einzige Staat mit mehrheitlich jüdischer Bevölkerung. Viele haben Familie oder Freunde in Israel. Nicht zuletzt liegen wichtige Stätten der jüdischen Religion und Geschichte dort. Viele Jüdinnen und Juden reisen wenigstens einmal im Leben nach Israel und besuchen auch Jerusalem.
Rebekka hat die Reise von ihren Eltern zur ▸ Bat Mizwa geschenkt bekommen. Von unterwegs schickt sie ihrer Freundin Martina Nachrichten.

Hi Martina, heute ist ▸ Schabbat in Jerusalem – alles steht still. 😴 Weil Gott am siebten Tag geruht hat, sollen wir das auch. Busse und Straßenbahnen fahren nicht und nur die Touris sieht man noch auf der Straße. Museen sind auch zu, also werden wir wahrscheinlich einfach nur stundenlang durch die Stadt latschen. … 😅 Irgendwie verbindet der Freitag die Religionen. Der Schabbat beginnt, die Muslime haben das Freitagsgebet und die Christen erinnern an das Leiden von ▸ Jesus. Warte, darf ich am Schabbat überhaupt texten?! 😳

Wir haben heute die Ausgrabungen im ältesten Teil Jerusalems besucht. Nennt sich Davidstadt, weil hier der Palast von König David gestanden haben soll. Sind durch den ältesten Wassertunnel der Stadt gewatet, man fühlt sich wie bei Indiana Jones, aber jetzt müssen wir erst mal unsere Klamotten trocknen … 😂 🤣

Heute waren wir an der Westmauer. Auf Hebräisch sagt man „Kotel“. Die Mauer ist der Rest von der Tempelanlage, die hier auf dem Tempelberg war. Früher standen hier die Tempel Salomos und Herodes' III. Heute stehen auf dem Hügel der Felsendom und die Al-Aksa-Moschee. Juden ist der Zugang zum Tempelberg verboten. Es gibt zwischen Juden und Muslimen leider immer wieder Streit wegen des Tempelbergs und um Jerusalem, der zu Unruhen und Gewaltausbrüchen führt.

An der Mauer beten Männer und Frauen getrennt. Ich hab ein Gebet auf einen Zettel geschrieben und ihn in eine Mauerritze gesteckt. Das macht man so. Alle Ritzen sind vollgestopft mit solchen Zetteln. An einer anderen Stelle der Mauer hat ein Junge seine ▸ Bar Mizwa gefeiert.

Letzter Tag … 😢 Hab mir zum Abschied das Lied „Jerusalem of Gold“ runtergeladen, so was wie die inoffizielle Hymne Israels. Morgen beginnt das ▸ Laubhüttenfest. Das hätte ich gerne noch erlebt … Aber ich freu mich auch, dich wiederzusehen 😘 😊 Rebekka

Jerusalem of Gold

Land der Verheißung

Das Zentrum des jüdischen Glaubens ist Jerusalem. König David eroberte die Stadt und baute einen Altar auf dem späteren Tempelberg (▸2 Sam 24,25). Dort ließ König Salomo den ersten Tempel errichten. Seit biblischer Zeit ist „Zion" der Begriff sowohl für Jerusalem als auch den Tempel und das biblische Land Israel insgesamt.

Nach der Zerstörung des Tempels durch die Römer (70 n. Chr.) und der Vertreibung der Juden aus Judäa (135 n. Chr.), das die Römer danach als Provinz ▸Palästina bezeichneten, begann die sogenannte Diaspora, die Zerstreuung der Juden in „alle Welt". Doch das Andenken an den Tempel und Jerusalem als den Ort der Verheißungen Gottes an das Volk Israel blieb bestehen und wurde identitätsstiftend für den Glauben der Juden. Die Sehnsucht nach dem verheißenen Land Israel ist auch die Sehnsucht nach der Erfüllung der endzeitlichen Erwartung, dass der ▸Messias einst in Jerusalem einziehen und das Volk Israel und alle Völker der Erde erlösen und im Frieden vereinen wird. Der Spruch „Nächstes Jahr in Jerusalem!" bringt dies zum Ausdruck. Dabei ist Jerusalem nicht unbedingt als ein konkreter Ort zu verstehen. Das reale Jerusalem ist sozusagen eine „Dimension" dieses Ortes. In einer zweiten, „spirituellen Dimension" ist es ein perfektes, himmlisches Jerusalem, das für einen „geistigen" Ort des Friedens steht und den Wunsch, die beiden Dimensionen miteinander zu vereinen.

Die Sehnsucht nach dem Zion führte in den Jahrhunderten nach der Vertreibung durch die Römer dazu, dass stetig Juden nach Palästina bzw. Jerusalem zurückkehrten. Im 19. Jahrhundert, als sich in Europa die Nationalstaaten herausbildeten, entstand die Idee des politischen ▸Zionismus, die die religiöse Vorstellung vom Zion mit dem politischen Ziel verband, einen jüdischen Staat als Heimat für alle Juden zu schaffen. Dies führte 1948 zur Gründung des Staates Israel. Seit seiner Gründung wird Israel von arabischen Nachbarstaaten infrage gestellt und bedroht. Dieser Konflikt führt immer wieder zu Gewalt und kriegerischen Auseinandersetzungen in der Region.

▸ *Blick vom Ölberg auf Jerusalem und das Areal des Tempelbergs, auf dem bis 70 n. Chr. der zweite Tempel stand. In Erwartung des Messias, der den Tempel wieder errichten soll, lassen sich viele Juden auf dem Friedhof an den Hängen des Ölbergs bestatten.*

» *Dir und deinen Nachkommen nach dir gebe ich das Land, in dem du als Fremder weilst, das ganze Land Kanaan zum ewigen Besitz und ich werde für sie Gott sein.* « Gen 17,8

1 Recherchiert zu den Orten, Namen und Ereignissen, die Rebekka in ihren Nachrichten aus dem Israel-Urlaub erwähnt. Sammelt Fotos und Informationen und gestaltet ein Länderporträt über Israel.
2 Die Verheißung Gottes an Abraham in ▸Gen 12,1–4 zieht sich wie ein roter Faden durch die Hebräische Bibel. Untersucht beispielhaft die Bibelstellen ▸Dtn 34,1–6, Jos 11,23 und Ps 137, inwiefern dies darin zum Ausdruck kommt.
3 Stellt den Zusammenhang von Jerusalem mit den Festen ▸Pessach, ▸Schawuot und ▸Sukkot dar.
4 Interpretiert mithilfe der Doppelseite den Satz: *„Das Judentum ist die Seele, deren Körper Israel ist."* Bedenkt dabei, dass Israel heute eine Art Doppelrolle als Staat einerseits und religiöses Zentrum andererseits hat. Ordnet verschiedene Interpretationsmöglichkeiten den unterschiedlichen Richtungen im Judentum (▸S. 109) zu.

Beten mit allen Sinnen

Im Gebet erinnern sich Menschen an die Gegenwart Gottes in ihrem Leben. Doch das Gebet ist nicht nur etwas Geistliches, sondern auch eine sinnliche Erfahrung.

Beten heißt im Judentum nicht, etwas *von Gott* zu erbitten. Beten bedeutet zunächst, *sich selbst*, seine Erwartungen und Wünsche zu hinterfragen und Gott auf diese Weise näherzukommen. Gebetsrituale und Ritualgegenstände sind auf dieses Ziel hin ausgerichtet.

▲ *Beim gemeinsamen Gebet in der ▸ Synagoge und beim individuellen Morgengebet legt sich der Betende ein großes Tuch (Gebetsmantel, hebr.: Tallit) um. An den Ecken des Tuches befinden sich lange Fäden, die sogenannten Schaufäden (Zizit). Sie sollen den Betenden an die Gebote Gottes erinnern. Im orthodoxen Judentum legen Männer und Jungen ab der ▸ Bar Mizwa den Tallit an. Im liberalen Judentum dürfen auch Frauen und Mädchen ab der ▸ Bat Mizwa den Tallit tragen. Als Symbol für das gemeinsame Heim kann der Tallit bei Hochzeiten auch als Baldachin (Chuppa) dienen, unter dem das Brautpaar während der Zeremonie steht.*

▲ *Ein Mann beim Anlegen der Gebetsriemen (Tefillin). In zwei Kapseln befinden sich kleine Pergamentstücke, auf die Verse aus dem 2. und 5. Buch Mose geschrieben sind. Die Kapseln werden mit Lederriemen befestigt. Eine wird an der Stirn, die zweite am linken Oberarm angelegt. Die Lederriemen werden nur an Wochentagen getragen, nicht am Schabbat und an Feiertagen.*

▲ *Die Mesusa ist eine Kapsel, die am Eingang eines jüdischen Haushaltes am Türstock angebracht ist. Sie enthält ebenfalls ein Stück Pergament mit einem Vers aus der ▸ Tora. Beim Betreten und Verlassen berührt man die Mesusa mit der Hand.*

1 Welche Gegenstände oder Symbole kennt ihr, die den Übergang von einem Raum oder einem Zustand in einen andern markieren? Sammelt solche Gegenstände und deren Bedeutung in einer Tabelle.

2 Das Bild links zeigt eine Mesusa. Informiert euch, z. B. im Lexikon, über die Mesusa. Wo erkennt ihr Verbindungen zu den anderen Zeichen und Symbolen (vgl. Aufgabe 1)? Stellt Vermutungen über den Sinn einer Mesusa an.

3 Der Text, der sich in einer Kapsel der Tefillin und in der Mesusa befindet, ist ▸ Dtn 6,4–9, der euch in diesem Kapitel bereits begegnet ist (▸ S. 103). Schließt aus der Bedeutung der Textstelle auf die Bedeutung der Ritualgegenstände: Mesusa, Tallit und Tefillin.

4 Auch in anderen Religionen und Kulturen gibt es Ritualgegenstände: spezielle Kleidung, besonderer Schmuck, Symbole im Haus oder für bestimmte Orte etc.
- Untersucht die verschiedenen Gegenstände mit der Methode von ▸ S. 113 und entdeckt deren Bedeutung.
- Vergleicht Gegenstände mit ähnlicher Bedeutung.

So geht's

Religiöse Gegenstände verstehen und deuten

In Religionen spielen häufig Gegenstände eine Rolle, durch die abstrakte Glaubensaussagen konkret und sinnlich erfahrbar werden. Sie geben einer religiösen Handlung oder einer religiösen Erfahrung sichtbar und greifbar Ausdruck. Der Tallit und die Tefillin der Juden (▸ S. 112) sind Beispiele dafür.

1 Sich einstimmen

Religiöse Gegenstände können auch als Andenken an Gott gesehen werden. Was macht einen Gegenstand zu einem Andenken?

- Überlegt hierzu, welche Andenken ihr zu Hause habt oder welche ihr sogar bei euch tragt.
- Tauscht euch in Zweiergruppen darüber aus und arbeitet gemeinsam heraus, was einen Gegenstand zu einem Andenken macht. Grenzt das Andenken dabei von anderen Formen des Erinnerns ab, z. B. von einem Denkmal.
- Fasst eure Ergebnisse in einer kurzen Definition zusammen.

2 Genaues Beobachten

Am besten und eindrücklichsten ist es, wenn ihr mit echten Gegenständen arbeiten könnt. Vielleicht hat jemand von euch einen oder mehrere davon zu Hause und kann sie mitbringen. Prüft auch die Möglichkeit, z. B. bei Gemeinden oder Institutionen Gegenstände auszuleihen. Falls dies alles nicht möglich ist, könnt ihr mit Abbildungen der Gegenstände arbeiten.

- Betrachtet die Gegenstände bzw. die Bilder der Gegenstände. Ihr könnt sie im Kreis herumreichen. Geht mit den Gegenständen vorsichtig, sorgfältig und mit Achtung um. Für euch mögen sie keine besondere Bedeutung haben, aber für die Besitzerinnen oder Besitzer sind sie möglicherweise wertvoll!
- Bildet Kleingruppen und teilt euch eure Beobachtungen mit. Ihr könnt euch z. B. fragen:
  - Welche Form und Gestalt hat der Gegenstand?
  - Aus welchem Material besteht er?
  - Wie fühlt er sich an und wie schwer ist er?
  - Welchen Eindruck macht er auf mich?
  - …

  Reihum trägt jede und jeder eine neue Beobachtung bei. Wie viele Runden schafft ihr?
- Stellt Vermutungen an über den Gebrauch der Gegenstände, die Art ihrer Handhabung und ihre Funktion.

3 Bedeutung im religiösen Alltag erschließen

Ordnet nun die Gegenstände in den Bedeutungszusammenhang der jeweiligen Religion und der religiösen Handlungen ein.

- Informiert euch über den Gebrauch und den Sinn des Gegenstandes. Überlegt, wie der Gebrauch des Gegenstands die zugehörige religiöse Handlung beeinflussen, z. B. vertiefen könnte.
- *Beispiel:* Ihr findet die Anweisungen zum Anlegen von Tallit und Tefillin (Fotos ▸ S. 112) in ▸ Ex 13,1–10; Num 15,37–41 und Dtn 11,13–21. Hier wird auch die bis heute andauernde Praxis des Anlegens begründet. Ihr könnt die entsprechenden Bibeltexte in der Gruppe oder in Einzelarbeit lesen.
- Arbeitet heraus, wie die Gegenstände bzw. der Umgang mit den Gegenständen beschrieben und begründet wird. Entnehmt eure Antworten möglichst aus den Quellen, die ihr nutzt, z. B. aus den Bibeltexten.

4 Was hat das mit mir zu tun?

Reflektiert eure Erkenntnisse und denkt weiter:

- Was fasziniert euch? Welche Fragen zu den Gegenständen oder deren Gebrauch sind offengeblieben?
- Gibt es in anderen Religionen vergleichbare Dinge?
- Diskutiert: Können religiöse Gegenstände, unabhängig von einem göttlichen Gebot, zum Ausdruck der Persönlichkeit der bzw. des Gläubigen werden?
- Reflektiere für dich: Aus welchen Formen der Erinnerung schöpfst du, wenn du über dein Leben nachdenkst? Welche Erinnerungen oder Gewohnheiten sind untrennbar mit deiner Identität verbunden?

Alles hat seine Zeit

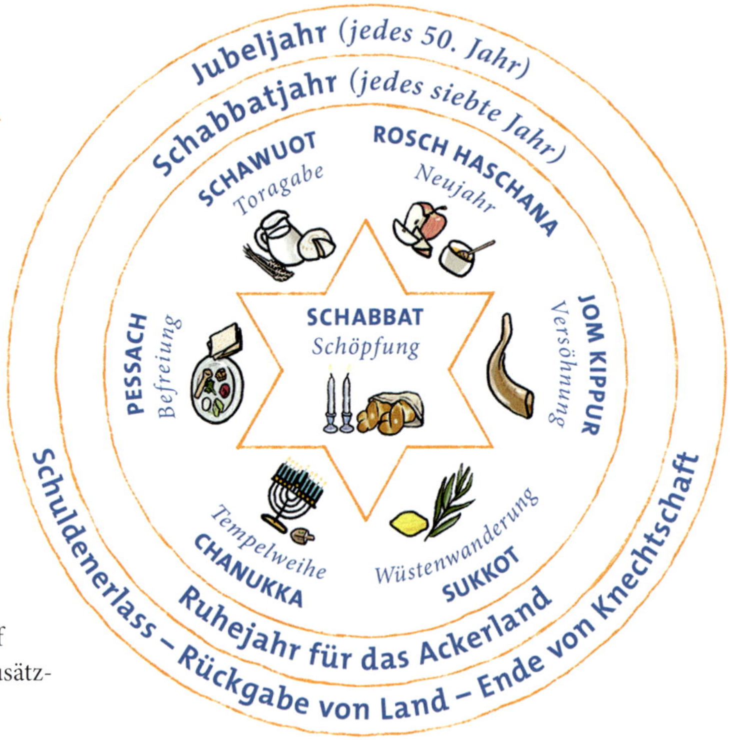

Dem jüdischen Kalender liegt ein lineares Zeitverständnis zugrunde. Danach ist die Welt von der Schöpfung an auf ein bestimmtes Ziel hin geschaffen. Die Zeit spiegelt somit die göttliche Schöpfungsordnung wider.

Die jüdische Zeitrechnung beginnt mit der Erschaffung der Welt, die gemäß der ▸ Tora auf das Jahr 3761 vor unserer Zeitrechnung datiert wird. Daher ist der jüdische Kalender dem gregorianischen um 3760 Jahre voraus. Die Jahre werden nach der Sonne berechnet. Die zwölf Monate richten sich aber nach dem Mond. Ein Mondmonat hat nur 29 oder 30 Tage. Das Mondjahr ist also um elf Tage kürzer als das Sonnenjahr. Damit sich die Festtage im Jahreslauf nicht verschieben, wird etwa alle drei Jahre ein zusätzlicher Monat eingefügt.

Schabbat – sich an die Schöpfung erinnern

Laut der Tora erschuf Gott die Welt an sechs Tagen und ruhte am siebten Tag. Davon abgeleitet gliedert sich die Woche in sechs Arbeitstage und einen Ruhetag, den ▸ Schabbat. Dieser ist der Höhepunkt der Woche und gleichzeitig bestimmend für den Lebensrhythmus im Judentum. Er beginnt, wie jeder Tag im jüdischen Kalender, am Vorabend. Verschiedene Gebote, Rituale und Traditionen betonen die Heiligkeit dieses Tages.

Feste im Lebenslauf

Neben den Festen im jüdischen Jahreskreis gibt es Feste, die wichtige Stationen im Leben markieren:
Am achten Tag nach der Geburt findet die **Beschneidung** eines männlichen Säuglings statt. Sie ist ein Gebot (▸ Gen 17,19) und ein Zeichen für den Bund mit Gott. Nach der Beschneidung erhält das Kind seinen Namen. Der Name von Mädchen wird am ersten Schabbat nach der Geburt in der ▸ Synagoge bekannt gegeben. Die **Bar Mizwa** im Alter von 13 Jahren bedeutet für Jungen den Übergang vom Kind zum Erwachsenen. Von da ab gelten sie als religiös mündig. Im liberalen Judentum feiern Mädchen mit zwölf Jahren die ▸ Bat Mizwa. Die Familie ist im Judentum ein hohes Gut und die Ehe ist ihre Grundlage. Daher ist die **Hochzeit** ein weiteres wichtiges Fest im Leben. Die Zeremonie wird meist von einem ▸ Rabbiner oder Rechtsgelehrten durchgeführt. Braut und Bräutigam schließen traditionell einen Ehevertrag, der die Pflichten des Mannes benennt und die Ansprüche der Frau, z. B. bei einer Scheidung, regelt.

» *Man kann das jüdische Ritual als die Kunst charakterisieren, der Zeit gültige Formen zu geben, als Architektur der Zeit. Seine meisten Begehungen – der Schabbat, der Neumond, die Festzeiten, das Schabbatjahr und das Jubeljahr – hängen an einer bestimmten Stunde des Tages oder der Jahreszeit. So bringt zum Beispiel der Abend, der Morgen oder der Nachmittag die Aufforderung zum Gebet mit sich. Die Grundtatsachen des Glaubens liegen im Bereich der Zeit. Wir gedenken an den Tag des Auszugs aus Ägypten, an den Tag, als Israel am Sinai stand, und unsere messianische Hoffnung ist die Erwartung eines Tages, des Endes der Tage.* « *Abraham Jehuda Heschel*

Die Feste

Die wichtigsten Feste im jüdischen Festkreis sind die Hohen Feiertage Rosch Ha-Schana und ▸ Jom Kippur und die Wallfahrtsfeste ▸ Pessach, ▸ Schawuot und ▸ Sukkot. Diese sind in der Tora festgelegt. Die Wallfahrtsfeste, die bestimmten Erntezeiten zugeordnet sind, haben zudem einen Bezug zur Geschichte des Volkes ▸ Israel und dienen der Erinnerung an bedeutende Stationen. Daneben gibt es zwei weitere Feste, die auf überlieferte geschichtliche Begebenheiten zurückgehen: ▸ Chanukka und ▸ Purim.

▲ *Glückwunschkarte zu Rosch Ha-Schana mit traditionellen Symbolen und dem Schofar*

Rosch Ha-Schana – Das Leben wählen

Der religiöse Jahreskreis des Judentums beginnt mit Pessach, im Kalenderjahr ist jedoch Rosch Ha-Schana („Kopf des Jahres") das Neujahrsfest. An Rosch Ha-Schana wird die Erschaffung der Welt gefeiert, in erster Linie ist der Feiertag aber ein Tag der Erinnerung daran, dass Gott Richter über den Menschen ist. In dem Gebet *Unetane tokef*, das an Rosch Ha-Schana und auch an Jom Kippur gesprochen wird, heißt es: „*Das ist der Tag des Gerichts. Wie der Hirt seine Herde prüft, (…) so prüfst Du die Seele alles Lebenden, bestimmst die Grenze jedem Geschöpf und schreibst ihr Urteil. Am Neujahrestag werden sie eingeschrieben und am Tag der Versöhnung besiegelt, (…) wer leben soll und wer sterben, (…) wer Ruhe haben wird und wer Unruhe, (…) wer reich und wer arm sein soll. Doch Umkehr zu Gott, Gebet und Wohltätigkeit wenden das böse Verhängnis ab!*"
Der durchdringende Ton des Schofarhorns, das im Morgengottesdienst geblasen wird, ermahnt die Menschen, sich auf die Gebote Gottes zu besinnen und umzukehren. Mit Rosch Ha-Schana beginnt eine zehntägige Zeit der Reue und Buße bis Jom Kippur. Man legt innerlich Rechenschaft ab für das vergangene Jahr, erkennt und bereut seine Fehler, entschuldigt sich bei seinen Mitmenschen und nimmt sich vor, im neuen Jahr besser zu handeln.
Wer Gottes Prüfung besteht, wird von Gott in das „Buch des Lebens" eingeschrieben. Ein traditioneller Neujahrsgruß lautet: „*Mögest du für ein gutes neues Jahr eingetragen und besiegelt werden.*" In der Feier des Neujahrstages liegt also auch Hoffnung für das neue Jahr. Dies wird auch in den anderen Neujahrsbräuchen deutlich: In Honig getauchte Apfelspalten wünschen ein „süßes neues Jahr", ein Granatapfel erinnert an die Gebote der Tora und mahnt zu guten Taten (▸ S. 108) und ein Fischkopf ist ein Symbol für Fülle und Fruchtbarkeit.

---

1 Beschreibt den jüdischen Jahreskreis.
- Informiert euch arbeitsteilig über die in der Illustration genannten Feste und Traditionen und fertigt jeweils eine kurze Präsentation eurer Ergebnisse an.
- Erläutert, wie die Feste mit der Geschichte des biblischen Volkes Israel zusammenhängen.
- Erklärt die Bedeutung des Schabbats und ordnet ihn in den Jahreslauf ein. Recherchiert dafür auch, wie gläubige Juden den Schabbat gestalten. Ihr könnt zudem die Illustration und den Lexikonartikel zu Hilfe nehmen.

2 Setzt den Jahreskreis mit dem Zeitverständnis im Judentum in Beziehung und erläutert in diesem Zusammenhang, was Abraham Jehuda Heschel mit „Architektur der Zeit" ausdrücken will.

3 Vergleicht Rosch Ha-Schana und die damit verbundenen Bräuche mit dem Neujahrsfest und -bräuchen, die ihr kennt, und benennt Gemeinsamkeiten und Unterschiede.

4 Hilfsorganisationen, die einen Schuldenerlass für Entwicklungsländer fordern, beziehen sich oft auf das biblische Jubeljahr. Diskutiert die Idee des Jubeljahres.

Jesus – Jude und Mitte des Christentums

In den Evangelien wird deutlich, dass Jesus ein gläubiger Jude war. Das Christentum ist also verwurzelt im Judentum. Doch Jesus und sein Wirken werden von Juden und Christen sehr unterschiedlich beurteilt.

▲ *Der Maler Maurycy Gottlieb (1856–1879) stammte aus der Provinz Galizien, die im 19. Jahrhundert zum Kaiserreich Österreich gehörte und heute in Polen und in der Ukraine liegt. Dort war der jüdische Bevölkerungsanteil in vielen Ortschaften groß und das Leben stark vom Glauben geprägt. Das unvollendete Gemälde von 1879 zeigt, wie Jesus in der ▸Synagoge von Kafarnaum zu den versammelten Menschen spricht (▸ Mk 1,21–22).*

Perspektiven auf Jesus

Wer war ▸Jesus und was wollte er? Die Texte, die für eine Beantwortung der Frage zur Verfügung stehen, sind mit einer theologischen Aussageabsicht und nicht mit dem Anspruch der historischen Genauigkeit entstanden. Ein unvoreingenommener Zugang zu Jesus ist daher schwierig oder sogar unmöglich. Je nach Perspektive fallen die Antworten unterschiedlich aus. Für Christinnen und Christen ist Jesus Christus nicht nur der ▸Messias, sondern auch der Sohn Gottes. Dieser Glaube gründet auf den Evangelien, die an vielen Stellen eine Vater-Sohn-Beziehung Jesu zu Gott erkennen lassen (vgl. z. B. ▸ Mk 1,11; Mk 9,7). Jüdinnen und Juden dagegen lehnen diese Auffassung ab. Sie sehen in Jesus weder den erwarteten Messias noch den Sohn Gottes. Ein trinitarischer Gottesglaube widerspricht ihrem monotheistischen Gottesverständnis.

Konflikte um die Bedeutung Jesu

Nach Jesu Tod gab es Konflikte zwischen der Gruppe der Juden, die Anhänger Jesu waren, und anderen Juden. Dies geht z. B. aus der Apostelgeschichte hervor (▸ Apg 6,8–15; Apg 7,54–60). Auch innerhalb der Anhängerschaft Jesu gab es von Anfang an Differenzen in der Frage, ob die Einhaltung der Gebote der ▸Tora, v. a. des Gebots der Beschneidung, Voraussetzung für das Bekenntnis zu Jesus sein sollte (▸ Apg 15; Gal 2,1–10). Die Ältesten der Jerusalemer Urgemeinde entschieden 48 n. Chr., dass dies nicht notwendig war.

Ein Spektrum von Antworten

›› Juden erkennen Jesus nicht als den Messias an, denn:

1. *Jesus erfüllt nicht die messianischen Prophezeiungen.*
2. *Jesus verkörpert nicht, wie der Messias sein soll.*
3. *Bibelstellen (TaNaCh), die auf Jesus „hinweisen", sind falsche Übersetzungen.*
4. *Der jüdische Glaube gründet sich auf die Offenbarung an das Volk Israel. ‹‹* Rabbi Shraga Simmons

›› Jesus war kein Christ, er war Jude. ‹‹

Julius Wellhausen, protestantischer Theologe, 1844–1918

›› Das Besondere freilich ist, dass der eine Gott nach dem Erscheinen Jesu von Nazaret nicht mehr anders sichtbar wird und nicht mehr anders wahrgenommen werden kann als im Zusammenhang mit ihm und dem Heiligen Geist. Gott bleibt der eine Gott, handelt und zeigt sich aber in Jesus und im Geist. Es ist wichtig, die Dreifaltigkeit vom Geheimnis Gottes des Vaters her zu denken, nicht als ein raffiniertes Personalgefüge. ‹‹

Bertram Stubenrauch, katholischer Theologe

›› Ich kann sie [die Antwort auf die Frage „Wer ist Jesus"] nicht leisten, weil Jesus, dem ich mich nah und in manchem verbunden fühle, für mich eben nicht, wie für Sie der Messias ist; weil ich an einen bereits, vor so und so vielen Jahren, gekommenen Messias überhaupt nicht zu glauben vermag; weil ich die Unerlöstheit der Welt allzu tief spüre, um mich mit der Vorstellung einer vollzogenen Erlösung … abfinden zu können … Sie sagen „Jesus von Nazareth ist die Hilfe in aller Not"; das geht mir gegen meinen Glauben, der dahin geht, dass Gott die Hilfe in aller Not ist und keiner außer ihm. Dies aber ist auch, dessen bin ich gewiss, der Glaube Jesu selber gewesen. Ich glaube nicht an Jesus, aber ich glaube mit ihm. ‹‹

Martin Buber, Philosoph (1878–1965)

›› Unterschwellige und offene antijüdische Tendenzen dürfen für die christliche Identitätsbindung und Lehre heute keine Rolle mehr spielen. Die Aufgabe der christlichen Theologen wird es sein, eine Christologie zu schaffen, die ohne eine Karikatur des Judentums auskommt. ‹‹

Walter Homolka, jüdischer Theologe

---

1 Untersucht die folgenden Bibelstellen auf Aussagen, die zeigen, dass Jesus Jude war: ▸ Mk 1,21; Mk 12,28–34; Lk 2,22–27; Lk 2,41–47.

2 Betrachtet das Bild von Maurycy Gottlieb und beschreibt, welche Elemente der jüdischen Religion zu sehen sind.
- Vergleicht die Figur Jesu mit Darstellungen von Jesus aus der christlichen Kunst (▸ Kapitel 2). Benennt Gemeinsamkeiten und Unterschiede.
- Untersucht, welche Haltung zu Jesus in der Art der Darstellung zum Ausdruck kommen könnte.
- Der Maler wollte mit seinem Bild sowohl Juden als auch Christen erreichen. Diskutiert, ob das Werk der Versöhnung zwischen Juden und Christen dienen kann.

3 Lest ▸ Mt 5,17–20 und stellt dar, wie Jesus sich zur Tora positioniert. Arbeitet heraus, wie er sich gegenüber den religiösen Autoritäten verhält, und erläutert, inwiefern sein Anspruch aus jüdischer Perspektive problematisch ist.

4 Die Zitate auf dieser Seite enthalten Aussagen über Jesus aus christlicher und jüdischer Perspektive.
- Ordnet sie auf einer Skala zwischen „Abgrenzung" und „Dialog" an.
- Stellt dar, welche unterschiedlichen Erwartungen darin an den Begriff „Messias" geknüpft sind.
- Formuliert aus jüdischer Sicht die Einwände gegen die christliche Vorstellung eines trinitarischen Gottes.
- Walter Homolka fordert, dass die Christen die Lehre über die Person Jesus und seine Bedeutung (Christologie) „überarbeiten". Erklärt, worin die „Karikatur" (Verzerrung) des Judentums besteht, die Homolka beklagt.

5 Arbeitet aus den im Text genannten Stellen der Apostelgeschichte heraus, worin die Konflikte zwischen den Anhängern Jesu und den anderen Juden bestanden. Diskutiert, welche „Langzeitwirkung" im Hinblick auf das Verhältnis von Juden und Christen diese Differenzen und Konflikte entfaltet haben.

Eine Geschichte mit Höhen und Tiefen

Ein Edikt des Kaisers Konstantin aus dem Jahr 321 n. Chr. ist der erste Beleg für jüdisches Leben im deutschsprachigen Raum. Lange waren Juden als Minderheit in einer christlich geprägten Umgebung nur geduldet. Doch Juden und Christen verbindet eine gemeinsame, wechselvolle Geschichte mit Phasen der Sicherheit und kulturellen Blüte und Phasen der Verleumdung und Verfolgung.

Jüdische Gemeinden im Mittelalter

Die ersten jüdischen Gemeinden gab es in Köln, Mainz, Speyer und Worms. Doch auch auf dem Gebiet des heutigen Bayerns sind für das frühe Mittelalter jüdische Ansiedlungen nachgewiesen. In Regensburg wurde bereits im 11. Jahrhundert eine ▸ Synagoge im gotischen Stil errichtet. Für Augsburg belegen Quellen aus dem 13. Jahrhundert z. B. ein jüdisches Gemeindehaus und die Existenz verschiedener Berufsgruppen wie Apotheker, Arzt und Gastwirt. Auch Würzburg und Nürnberg hatten bedeutende jüdische Gemeinden aufzuweisen. Die jüdischen Familien bewohnten meist Häuser in der Nähe der Synagoge, doch Juden und Christen lebten oft in direkter Nachbarschaft zusammen und begegneten sich im täglichen Leben. Die jüdischen Gemeinden verfügten über eine gewisse Autonomie. In inneren Angelegenheiten und religiösen Fragen konnten sie selbstständig entscheiden und Recht sprechen. Der Gemeindevorstand *(Parnas)* vertrat die Gemeinde gegenüber der Obrigkeit. Doch im Lauf der Zeit veränderte sich die Lage für die jüdischen Gemeinden. Maßnahmen wie die Errichtung von jüdischen Wohnvierteln sonderten die jüdische Bevölkerung immer weiter von der christlichen ab und förderten (gegenseitiges) Misstrauen und Ablehnung.

◂ *Siegel der jüdischen Gemeinde in Augsburg. Es zeigt den Reichsadler, über dem ein sogenannter „Judenhut" steht.*

Berufswahl

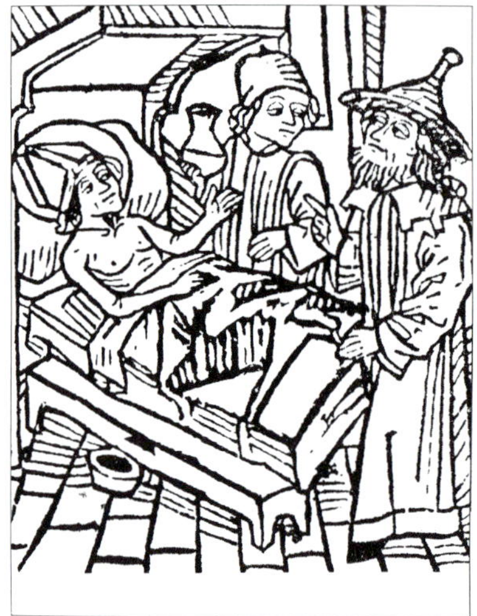

▴ *Ein jüdischer Arzt und sein Patient, 1487*

Neben den Berufen, die sich aus dem jüdischen Gemeindeleben ergaben, z. B. ▸ Rabbiner oder Synagogendiener, übten Juden verschiedenste Berufe aus. Die zunehmende Regulierung der Arbeitswelt durch Zünfte und Gilden, aus denen die Juden ausgeschlossen wurden, führte jedoch zu ihrer Verdrängung aus vielen Wirtschaftszweigen. Seitdem waren sie weitgehend beschränkt auf den Handel, z. B. als Viehhändler und Hausierer, und das Finanzwesen.

Verfolgung, Vertreibung und Pogrome

Die meisten Christen betrachteten Juden mit Argwohn und Misstrauen. Verleumdungen und Gerüchte, z. B. von den Juden als „Christusmörder" und von „Hostienschändungen", schürten antijüdische Vorurteile und Hass. Die Kirche befeuerte dies, indem sie Juden zu Ketzern erklärte und öffentliche ▸ Talmud-Verbrennungen durchführte. Die Juden lebten in ständiger Unsicherheit. Der Schutz, den ihnen eine Stadt oder ein Landesherr – gegen Zahlung von hohen Abgaben – gewährte, konnte aus politischen oder wirtschaftlichen Gründen schnell entzogen werden. Immer wieder entlud sich der Hass in grausamen ▸ Pogromen: **1198:** Kreuzfahrer überfallen auf dem Weg ins Heilige Land Gemeinden am Rhein. **1298:** Beim „Rintfleischpogrom" werden in Franken Tausende Juden ermordet. **1348–51:** Der Ausbruch der Pest wird den Juden angelastet. **1519:** Die Regensburger vertreiben alle Juden, zerstören deren Wohnviertel und errichten anstelle der Synagoge eine Kirche.

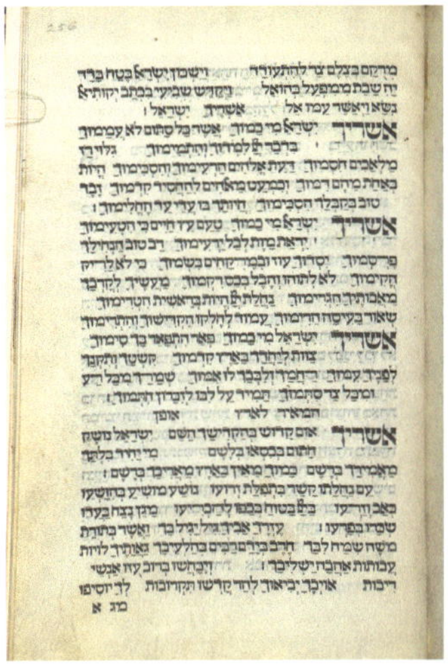

▸ Seite eines 1536 in Augsburg gedruckten Gebetbuches (Machsor)

Neuzeit

Ein Teil der Juden, die im späten Mittelalter vertrieben wurden, wanderte nach Osteuropa aus. Andere konnten sich gegen Bezahlung von Zwangsabgaben in Nachbarterritorien oder in der Nähe von Städten niederlassen. Hier entstand das sogenannte Landjudentum, das bis ins 19. Jahrhundert hinein bestand. Die Erfindung des Buchdrucks Mitte des 15. Jahrhunderts förderte auch die Produktion und Verbreitung jüdischer Literatur. Da es Juden nicht erlaubt war, eine Druckwerkstatt zu führen, zogen jüdische Drucker mit den hebräischen Lettern im Gepäck von Ort zu Ort, um in den Werkstätten der christlichen Drucker z. B. Talmud-Kommentare oder andere Werke zu drucken.

» *Durch dieses Gesetz ... bestimmen wir, dass kein Jude zu Ämtern und Würden aufsteigen soll.* «
Konzil von Meaux und Paris, 846

» *... bestimmen wir, dass Juden ... in jedem christlichen Land und zu jeder Zeit durch ihre Kleidung öffentlich sich von den anderen Leuten unterscheiden sollen.* « *Laterankonzil, 1215*

» *Der Teufel treibet [die Juden] zu allerley Lügen und Lesterung.* «
Martin Luther, 1543

▲ Allegorische Darstellung von Christentum und Judentum als „Ecclesia und Synagoge", an der Fassade der Liebfrauenkirche in Trier, 13. Jh.

Aufklärung

Im Salon von Henriette Herz trafen sich jüdische und christliche Philosophen der ▸ Aufklärung, Literaten und Künstler zum Gedankenaustausch. Der bedeutendste Vertreter der jüdischen Aufklärung *(Haskala)* ist Moses Mendelssohn. Er forderte, die Juden sollten sich gegenüber der Gesellschaft öffnen, obwohl sie nach wie vor rechtlich nicht gleichgestellt waren. Nur im Einzelfall genossen Juden Privilegien, die ihnen von Fürsten für besondere Dienste gewährt wurden.

▲ Moses Mendelssohn war Vorbild für die Figur des Nathan in Gotthold E. Lessings Drama „Nathan, der Weise".

» *Und noch itzt kann dem Hause Jakobs kein weiserer Rat erteilt werden als eben dieser. Schicket euch in die Sitten und in die Verfassung des Landes, in welches ihr versetzt seid; aber haltet auch standhaft bei der Religion eurer Väter.* « *Moses Mendelssohn*

1 Erforscht die Geschichte des Judentums im deutschsprachigen Raum. Die Texte und Bilder auf ▸ S. 118–120 geben euch erste Anhaltspunkte für eure weiteren Recherchen.
- Wählt eine Epoche und untersucht z. B. die Lebensbedingungen für Juden, bedeutende Ereignisse, jüdische Persönlichkeiten etc. der jeweiligen Zeit. Stellt auch das Verhältnis von Judentum und Christentum dar. Arbeitet in Gruppen und präsentiert eure Ergebnisse.
- Ihr könnt auch ein Thema im Längsschnitt untersuchen, z. B. die Entstehung und Wirkung der *Haskala*.

2 In der Darstellung „Ecclesia und Synagoge" wird die mittelalterliche Sicht der Christen auf das Judentum deutlich.
- Beschreibt und deutet die Figuren im Bild links und erläutert anschließend die Haltung der Kirche damals.
- Bringt die Zitate links damit in Zusammenhang und stellt die Rolle der Kirche bei der Verfolgung der Juden dar.

Katastrophe und Neubeginn

Emanzipation und Akkulturation

Eine Folge der ▸ Aufklärung war die „Konfessionalisierung" des Judentums in Reformjudentum und Orthodoxie. Abraham Geiger war ein wichtiger Vordenker des liberalen Judentums. Zudem hatten Juden zunehmend Anteil an der bürgerlichen Gesellschaft – meist jedoch um den Preis des Übertritts zum Christentum. Heinrich Heine oder Fanny Hensel sind Beispiele dafür. 1812 trat in Preußen das „Emanzipations-Edikt" in Kraft. Es markiert den Beginn des langen Prozesses der rechtlichen Gleichstellung der Juden. Jüdinnen und Juden leisteten einen wichtigen Beitrag zur Entwicklung der modernen Wissenschaften und Kultur, doch noch Ende des 19. Jahrhunderts konnte ein Jude weder Beamter noch Offizier oder Professor einer Universität werden. Erst die Verfassung von 1918 schaffte die umfassende Gleichstellung. Durch die Niederlage im Ersten Weltkrieg und die folgenden Krisen erstarkte in den Jahren der Weimarer Republik der ▸ Antisemitismus wieder.

Nationalsozialismus und Shoa

Nach der Machtergreifung der Nationalsozialisten verschlechterte sich die Lage der Juden in Deutschland rapide. Die „Nürnberger Gesetze" machten sie zu Menschen „zweiter Klasse". Die antisemitische NS-Politik hatte die Auslöschung der jüdischen Kultur zum Ziel und gipfelte in der Shoa, der Ermordung von 6 Millionen europäischer Juden.

▲ *Während der ▸ Pogrome in der Nacht vom 9. auf den 10.11.1938 wurde die Münchener Synagoge Ohel Jakob von der SA verwüstet und in Brand gesetzt.*

Die Kirche verhielt sich angesichts des Leids der Juden zögerlich. Obwohl viele Katholiken das NS-System ablehnten, leisteten nur sehr wenige offen Widerstand oder halfen ihren jüdischen Mitmenschen (▸ S. 86). Papst Pius XII. zögerte, sich deutlich gegen die Verfolgung und Ermordung der Juden auszusprechen.

» *Doch dürfen wir nicht darüber hinwegsehen, dass viele Christen mit dem nationalsozialistischen Regime kollaboriert, zur Verfolgung der Juden geschwiegen oder ihr sogar Vorschub geleistet haben. Auch Verantwortliche und Repräsentanten der Kirchen standen oft mit dem Rücken zu den Opfern. Es besteht kein Zweifel: Zu dieser Schuldgeschichte müssen sich die Kirchen in Deutschland bekennen.* «

Erklärung von DBK und EKD zum 75. Jahrestag der Befreiung des Konzentrationslagers Auschwitz, 2020

Neuanfang

Nach 1945 lebten von ca. 570 000 deutschen Juden (1930) noch etwa 25 000. Hinzu kamen die Überlebenden der KZ in Lagern für „*displaced persons*". Die meisten wanderten in die USA oder nach ▸ Palästina bzw. nach ▸ Israel aus. Manche blieben in Deutschland und gründeten neue Gemeinden. 1980 lebten ca. 25 000 Juden in Deutschland. Durch Zuwanderung aus der ehemaligen Sowjetunion in den 1990er-Jahren stieg ihre Zahl wieder auf ca. 200 000. Dies führte zu einem Aufschwung der Gemeinden und des Gemeindelebens. Auch die Bildung unterschiedlicher religiöser Strömungen wurde gefördert.

Jüdisches Leben heute

Heute sind Juden wieder in Deutschland zu Hause (▸ S. 107). Doch in den letzten Jahren nimmt die Zahl antisemitischer Vorfälle zu. So sehen sich Jüdinnen und Juden wieder verbalen oder gewalttätigen Angriffen ausgesetzt. Antisemitische Einstellungen und Denkmuster sind durchaus kein Randphänomen, sondern mehr oder weniger latent in verschiedenen gesellschaftlichen Zusammenhängen verbreitet. Oft verbirgt sich antisemitisches Denken auch hinter Kritik an Israel im Zusammenhang mit dem Nahostkonflikt.

▴ *Neben den 13 ▸ Einheitsgemeinden gibt es in Bamberg und München zwei liberale Gemeinden. In Bayern leben ca. 18 000 Jüdinnen und Juden. Doch nicht alle gehören zu einer Gemeinde, weil sie z. B. nicht religiös oder sogenannte ▸ „Vaterjuden" sind.*

» *Meine Oma ließ mir von einem jüdischen Silberschmied einen Ring anfertigen, als ich von zu Hause auszog, um mein Studium zu beginnen. (…) In den Ring ist der letzte Vers meines liebsten Gebets Adon Olam (dt. Herr der Welt) eingraviert: ‚Der Ewige ist mit mir, darum fürchte ich mich nicht.' Meine Oma hat mir diesen Silberring zusammen mit einer kleinen Dose Pfefferspray übergeben und diese Kombination in ihrer pragmatischen Art augenzwinkernd begründet: ‚Nu, eines von beiden wird dich schon beschützen!' Und damit sollte sie recht behalten.* « *Levi Israel Ufferfilge, Rabbineranwärter, Münster*

» *Ich bin es leid, dass das Judentum nur mit Negativität und Antisemitismus assoziiert wird. Judentum ist für mich unfassbar viel mehr: Judentum ist Familie, Kultur, Feste, Feiertage, gutes Essen und eine gute Gesellschaft – das pure Leben und eine fröhliche und lebensfrohe Religion. Trotzdem wird man meistens nur zu Antisemitismus befragt und das finde ich echt schade.* «
Lena Prytula, Studentin aus Nürnberg

1 Zeigt anhand der Biografien der im Text genannten Personen, welche Veränderungen, Chancen und Herausforderungen das „lange 19. Jahrhundert" für Juden beinhaltete.
2 Die Gräueltaten des ▸ Nationalsozialismus bedeuteten das jähe Ende der Gleichberechtigung der Juden.
   - Erstellt ein Faktenblatt über die „Stufen" der Ausgrenzung und Verfolgung der Juden im NS-Regime.
   - Der ▸ Shoa-Überlebende Elie Wiesel sagte, in Auschwitz sei *„nicht das jüdische Volk, sondern das Christentum gestorben"*. Erörtert diese Aussage.
3 Der ▸ Rabbiner Leo Baeck erklärte 1945: *„Die Epoche der Juden in Deutschland ist ein für alle Mal vorbei."* Was würdet ihr ihm aus heutiger Perspektive erwidern?
4 Erläutert anhand der Zitate, was Jüdinnen und Juden in Deutschland heute beschäftigt.
5 Erstellt Porträts der jüdischen Gemeinden in Bayern. Falls es in eurer Stadt eine Gemeinde mit einer ▸ Synagoge gibt, könnt ihr dort fragen, ob ein Besuch möglich ist.
6 2022 wurden von den „Meldestellen Antisemitismus" in Deutschland 2738 antisemitische Vorfälle dokumentiert.
   - Analysiert Berichte über judenfeindliche Vorfälle. Beschreibt die Ereignisse und arbeitet heraus, wie sich in ihnen Antisemitismus manifestiert.
   - Diskutiert, ob Aktionen wie „Meet a Jew" (▸ S. 107) helfen können, Antisemitismus zu überwinden.

Für Profis: Das Haus der bayerischen Geschichte führt eine Datenbank mit allen jüdischen Gemeinden. Recherchiert zur Geschichte einer Gemeinde in eurer Nähe.

Redet Wahrheit!

Die Bereitschaft zum interreligiösen Dialog ist grundlegend für ein friedliches Zusammenleben der Religionen. Dies gilt sowohl auf der Ebene der offiziellen Vertreter der Religionen als auch für einzelne Initiativen vor Ort, die diesen Dialog voranbringen.

Ein Meilenstein des interreligiösen Dialogs aus der Perspektive der katholischen Kirche ist die „Erklärung *Nostra aetate* über das Verhältnis der Kirche zu den nichtchristlichen Religionen". Sie ist ein Ergebnis des ▸ Zweiten Vatikanischen Konzils, auf dem die Kirche ihr Verhältnis zu anderen Religionen neu bestimmte. Die Erklärung stellte v. a. das Gemeinsame und Verbindende der Religionen in den Mittelpunkt.

Christliche Aussagen zum Judentum

Mit *Nostra aetate* bestätigte die katholische Kirche, dass das Judentum „um der Väter willen", also wegen der Bedeutung des AT für das Christentum, von Gott geliebt sei. Damit rückte die besondere Beziehung zwischen den „Geschwisterreligionen" Judentum und Christentum und das gemeinsame religiöse Erbe, das Juden und Christen in Form des TaNaCh bzw. des Alten Testaments teilen, ins Zentrum des Dialogs, der Gemeinsamkeiten und Anknüpfungspunkte betont.

▲ *Kampagne gegen Antisemitismus der DBK und EKD, 2021*

» Da also das Christen und Juden gemeinsame geistliche Erbe so reich ist, will die Heilige Synode die gegenseitige Kenntnis und Achtung fördern, die vor allem die Frucht biblischer und theologischer Studien sowie des brüderlichen Gespräches ist. « *Nostra aetate 4*

Seit dem Zweiten Vatikanischen Konzil und der Erklärung Nostra aetate (1965) hat sich das Verhältnis der Kirche zum Judentum grundlegend verändert. In aller Deutlichkeit haben sich die Konzilsväter von der ‚Lehre der Verachtung' (Jules Isaac), die über viele Jahrhunderte das Verhalten der Kirche gegenüber den Juden und dem Judentum prägte, verabschiedet und die theologischen Grundlagen für einen geschwisterlichen Dialog gelegt, der von Wertschätzung und Freundschaft geprägt ist. Heute, mehr als fünfzig Jahre später, können wir von einer Kultur des Dialogs sprechen, die sich auch in Deutschland zwischen Juden und Christen entwickelt hat. (…) In den vergangenen Jahrzehnten ist in der Kirche die Einsicht gereift, dass wir unseren christlichen Glauben nicht ohne das Judentum verstehen können, dass Christen und Juden gemeinsam im Bund mit Gott stehen und deshalb zu Partnerschaft im Glauben und in der gesellschaftlichen Praxis aufgerufen sind. (…) [Gleichzeitig] stelle ich aber auch fest, dass für viele die enge Verbundenheit von Judentum und Christentum sehr abstrakt ist, dass sie sich in der Predigt und im Leben der Gemeinde nicht wiederfindet. Deshalb ist es unsere Aufgabe als Kirche, die zentralen Einsichten des christlich-jüdischen Dialogs stärker in der kirchlichen und außerkirchlichen Öffentlichkeit bekannt zu machen.
Bischof Ulrich Neymeyr, 2021

» Wir müssen intensiver daran arbeiten, um Vergebung zu bitten und die durch Unverständnis angerichteten Schäden zu beheben. Die Werte, Traditionen und großen Ideen, die das Judentum und das Christentum gemeinsam haben, müssen in den Dienst der Menschheit gestellt werden. «
Papst Franziskus, 2019

Jüdische Position zum Christentum

Auch auf der Seite der Juden gibt es Bemühungen, mit dem Christentum im Dialog zu sein. In der Denkschrift *Dabru Emet*, das ist Hebräisch und bedeutet „Redet Wahrheit", bestimmen Wissenschaftler und ▸ Rabbiner verschiedener jüdischer Richtungen das Verhältnis des Judentums zum Christentum und würdigen aus ihrer Perspektive die Bemühungen und Entwicklungen der christlichen Kirchen und Initiativen:

„In den vergangenen Jahren hat sich ein dramatischer und beispielloser Wandel in den christlich-jüdischen Beziehungen vollzogen. Während des fast zwei Jahrtausende andauernden jüdischen Exils haben Christen das Judentum zumeist als eine gescheiterte Religion oder bestenfalls als eine Vorläuferreligion charakterisiert, die dem Christentum den Weg bereitet habe und in ihm zur Erfüllung gekommen sei. In den Jahrzehnten nach der ▸ Shoa hat sich die Christenheit jedoch dramatisch verändert. Eine wachsende Zahl von kirchlichen Gremien (…) haben in öffentlichen Stellungnahmen ihre Reue über die christliche Misshandlung von Juden und Judentum ausgedrückt. (…) Wir meinen, es ist für Juden an der Zeit, über das nachzudenken, was das Judentum heute zum Christentum zu sagen hat. Als einen ersten Schritt wollen wir in acht kurzen Punkten erläutern, auf welche Weise Juden und Christen miteinander in Beziehung stehen können.

1. Juden und Christen beten zu demselben Gott.
2. Für Juden und Christen ist dasselbe Buch gültig.
3. Christen können den Anspruch des jüdischen Volkes auf das Land ▸ Israel respektieren.
4. Juden und Christen erkennen die moralischen Grundsätze der ▸ Tora an.
5. Der ▸ Nationalsozialismus war kein christliches Phänomen.
6. Der menschlich gesehen unversöhnliche Unterschied zwischen Juden und Christen wird nicht aufgehoben, ehe Gott nicht alle Welt versöhnt, wie verheißen in der Schrift.
7. Eine neue Beziehung zwischen Juden und Christen wird die jüdische Lebenspraxis nicht schwächen.
8. Juden und Christen müssen zusammenarbeiten für Gerechtigkeit und Frieden."

Dabru Emet, 2002

» *Die Kirche muss weiter und gründlicher ihr Haus inspizieren und markieren, was darin dem Geist der Gemeinsamkeit widerspricht. Dazu sind in der Vergangenheit wichtige Schritte gemacht worden; (…) Aber zu lange hat die ‚Lehre der Verachtung' (…) die Kirche(n) geprägt. Ihr Antijudaismus war nicht eine bedauerliche Begleiterscheinung, sondern der Theologie strukturell eingebettet. Eine einzelne Konzilskonstitution rückt das Gebäude noch nicht gerade. Auch mehr als fünfzig Jahre nach Nostra aetate bleibt noch viel zu tun.* « *Johannes Heil, 2021*

---

1 Lest die Zitate mit christlichen Positionen zum Dialog zwischen Judentum und Christentum auf ▸ S. 122 und 123.
- Gebt jeweils die Kernaussage in eigenen Worten wieder.
- Arbeitet Voraussetzungen, Entwicklungen und Ziele des jüdisch-christlichen Dialogs aus christlicher Sicht heraus.

2 Untersucht anschließend den Text *Dabru Emet*.
- Stellt die Positionen der Verfasser dar.
- Vergleicht die Aussagen mit denen der christlichen Texte. Welche Schwerpunkte und Akzente ergeben sich hier?

3 Mit der Kampagne *#beziehungsweise* treten die christlichen Kirchen gegen Antisemitismus in Deutschland ein.
- Informiert euch über die Kampagne und setzt sie in Beziehung zu den Texten dieser Doppelseite.
- Diskutiert: Hat der jüdisch-christliche Dialog eine besondere Stellung im interreligiösen Dialog?

4 Recherchiert, welche Initiativen zum jüdisch-christlichen Dialog es in eurer Umgebung gibt. Ihr könnt selbst eine Aktion planen und z. B. bei einem Projekttag umsetzen.

Zeige, was du kannst

Aufgabe A: Toleranz

Die Toleranz ist eine hohe Kunst, setzt sie doch voraus, dasjenige zu dulden, mit dem man nicht übereinstimmt, auch aus tief empfundenen Gründen heraus. Toleranz heißt nicht, diese Differenz und Ablehnung wegzudrücken, es heißt aber, dass man sie so ausdrückt, dass die anderen respektierte Gleiche bleiben – auf Augenhöhe, aber nicht ohne wechselseitige Kritik. Keine Gesellschaft hat diesen Lernprozess der Ausbalancierung von Gleichheit und Differenz je abgeschlossen.

Rainer Forst, Philosoph

1 Durchsuche das Kapitel auf Aspekte der Toleranz.
2 Setzt euch mit dem Zitat auseinander und diskutiert verschiedene Deutungen des Begriffs Toleranz.
3 Gerade bei religiösen und kulturellen Themen ist Toleranz wichtig für ein friedliches Miteinander.
   - Skizziere Maßnahmen, die Toleranz fördern können, und formuliere Regeln für tolerantes Verhalten.
   - Überlege, wie du Intoleranz begegnen könntest.
   - Beschreibe eine Situation, die du selbst erlebt hast, in der Toleranz gefragt war. Erörtere verschiedene Handlungsoptionen der Beteiligten.

Aufgabe B: Dialog

Im Karfreitagsgottesdienst beten Christinnen und Christen auch für „die Juden". Der Inhalt der Fürbitte wurde mehrfach geändert und spiegelt das Verhältnis der katholischen Kirche zum Judentum wider. In der Liturgiereform nach dem ▸ Zweiten Vatikanischen Konzil wurde auch die Karfreitagsfürbitte erneuert.

1 Zeige anhand der beiden verschiedenen Fassungen der sogenannten „Karfreitagsfürbitte" Entwicklungen in der Haltung der katholischen Kirche zu den Juden und zum Judentum auf.
2 Erkläre, inwiefern die Fürbitten eine Belastung für den jüdisch-christlichen Dialog darstellen könnten.
3 Setze die „Karfreitagsfürbitte" in Beziehung zu den Schriften *Nostra aetate* und *Dabru Emet* (▸ S. 122f.) und bewerte sie.

1570

Lasst uns auch beten für die treulosen Juden, dass Gott, unser Herr, wegnehme den Schleier von ihren Herzen, auf dass auch sie erkennen unsern Herrn Jesus Christus. Allmächtiger, ewiger Gott, du schließest sogar die treulosen Juden von deiner Erbarmung nicht aus; erhöre unsere Gebete, die wir ob der Verblendung jenes Volkes vor dich bringen: Mögen sie das Licht deiner Wahrheit, welches Christus ist, erkennen und ihrer Finsternis entrissen werden. Durch Christus unsern Herrn. Amen.

Fassung von 1884

1975

Lasst uns auch beten für die Juden, zu denen Gott, unser Herr, zuerst gesprochen hat: Er bewahre sie in der Treue zu seinem Bund und in der Liebe zu seinem Namen, damit sie das Ziel erreichen, zu dem sein Ratschluss sie führen will.

Allmächtiger, ewiger Gott, du hast Abraham und seinen Kindern deine Verheißung gegeben. Erhöre das Gebet deiner Kirche für das Volk, das du als erstes zu deinem Eigentum gewählt hast. Gib, dass es zur Fülle der Erlösung gelangt. (...)

Aufgabe C: Schabbat

Der ▸ Schabbat beginnt mit dem Anzünden der Schabbatkerzen und endet mit dem *Hawdala*-Ritual.

1. Recherchiere zu den Ritualen, die den Schabbat einrahmen, und setze sie in Beziehung zur Bedeutung des Schabbats.
2. Informiere dich, wie bei der *Hawdala* eine sogenannte *Besamim*-Büchse zum Einsatz kommt. Interpretiere, warum der Schöpfer der *Besamim*-Büchsen (▸ rechts) die Form von Blüten gewählt hat.
3. Erläutere die Aussage, nach der mehr, als die Juden den Schabbat gehalten hätten, der Schabbat die Juden gehalten habe.

Silberne Besamim-Büchsen in Form von Blüten, 19. Jahrhundert ▸

Aufgabe D: „Jüdischkeit" in Medien und Kultur

Die Vielfalt des Judentums spiegelt sich auch in den Medien, in Literatur und im Film. Sie zeigen unterschiedliche jüdische Lebenswelten und Identitäten und welche Themen Juden heute in Deutschland beschäftigen.

1. Untersuche ein Beispiel aus den Bereichen Presse, Radio, TV, Podcasts, Internet, Film oder Literatur z. B. unter diesen Gesichtspunkten: Darstellung von jüdischem Leben, behandelte Themen, Zielgruppe etc.

2. Untersuche eine lokale Tageszeitung auf die Präsenz jüdischer Themen.

Aufgabe E: Köche für den Frieden

„Chefs for peace" heißt eine Non-Profit-Organisation, die 2001 von jüdischen, muslimischen und christlichen Köchen in Jerusalem gegründet wurde. Ihr Ziel ist es, durch Kochen und gemeinsames Essen Menschen zusammenzubringen und Werte zu betonen, die für alle wichtig sind, egal welcher Religion sie angehören: Familie, Freunde und gutes Essen.

1. Erkläre, inwiefern es bedeutsam ist, dass der Gründungsort der Organisation Jerusalem ist.
2. Diskutiert, welchen Beitrag zur Überwindung von Vorurteilen Projekte wie „Chefs for peace" leisten.
3. Recherchiert, welche Gerichte auf den Tisch kommen könnten, wenn Juden, Christen und Muslime jeweils „Typisches" beisteuerten. Ihr könnt die Gerichte z. B. für einen Projekttag oder ein Schulfest zubereiten.
4. Veranstaltet einen Ideenwettbewerb für Projekte und Möglichkeiten der Begegnung zum Thema „Jüdisch-christliche Zusammenarbeit". Wählt die beste Idee und überlegt, ob und wie ihr sie umsetzen könnt.

Lexikon

Basiswissen Religion
Braun unterlegte Lexikonartikel enthalten Basiswissen und dienen dem Aufbau von Grundwissen im Religionsunterricht.

Agnostiker
Agnostiker (von griech. *agnoein* = nicht (er-)kennen) sind Menschen, die die Frage der Existenz Gottes oder des Göttlichen weder bejahen noch verneinen, weil sie sie für nicht entscheidbar halten.

„Amoris laetitia“
Amoris laetitia (dt.: „die Freude der Liebe“) heißt eine Verlautbarung (apostolisches Schreiben) von Papst Franziskus aus dem Jahr 2016. Sie richtet sich an alle Christinnen und Christen, Geistliche und Laien, und fasst die Position der römisch-katholischen Kirche zu den Themen Liebe und ▸ Sexualität sowie Ehe und Familie zusammen. Sexualität und Erotik werden darin als von Gott geschenkter, natürlicher Teil des Menschen bezeichnet, der verantwortlich und im Einklang mit einem Gegenüber gelebt werden soll. Gleichzeitig wird auf die Gefahren und den Schaden hingewiesen, die Egoismus und mangelndes Verantwortungsbewusstsein in der Sexualität verursachen. Auf die zentrale Bedeutung der menschlichen Würde in diesem Zusammenhang geht die Erklärung *Dignitas infinita* („Unendliche Würde“) ein und bekräftigt Aussagen in *Amoris laetitia*, z. B. „dass jeder Mensch, unabhängig von seiner sexuellen Orientierung, in seiner Würde geachtet und mit Respekt aufgenommen werden soll“ (Amoris laetitia, 250).

Antijudaismus/Antisemitismus
Unter Antijudaismus versteht man die grundsätzlich ablehnende Gesinnung und pauschal feindliche Haltung gegenüber Juden. Insbesondere das Christentum, dessen Entwicklung aus dem Judentum heraus auch von Konflikten geprägt war, grenzte sich zunehmend von diesem ab und beförderte so den Antijudaismus. Einer der schwerwiegendsten antijudaistischen Vorwürfe von christlicher Seite lautete, „die Juden“ hätten den Sohn Gottes ermordet („Gottesmörder“) und seien daher verflucht. Dieser Vorwurf diente jahrhundertelang als Vorwand für die Ausgrenzung, Verfolgung und Ermordung von Juden. Tatsächlich wurde Jesus aber auf Befehl des römischen Präfekten Pontius Pilatus von römischen Soldaten gekreuzigt. Seit dem ▸ Zweiten Vatikanischen Konzil (1962–1965) bemüht sich die katholische Kirche um ein neues, von Vorurteilen und Antijudaismus freies Verhältnis zum Judentum.
Der Begriff Antisemitismus wurde 1879 von dem deutschen Journalisten und Politiker Wilhelm Marr geprägt. Er propagierte damit eine rassistisch motivierte Judenfeindschaft. Die rassistische Konstruktion von der prinzipiellen Andersartigkeit und Minderwertigkeit der Juden als „semitische Rasse“ diente als Erklärungsmuster für alle politischen, sozialen und wirtschaftlichen Probleme im späten 19. und frühen 20. Jahrhundert und für alles „Böse in der Welt“ schlechthin. Dies gipfelte während der Herrschaft des ▸ Nationalsozialismus in der Entrechtung, Ausgrenzung, Enteignung jüdischer Bürgerinnen und Bürger und letztlich im millionenfachen Massenmord (▸ Shoa).
Antisemitismus ist auch heute ein gesellschaftliches Problem und nimmt wieder zu. Nicht immer tritt er offen auf; vielfach verbirgt er sich hinter Andeutungen und greift auf tradierte Stereotype und religiöse Vorurteile zurück. Oft gehen antijüdischer Hass, Hetze und Gewalt mit Verschwörungsfantasien über vermeintlich mächtige jüdische „Strippenzieher“ einher. Antisemitismus richtet sich sowohl gegen jüdische (oder vermeintlich jüdische) Einzelpersonen als auch gegen jüdische Gemeindeinstitutionen oder religiöse Einrichtungen. Darüber hinaus kann auch der Staat Israel, der dabei als jüdisches Kollektiv verstanden wird, Ziel solcher Angriffe sein. Antisemitische Äußerungen und Taten werden in Deutschland als Volksverhetzung strafrechtlich geahndet.

Atheist/atheistisch/Atheismus
Atheismus (von griech. *atheos* = ohne Gott) heißt die Überzeugung, die davon ausgeht, dass es Gott nicht gibt. Atheisten bezeichnen Gott als Erfindung des Menschen und begreifen die materielle Welt und ihre Gesetzmäßigkeiten als einzigen und ausreichenden Bezugsrahmen, um die Welt und die menschliche Existenz zu erklären.

Aufklärung
Als Aufklärung wird eine Entwicklung in der europäischen Geschichte bezeichnet, die etwa zu Beginn des 18. Jahrhunderts einsetzte. Ihr Ziel war eine geistige Erneuerung und Befreiung der Menschen aus den Fesseln der alten Institutionen und Traditionen durch Vernunft, Fortschritt und Toleranz. Ein Thema der Aufklärung war

der Streit um die „Gottesfrage". Es entwickelten sich unterschiedliche Gottesvorstellungen bis hin zur Leugnung der Existenz Gottes (▸ Atheismus). Herausragende Vertreter der Aufklärung waren z. B. Voltaire und Jean-Jacques Rousseau in Frankreich, der Brite David Hume und Immanuel Kant im deutschsprachigen Raum. Parallel entwickelte sich, angeregt durch Impulse französischer Aufklärer, im jüdisch-preußischen Bürgertum die *Haskala* (hebr. für Bildung, Philosophie), die als jüdische Aufklärung bezeichnet wird. Bedeutende Philosophen der Haskala in Preußen waren Moses Mendelssohn (1729–1768, ▸ S. 119) und David Friedländer (1750–1834).

Bar Mizwa/Bat Mizwa

Bar Mizwa bedeutet „Sohn der Pflicht" oder „Sohn des Gesetzes". Gleichzeitig ist es die Bezeichnung für die Feier, bei der Jungen zum Bar Mizwa werden. Am ersten ▸ Schabbat nach ihrem 13. Geburtstag dürfen sie zum ersten Mal beim Gottesdienst in der ▸ Synagoge aus der ▸ Tora vorlesen und vor der Gemeinde sprechen. Von diesem Tag an gelten sie als mündige Mitglieder der jüdischen Gemeinde und sind selbst dafür verantwortlich, die Gebote zu beachten und einzuhalten. Sie zählen nun auch zum *Minjan*, der Zahl von zehn Juden, die anwesend sein müssen, damit ein Gottesdienst gefeiert werden kann. Mädchen werden bereits mit zwölf Jahren zur Bat Mizwa („Tochter der Pflicht/des Gesetzes"). In liberalen jüdischen Gemeinden dürfen sie wie die Jungen aus der Tora vorlesen und zählen ebenfalls

Bergpredigt

Die sogenannte Bergpredigt (▸ Mt 5,1–7,29) ist eine der fünf großen Reden, die Jesus im Matthäusevangelium zugeschrieben werden. Nach den heutigen Kenntnissen der Exegese (Wissenschaft der Auslegung der Bibel) liegt ihr eine Rede aus der sogenannten „Spruchsammlung" Q (Logienquelle) zugrunde, die der Evangelist unter Verwendung weiterer Stoffe ausgebaut hat. Sie findet sich im Wesentlichen auch im Lukasevangelium („Feldrede", ▸ Lk 6,20–49). Der Text und Inhalt der Bergpredigt gliedern sich in drei Teile (▸ Grafik):

- Einleitung (▸ Mt 5,3–16)
- Hauptteil (▸ Mt 5,17–7,12)
- Abschluss (▸ Mt 7,13–27)

Die sogenannte Bergpredigt enthält die zentralen Aspekte der Ethik Jesu. Im Mittelpunkt stehen das Gebot der radikalen Nächstenliebe (▸ Mt 5,43–48) und die *Goldene Regel* (▸ Mt 7,12) als Basis und Maßstab für das Verhalten (▸ S. 22/23). Die Bergpredigt stellt exemplarisch (und mitunter auch provozierend) vor Augen, wie radikale Liebe zum Nächsten in der Nachfolge Jesu zu verwirklichen ist. Die Angesprochenen sollen damit zur eigenständigen Umsetzung aufgefordert werden. So wird es erst möglich, die Seligpreisungen auf reale Unrechts- und Elendsumstände zu beziehen und die durchscheinende Botschaft vom ▸ Reich Gottes als Aufforderung zur Änderung der leidvollen Verhältnisse zu verstehen.

Die Botschaft der Bergpredigt fügt sich damit konsequent ein in Jesu Wirken und seine Lehre: Die Teilhabe am Reich Gottes, welche Jesus den Menschen in Wort und Tat in Aussicht stellt, befähigt diese zur Verwirklichung einer auf diese Weise gelebten Liebe. Auf die Heilszusage Jesu „Du hast das (ewige) Leben ..." folgt die Aufforderung zum ethischen Handeln: „... also handle danach!"

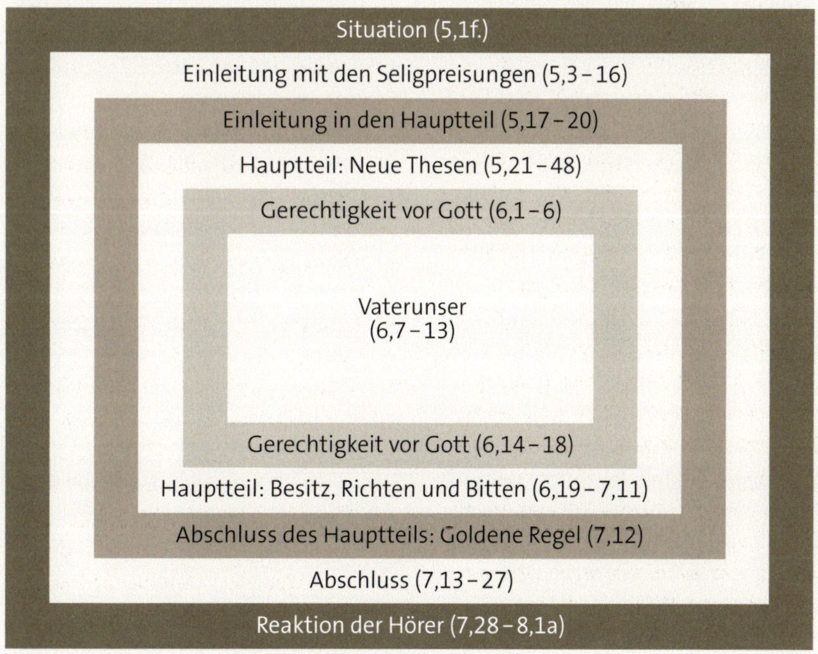

▲ *Der konzentrische Aufbau der sogenannten Bergpredigt*

zum *Minjan*. Für den besonderen Tag bereiten sich die Jugendlichen im Bar-Mizwa-Unterricht mit dem Rabbiner der Gemeinde vor. Sie lernen u. a., die Tora auf Hebräisch zu lesen und wie man die Gebetsriemen *(Tefillin)* anlegt. An den Gottesdienst in der Synagoge schließt sich oft eine große Bar- oder Bat-Mizwa-Feier an.

Blasphemie

Als Blasphemie (von griech. *blasphemia* = Rufschädigung) wird die Verspottung oder Beschimpfung einer Religion oder religiöser Motive und Glaubensinhalte bezeichnet. Blasphemische Aussagen über Gott oder Personen, denen eine besondere religiöse Stellung zugeschrieben wird, nennt man Gotteslästerung.

Bolschewismus

Der Begriff Bolschewismus leitet sich ab von *Bolschewiki*, der Selbstbezeichnung einer radikalen Fraktion innerhalb der Sozialdemokratischen Arbeiterpartei Russlands. „Bolschewismus" wurde nach der russischen Revolution in Europa zum Kampfbegriff gegen die kommunistischen Parteien und die kommunistische Weltanschauung. Im ▸ Nationalsozialismus wurde die antibolschewistische Haltung mit dem ▸ Antisemitismus ideologisch verknüpft und der Ausdruck „jüdisch-bolschewistisch" zu einem Motiv der NS-Propaganda.

Brunner, Dominik

Dominik Brunner (1959–2009) wurde durch seinen selbstlosen Einsatz für vier Schüler bekannt, der ihn das Leben kostete. Diesen kam er in der Münchener S-Bahn bei einer Auseinandersetzung mit zwei älteren Jugendlichen zu Hilfe, indem er in die Situation einschritt. Dabei stürzte er und die Jugendlichen schlugen und traten auf den am Boden Liegenden ein. Brunner verstarb kurz danach im Krankenhaus, wie sich herausstellte aufgrund einer Vorerkrankung, die durch die Verletzungen verstärkt wurde. Sein Tod lenkte den Blick auf das Problem der Gewalt in der Gesellschaft. Brunner wurden postum der Bayerische Verdienstorden und das Bundesverdienstkreuz verliehen. Eine nach ihm benannte Stiftung setzt sich für die Förderung von Zivilcourage ein.

Dekalog

Der Dekalog (= „Zehnwort", von griech. *deka* = zehn und *logos* = Wort), auch „Zehn Gebote" genannt, ist eine Zusammenstellung von Grundregeln des menschlichen Verhaltens in der Hebräischen Bibel, die „die Grundpflichten des Menschen gegenüber Gott und dem Nächsten zum Ausdruck bringen" (Kompendium des Katechismus der katholischen Kirche, 440). Sie sind die Weisungen Gottes, die es ermöglichen, ein sinnvolles und glückliches Leben in Freiheit zu führen. Weil sie von Gott kommen, haben die Zehn Gebote die höchste Form der Verbindlichkeit und gelten Juden und Christen, die den Dekalog übernahmen, als zentrale Gebote (= Weisungen, Handlungsanleitungen). Verstößt man gegen sie, schädigt man sich selbst und seine Mitmenschen. Befolgt man sie dagegen, wandelt man auf den Wegen Gottes.
Die Reihe der Zehn Gebote ist in der ▸ Tora zweifach mit kleinen Abweichungen überliefert: zum einen in ▸ Ex 20,2–17 und zum anderen in ▸ Dtn 5,6–21. In beiden Überlieferungen lässt sich der Text in drei Teile gliedern:
1. Prolog, Vorspann (▸ Ex 20,2/Dtn 5,6): Grundlage ist die Selbstvorstellung Gottes, der sich hier offenbart als der, der das Volk aus der Sklaverei befreit und Freiheit geschenkt hat. Diese Befreiungstat Gottes geht den sich anschließenden Weisungen voraus, die so zu „Wegweisern der Freiheit" werden.
2. Erste Tafel (▸ Ex 20,3–11/Dtn 5,7–15): Weisungen, die sich auf das Verhältnis des Menschen zu Gott beziehen (religiöse Dimension)
3. Zweite Tafel (▸ Ex 20,12–17/ Dtn 5,16–21): Weisungen, die sich auf das Volk Israel, die Gesellschaft, die Menschheit beziehen (soziale Dimension)
Alle weiteren Gebote im Alten Testament ergeben sich aus den Zehn Geboten bzw. beziehen sich auf sie. Dennoch ist der Dekalog ein Freiheitstext. Er will zum einen eine Hilfe sein, das eigene, individuelle Leben menschenwürdig zu gestalten, zum anderen haben seine Weisungen eine große Bedeutung für das Zusammenleben von Menschen – auch heute. Nicht ohne Grund beruht z. B. das Grundgesetz auch auf den Weisungen des Dekalogs. In biblischer Zeit wie heute ist Freiheit einer der wichtigsten Werte für die Menschen. Wer sie beeinträchtigt, muss mit Ablehnung und Widerstand rechnen. Nur da, wo die Freiheit eines anderen gefährdet ist, ist in einem demokratischen Staat eine Einschränkung der Freiheit zulässig.
Der Dekalog ist jedoch keine Gebrauchsanweisung für alle Fälle des Lebens. Er nennt besonders wichtige Grundsätze. Entscheidungssituationen sind meist nicht mit einem Blick auf den Dekalog zu lösen, sondern erfordern eine differenziertere Güterabwägung.

Chanukka

Das jüdische Chanukka-Fest dauert acht Tage und erinnert an die Wiedereinweihung des Tempels in Jerusalem. Obwohl im Tempel nur noch ein kleiner Rest geweihten Öls vorhanden war, sollen, der Überlieferung nach, die Flammen am Leuchter im Tempel *(Menora)* noch acht Tage lang gebrannt haben, bis neues geweihtes Öl hergestellt war.
An den acht aufeinanderfolgenden Tagen wird nach Einbruch der Dunkelheit an einem achtarmigen Leuchter, der *Chanukkia*, nach einer bestimmten Reihenfolge jeden Tag eine Kerze angezündet, bis alle acht Kerzen brennen. Danach werden Chanukka-Lieder gesungen und die Chanukka-Geschichte erzählt. Es gibt traditionell in Öl Gebackenes zu essen. Die Kinder bekommen zu Chanukka kleine Geschenke.

DDR

Die Deutsche Demokratische Republik, abgekürzt DDR, ging nach dem Zweiten Weltkrieg und der Besetzung Deutschlands durch die Siegermächte aus der sowjetischen Besatzungszone hervor. Ihre Gründung am 7. Oktober 1949 besiegelte die Teilung Deutschlands in zwei Staaten, da bereits am 23. Mai 1949 in den drei anderen Besatzungszonen die Bundesrepublik Deutschland (BRD) gegründet worden war. Die DDR bestand bis zur Wiedervereinigung beider deutscher Staaten durch den Beitritt der DDR zur BRD am 3. Oktober 1990. Der Wiedervereinigung war die sogenannte friedliche Revolution vorausgegangen mit massiven Bürgerprotesten und Massendemonstrationen („Montagsdemonstrationen"), die am 9. November 1989 zum Fall der Mauer in Berlin und der Öffnung der Grenzen zur BRD führte. Ihren Ursprung hatte diese Bewegung v. a. im Umfeld der Kirchen.
Die DDR war eine sozialistische Diktatur und wurde von der ▸ SED regiert. Das ▸ Ministerium für Staatssicherheit überwachte die Bevölkerung in einem die ganze Gesellschaft durchdringenden Bespitzelungssystem, um jede Opposition zu verhindern bzw. auszuschalten. Erziehung und Bildung waren vollständig in staatlicher Hand und darauf ausgerichtet, die Menschen zu gefügigen Bürgerinnen und Bürgern des sozialistischen Staates zu formen. Aufgrund der sozialistischen Staatsideologie wurde die Religion bekämpft. Die Kirchen und andere religiöse Gruppierungen wurden zugunsten eines staatlich verordneten ▸ Atheismus zurückgedrängt.

Einheitsgemeinde

Einheitsgemeinde nennt man eine jüdische Gemeinde, die ein Dach für Jüdinnen und Juden aller Richtungen des Judentums, orthodox, konservativ oder liberal, bietet.
Der Begriff Einheitsgemeinde wurde im 19. Jahrhundert geprägt, als per Gesetz festgelegt wurde, dass es in jedem Ort bzw. in jeder Stadt nur eine jüdische Gemeinde geben dürfe. Während im 19. Jahrhundert die Einheitsgemeinden stark durch das liberale Judentum geprägt waren, sind die heutigen Einheitsgemeinden, die sich nach dem Zweiten Weltkrieg neu bildeten (▸ S. 120), meist am orthodoxen Judentum orientiert. Die Einheitsgemeinden sind Mitglied im Zentralrat der Juden in Deutschland, der sich ebenfalls als Vertreter der Interessen von Juden aller Richtungen versteht. Neben den Einheitsgemeinden gibt es jedoch auch selbstständige liberale Gemeinden mit einem eigenen Dachverband, der Union progressiver Juden.

Euthanasie

Euthanasie (von griech: *eu* = gut, schön; *thanatos* = Tod) meint ursprünglich Sterbehilfe, also die Hilfe und Begleitung von unheilbar Kranken in der letzten Lebensphase, um ihnen Qualen und Leid zu ersparen und ihnen einen, auch subjektiv empfunde-

▲ *Bei einer Gedenkveranstaltung im Juli 2023 in Haar bei München für die Opfer des Euthanasieprogramms der Nationalsozialisten haben Schülerinnen und Schüler Steine mit den Namen ermordeter Kinder beschriftet.*

nen, „schönen Tod" zu ermöglichen. In der Zeit des ▸ Nationalsozialismus wurde der Begriff missbraucht für die systematische Ermordung von Menschen, deren Leben in der unmenschlichen Ideologie der Nationalsozialisten für „lebensunwert" gehalten wurden. Diese Morde wurden beschönigend als „Euthanasie" bezeichnet. Über 200 000 Menschen mit körperlichen, geistigen oder psychischen Erkrankungen wurden in speziell eingerichteten sogenannten „Tötungsanstalten" umgebracht, darunter auch Kinder. Viele starben auch nach Zwangssterilisationen und nach medizinischen Menschenversuchen. Die Morde wurden vertuscht, Angehörige falsch über den Tod ihrer Familienmitglieder informiert.
Die Krankenmorde blieben jedoch nicht geheim. Mutige Eltern, Leiter und Mitarbeiter der Einrichtungen und Heime, aus denen die Menschen geholt wurden, protestierten dagegen. Ebenso Vertreter der Kirchen, auf katholischer Seite z. B. Bischof Clemens August von Galen (▸ S. 88) oder Konrad Kardinal von Preysing.
Aus diesen historischen Gründen wird der Begriff Euthanasie in Deutschland nicht für Sterbehilfe verwendet. Die Aufarbeitung der Krankenmorde und ihrer Umstände in betroffenen Familien und Einrichtungen der Behindertenhilfe dauert bis heute an.

Exodus
Im biblischen Sinn bezeichnet Exodus (von griech. *exodos* = Auszug, Ausgang) die Befreiung des Volkes Israel aus der Knechtschaft in Ägypten durch Gott. Davon, von der Flucht der Israeliten und ihrer anschließenden Wüstenwanderung erzählt das Buch Exodus im Alten Testament. Die Exodus-Erzählung enthält eine Fülle von Symbolmustern: Sehnsucht nach Freiheit, Wüstenerfahrung, Unterdrückung, Zweifel an Gott, die Vorstellung vom Gelobten Land und die Weisungen Gottes als Stütze zur Gestaltung der Freiheit (▸ Dekalog). Das Buch Exodus bildet zusammen mit den Büchern Genesis, Levitikus, Numeri und Deuteronomium die Grundlage des jüdischen Glaubens (▸ Tora).

„Fratelli tutti"
Fratelli tutti (dt.: „alle Geschwister") ist der Name einer Enzyklika von Papst Franziskus aus dem Jahr 2020. Sie wird auch „Sozialenzyklika" genannt. Themen der Enzyklika sind die Ungerechtigkeit des globalen Wirtschaftssystems, die ungleiche Verteilung von Ressourcen, die weltweit gesehen ungleiche Durchsetzung der Menschenrechte und der Gleichberechtigung von Männern und Frauen. Ausgehend von dem Glauben, dass die Erde allen Menschen als Lebenswelt von Gott gegeben ist, ruft die Enzyklika zu mehr Solidarität und Geschwisterlichkeit auf und entwickelt die Vision einer neuen Weltordnung, die auf Nächstenliebe basiert.

Gewissen
Gewissen (griech. *syneidesis*; lat. *conscientia)* meint die dem Menschen als rationalem Wesen (etwa gegenüber den Tieren) vorbehaltene Fähigkeit, seine Handlungen und deren Ziele unter ethischen Gesichtspunkten zu beurteilen und zu bewerten. Zudem versteht man darunter die Erfahrung des Individuums, mit seinen Handlungen und bereits im Vorfeld bei der Entscheidungsfindung persönlich und unmittelbar zur Verantwortung gerufen zu sein.

Grabtuch von Turin
Beim Grabtuch von Turin handelt es sich um ein ca. 4 mal 1 Meter großes Leinentuch, auf dem der Abdruck eines Körpers zu erkennen ist. Viele Gläubige verehren es wie eine Reliquie als das Tuch, in dem Jesus nach der Kreuzigung bestattet worden ist. Wissenschaftliche Untersuchungen haben ergeben, dass der Leinenstoff mit hoher Wahrscheinlichkeit aus dem Mittelalter stammt. Auf welche Weise der Abdruck des Körpers entstanden ist, konnte bis heute nicht geklärt werden. Das Tuch wird im Dom von Turin aufbewahrt und in unregelmäßigen Abständen ausgestellt. Dann ist es Ziel für zahlreiche Pilgerinnen und Pilger.

Halacha
▸ Talmud

Hirtenbrief
Ein Hirtenbrief (auch Hirtenwort) ist ein bischöfliches Lehrschreiben an die Christinnen und Christen einer Diözese. Ein Hirtenbrief befasst sich mit Glaubensfragen und wird meist zu besonderen Zeiten des Kirchenjahres (z. B. Hirtenbrief zur Fastenzeit) veröffentlicht. Doch auch aktuelle Themen (z. B. Ukraine-Krieg) können Anlass für ein Hirtenwort des Bischofs sein im Sinne seiner pastoralen Aufgabe, die Gläubigen seiner Diözese zu begleiten und zu stärken. Ein Hirtenwort wird an einem bestimmten Sonntag in allen Gottesdiensten in einer Diözese verlesen. Die Bischöfe eines Landes können auch gemeinsam einen Hirtenbrief verfassen.

Ikone
Eine Ikone (von griech. *eikon* = Abbild, Bild) ist ein Bild einer heiligen Person, das verehrt wird. Ikonen sind v. a. im orthodoxen Christentum verbreitet. Sie sind keine Porträts und dienen nicht der Dekoration des Kirchenraums, sondern haben eine theologische und spirituelle Funktion. Die Gläubigen verehren nicht das Bild als solches, sondern die dargestellte heili-

▲ *Christus Pantokrator (Christus, der Weltenherrscher), Byzantinische Ikone aus dem 13. Jahrhundert*

ge Person. Dabei entsteht zwischen dem Betrachter und dem Dargestellten eine tiefe Verbindung. Motive der Ikonen sind z. B. Christus, Maria, die Dreifaltigkeit und Heilige. Die Gestaltung der Ikonen erfolgt nach festgelegten Regeln, was Gestik, Mimik, Attribute und Farbgebung angeht. Es wird mit der immer gleichen Technik gearbeitet, meist mit Temperafarben auf Holz. Die einzelnen Farben haben Symbolwert. Der Hintergrund wird z. B. üblicherweise mit Blattgold vergoldet, das für die Sphäre des Göttlichen steht. Die ältesten erhaltenen Ikonen stammen aus dem 6. Jh. n. Chr. Heute wird der Begriff Ikone oft in übertragenem Sinn für Personen verwendet, die z. B. für eine Epoche oder ein kulturelles Phänomen stehen oder prägend sind („Stilikone").

Israel

Nach biblischer Überlieferung hat Jakob nach einem Kampf mit einem Engel den Namen „Israel" (= der mit Gott kämpft/ringt) erhalten. Die Nachkommen Jakobs heißen daher „Israeliten". Sie siedelten sich – nach der biblischen Erzählung vom Auszug aus der ägyptischen Sklaverei – in dem Gebiet zwischen dem Mittelmeer und dem Fluss Jordan an und bildeten das Königreich Israel, das in zwei Teile zerfiel: das Nordreich Israel und das Südreich Juda. Beide Reiche wurden erobert und zerstört. Im ersten Jahrhundert v. Chr. eroberten die Römer das Gebiet und machten es zur römischen Provinz Judäa. Nach der Zerstörung des Tempels in Jerusalem, der Niederschlagung eines jüdischen Aufstandes (135 n. Chr.) und der Vertreibung der meisten Juden wurde die Provinz in ▸ Palästina umbenannt. Jahrhunderte später entwickelte sich mit dem ▸ Zionismus eine Bewegung, die die Errichtung eines jüdischen Staates in dem Gebiet zum Ziel hatte. 1948 wurde der heutige Staat Israel gegründet. Seine Bewohner heißen Israelis.

Jom Kippur

Jom Kippur (Versöhnungstag) ist der höchste jüdische Feiertag, ein Tag der Buße, der Umkehr und der Versöhnung mit Gott. Jom Kippur bildet den Abschluss der zehn Bußtage nach Rosch Ha-Schana (▸ S. 115). Er beginnt mit einem Gottesdienst in der ▸ Synagoge mit der Lesung von Texten aus der ▸ Tora und der Geschichte des

Jesus/Jesus Christus

„Jesus" ist die lateinisch-griechische Form des jüdischen Namens *Jehoschua* bzw. *Jeschua*, was so viel bedeutet wie „Jahwe bringt Rettung". Der Namensbestandteil „Christus" ist kein Eigenname, sondern die lateinische Ableitung des griechischen Wortes *christos* (= der Gesalbte), das wiederum der griech. Ableitung *messias* des hebräischen Wortes *maschiach* (= der Gesalbte) entspricht.

Jesus ist die zentrale Gestalt des Christentums und wird als der menschgewordene Sohn Gottes und als der bereits im Alten Testament angekündigte ▸ Messias verehrt.

Informationen über das Leben des historischen Jesus finden sich in erster Linie in den Schriften des Neuen Testaments. Aber auch bei nichtchristlichen Schriftstellern wie Josephus Flavius, Sueton, Tacitus, Plinius dem Jüngeren etc. findet man Verweise auf die historische Existenz Jesu. Über konkrete Ereignisse aus dem Leben Jesu ist aus historischer Perspektive kaum etwas mit Sicherheit zu sagen. Jesus wurde während der Herrschaftszeit von Herodes dem Großen (73–4 v. Chr.), also vor dem Jahr 4 v. Chr. geboren (▸ Mt 2,1). Er stammt aus Nazaret, einer Siedlung in Galiläa, in der er als Jude aufgewachsen ist und vermutlich, wie sein Vater, den Beruf des Bauhandwerkers ausgeübt hat. Das öffentliche Wirken Jesu beginnt mit seiner Taufe durch Johannes den Täufer. Kurz darauf beruft Jesus selbst Jünger und fordert sie auf, mit ihm zu gehen und das Evangelium zu verkünden. Im Zentrum der Botschaft und des Handelns Jesu steht die Verkündigung des ▸ Reiches Gottes. In der sogenannten ▸ Bergpredigt sind die wesentlichen Inhalte seiner Lehre zusammengefasst. Wahrscheinlich um das Jahr 30 wurde Jesus zum Tode verurteilt, am Kreuz hingerichtet und außerhalb der Stadtmauer Jerusalems begraben. Der Kreis der Jüngerinnen und Jünger Jesu bezeugte seine Auferstehung (▸ 1 Kor 15,1–11, Apg 2,36).

Propheten Jona. Den Feiertag verbringen gläubige Juden in Gebet und innerer Einkehr. Das Ende des Feiertages wird durch den Klang des Schofars (Widderhorn) verkündet.
An Jom Kippur gilt ein strenges Fastengebot. Vom Sonnenuntergang des Vorabends bis zum nächsten Sonnenuntergang darf weder gegessen noch getrunken werden. Außerdem ist der Tag ein strenger Ruhetag, d. h. jüdische Geschäfte und Einrichtungen haben geschlossen. In Israel ruht bis auf wenige Ausnahmen das gesamte öffentliche Leben. Jom Kippur ist der einzige Fastentag, der auch eingehalten werden muss, wenn er auf einen ▸ Schabbat fällt.

Koptisch/Kopten

Als Kopten bezeichnet man heute eine christliche Minderheit, die v. a. in Ägypten beheimatet ist. Die meisten Kopten gehören der altorientalischen Kirche an. Der Überlieferung nach wurde sie durch den Evangelisten Markus gegründet, der im ersten Jahrhundert Bischof von Alexandria gewesen sein soll. Während der römischen Herrschaft in Ägypten litten die Christen unter Verfolgungen. Daher versteht sich die koptische Kirche als Kirche der ▸ Märtyrer. Heute kommt es in Ägypten immer wieder zu mitunter gewalttätigen Spannungen und Auseinandersetzungen zwischen Muslimen und Kopten. Im Alltag sind Kopten oft gesellschaftlicher und staatlicher Diskriminierung ausgesetzt.

koscher

Koscher bedeutet „rein" oder „rituell erlaubt". Das Wort bezieht sich meistens auf die jüdischen ▸ Speisegesetze. Die Herstellung koscherer Lebensmittel wird von Rabbinern überwacht und durch ein Zertifikat bestätigt. Neben Speisen und Getränken können auch Gegenstände koscher bzw. nicht koscher *(treife)* sein.

Laubhüttenfest

▸ Sukkot

Märtyrer

Ab dem ersten Jahrhundert bezeichnete man Christinnen und Christen, die trotz Verfolgung an ihrem Glauben festhielten, als Märtyrer (von griech.: *martys* = Zeuge). Ab dem zweiten Jahrhundert wurde die Bedeutung eingeschränkt auf diejenigen, die deshalb den Tod erlitten hatten. Im heutigen Sprachgebrauch meint der Begriff Menschen, die für ihre Religion oder andere Überzeugungen sterben bzw. zu sterben bereit sind.

Messias

Das Wort Messias kommt aus dem Hebräischen und heißt übersetzt Gesalbter (griech. *christos*). Gesalbte wa-

Menschenbild, christliches

Der Begriff „Menschenbild" bezeichnet die Vorstellung bzw. das Selbstverständnis vom Wesen des Menschen, das auf einem bestimmten religiösen oder weltanschaulichen Hintergrund basiert (z. B. buddhistisches, islamisches, marxistisches, psychoanalytisches, existenzialistisches Menschenbild). Die verschiedenen Menschenbilder versuchen Antwort zu geben auf Fragen wie: Was ist der Mensch? Was ist der Sinn des menschlichen Lebens? Wodurch unterscheidet sich der Mensch von anderen Lebewesen, vom Tier?
Das Menschenbild beeinflusst wesentliche Entscheidungen und Haltungen in Politik, Gesellschaft und Ethik, z. B.: Welche Werte und Normen vertritt die Gesellschaft? Welche Erziehungsziele werden vorgegeben? Was darf die Wissenschaft und wo sind die Grenzen? Wo beginnt, wo endet der Schutz menschlichen Lebens und menschlicher Würde?
Im Christentum wird der Mensch als Geschöpf und Ebenbild Gottes angesehen (▸ Gen 1,26f.). Aus dem „Ja" Gottes zum Menschen leiten sich folgende Merkmale des christlichen Menschenbildes ab:

- Der Mensch besitzt eine grundsätzliche, unaufhebbare und von anderen Faktoren unabhängige Würde.
- Der Mensch ist Einzelwesen (Individuum) und Subjekt, nicht Objekt, d. h. er darf nicht als Mittel zu irgendeinem Zweck missbraucht werden.
- Der Mensch besitzt einen freien Willen und ist fähig zu zielorientiertem, verantwortlichem Handeln. Damit ist er aber auch schuldfähig.
- Der Mensch ist zur Solidarität mit den Mitgeschöpfen verpflichtet.
- Der Mensch ist fähig, über die sinnlich erfahrbare Welt hinauszudenken; er ist offen für eine Beziehung zu Gott und kann diese als Ziel seines Lebens erkennen.

Das christliche Menschenbild findet größtenteils Verwirklichung in der allgemeinen Erklärung der Menschenrechte der Vereinten Nationen. Die Idee der vorstaatlichen, von der Natur gegebenen Rechte jedes Menschen lässt sich u. a. auf die Gottebenbildlichkeit des Menschen (s. o.) zurückführen. Christen sind aufgefordert, die Wesensmerkmale und die damit verbundenen Rechte und Pflichten des Menschen im persönlichen, aber auch im weltpolitischen Bereich zu achten und zu vertreten.

ren im Alten Testament Könige und Hohepriester. Durch die Salbung wurden das Auserwähltsein und die besondere Beziehung zu Gott ausgedrückt.
Im Alten Testament ist häufig vom Messias die Rede. Mit ihm verbinden die Menschen die Hoffnung, dass Gott zum Wohl seines Volkes in die Welt eingreifen und sein Reich aufrichten wird. Zur Zeit Jesu gab es unterschiedliche Vorstellungen, wie der Messias bei seinem Kommen auftreten würde. Nach christlicher Überzeugung ist Jesus der von Gott gesandte Messias, mit dem eine neue Zeit, das ▸ Reich Gottes, offenbar wird.

Ministerium für Staatssicherheit

Das Ministerium für Staatssicherheit (MfS; im Volksmund „Stasi" genannt) der ▸ DDR wurde 1950 gegründet und unterstand direkt dem Politbüro, dem Leitungsgremium der ▸ SED. Mithilfe des MfS kontrollierte das DDR-Regime die eigene Bevölkerung. Das Ministerium beschäftigte über 90 000 Mitarbeiterinnen und Mitarbeiter und zusätzlich ca. 189 000 „inoffizielle Mitarbeiterinnen und Mitarbeiter", die das Leben der Bürgerinnen und Bürger ausspionierten. Ziel war es, Gegner des Regimes ausfindig zu machen, die mit hohen Strafen belegt wurden.

„Mit brennender Sorge"

Die Enzyklika „Mit brennender Sorge", benannt nach den ersten Wörtern des Textes, ist ein Schreiben von Papst Pius XI., das am 21.3.1937 veröffentlicht wurde. In dem Schreiben verurteilte Pius XI. die Ideologie des ▸ Nationalsozialismus und die Politik der Nationalsozialisten im damaligen Deutschen Reich, v. a. im Hinblick auf die Lage der römisch-katholischen Kirche, die zunehmend in Bedrängnis geriet. Einige deutsche Bischöfe hatten den Papst gedrängt, sich zur Situation zu äußern. Der Münchener Kardinal von Faulhaber verfasste den Entwurf des Schreibens, das nach Überarbeitung durch den päpstlichen Staatssekretär heimlich in den Diözesen vervielfältigt und am Palmsonntag in allen katholischen Gemeinden verlesen wurde. Die Nationalsozialisten verstärkten als Reaktion auf die Enzyklika den Druck auf die katholische Kirche.

Mutter Teresa

Mutter Teresa (1910–1997) wurde als Agnes Gonxha Bojaxhiu im heutigen Skopje geboren. Mit 18 Jahren trat sie in ein Kloster ein und nahm den Ordensnamen Teresa an. Sie wurde von ihrem Orden nach Kalkutta geschickt, wo sie als Lehrerin und Schulleiterin arbeitete. Weil sie sich dazu berufen fühlte, den Armen zu helfen, bat sie darum, außerhalb des Klosters direkt bei den Menschen leben zu dürfen. 1950 gründete sie die Gemeinschaft der Missionarinnen der Nächstenliebe, die sich um Arme, Sterbende, Waisen, Obdachlose und Kranke kümmerte. Kritiker warfen ihr jedoch u. a. vor, diese Menschen nur unzureichend medizinisch zu versorgen. Mutter Teresa wurde 2016 heiliggesprochen.

Nationalsozialismus/ Nationalsozialisten

Der Nationalsozialismus ist eine politische Bewegung, die nach dem Ersten Weltkrieg in Deutschland entstand und 1933 eine autoritäre Herrschaft errichtete. Seine Anhänger werden Nationalsozialisten genannt. Die Ideologie des Nationalsozialismus basiert auf menschenverachtenden Vorstellungen einer angeblichen Überlegenheit des „deutschen Volkes" und einer sogenannten „arischen Rasse".
Die Anhänger des Nationalsozialismus schlossen sich in der NSDAP (Nationalsozialistische Deutsche Arbeiterpartei) zusammen, deren Anführer Adolf Hitler war. 1933 gelangte Hitler als Reichskanzler an die Macht. Die Nationalsozialisten errichteten eine Diktatur und ein Terrorregime. Die nationalsozialistische Ideologie durchdrang und bestimmte alle Bereiche des Lebens. Unter der Herrschaft der Nationalsozialisten wurden Gräueltaten wie die Ermordung von Millionen europäischer Jüdinnen und Juden (▸ S. 120, ▸ Shoa) und von Menschen mit Behinderung (▸ Euthanasie) begangen. Auch Sinti und Roma, Christen, Homosexuelle, politische Gegner u. a. wurden verfolgt, in Lagern inhaftiert und ermordet. 1939 griff das sogenannte „Dritte Reich" Polen an und begann damit den Zweiten Weltkrieg, dem insgesamt über 40 Millionen Menschen zum Opfer fielen. Die nationalsozialistische Herrschaft endete erst mit der Niederlage im Zweiten Weltkrieg und der bedingungslosen Kapitulation am 8. Mai 1945.
Heute sind die Verbreitung von nationalsozialistischem Gedankengut, von Schriften, Bildern etc. und die Bildung von entsprechenden Vereinigungen oder Parteien verboten. Dennoch gibt es Gruppierungen, die die Zeit des Nationalsozialismus und dessen Ideologie verherrlichen („Neonazis") und eine Bedrohung für den gesellschaftlichen Frieden und Zusammenhalt darstellen.

Palästina

Palästina bezeichnet in historischer Hinsicht eine Provinz des Römischen Reiches, die das Gebiet zwischen Mittelmeer und Jordan umfasste. Als politischer Begriff bezeichnet Palästina heute die Gebiete in ▸ Israel, die von Palästinensern beansprucht werden.

Pessach

Das Pessachfest erinnert an den Auszug des Volkes Israel aus Ägypten, wie er in ▸ Ex 12,1–42 erzählt wird. Pessach bedeutet „Vorübergang", weil Gott in Ägypten an den Häusern der Juden vorüberging und ihre Erstgeborenen verschonte.

Das achttägige Pessachfest beginnt am Vorabend mit dem Sedermahl. Zu den Erzählungen werden symbolische Speisen und ungesäuertes Brot (Mazzen) gereicht; dazu wird Wein getrunken. Zu Beginn des Mahls fragt das jüngste Kind: „Warum ist diese Nacht anders als die anderen Nächte?" Daraufhin liest der Vater aus der Pessach-Haggada vor, einem Buch, das die Erzählung aus dem Buch Exodus enthält und weitere Texte und Lieder für die Feier des Sederabends. Das Pessachfest ist aber auch ein Frühlingsfest, mit dem ursprünglich die erste Gerstenernte im Jahr gefeiert wurde. Ab Pessach zählt man 49 Tage bis Schawuot, dem Wochenfest, an dem der Weizen geerntet wurde.

▲ *Gedeckter Tisch beim Sedermahl mit Mazzen und Sederteller, auf dem die symbolischen Speisen zu sehen sind: Bitterkräuter, ein Ei, ein Knochen, Fruchtmus und Salzwasser*

Pogrom

Pogrom (russ. für Krawall, Verwüstung, Zerstörung) wird eine gewalttätige Ausschreitung gegen eine religiöse oder ethnische Minderheit genannt, bei der es zu Plünderungen, Zerstörung von Kulturgut und Eigentum und zu Gewalttaten bis hin zum Mord an Mitgliedern der Minderheit kommt, ohne dass die Täterinnen und Täter von der Obrigkeit bzw. der Justiz zur Rechenschaft gezogen werden.

Purim

Purim ist ein jüdischer Feiertag. Bei dem fröhlichen Fest denkt man an die Errettung der Juden, die nach der Vertreibung durch die Babylonier aus Jerusalem als kleine Gruppe im Perserreich gelebt haben. In der ▸ Synagoge wird an diesem Tag das ganze Buch Ester gelesen. Es erzählt, wie die Juden von Haman, einem Beamten des persischen Königs, unterdrückt und verfolgt werden. Der König bestimmt auf Hamans Drängen durch das Los (hebr. *pur)* einen Tag, an dem sie ermordet werden sollen. Ester, der jüdischen Frau des Königs, gelingt es, ihn umzustimmen und die Juden zu retten, indem sie drei Tage fastet. Deshalb wird einen Tag vor Purim gefastet. Bei der Lesung wird immer, wenn der Name „Haman" genannt wird, gejohlt und mit Klapperinstrumenten Krach gemacht. Viele Kinder und auch Erwachsene verkleiden sich und feiern fröhliche Feste. Man beschenkt sich und gibt Almosen an die Bedürftigen.

Rabbiner

Einen jüdischen Schriftgelehrten oder Religionslehrer nennt man Rabbiner. Zu den Aufgaben eines Rabbiners gehört es auch, über die Einhaltung der Gebote zu wachen, z. B. der Speisegesetze, oder die Gemeindemitglieder seelsorglich zu betreuen. Oft leitet er auch die Gottesdienste, wenn es z. B. keinen Kantor (Vorbeter) gibt. Im konservativen und im liberalen Judentum haben auch Frauen Zugang zu dem Amt.

Reich Gottes

Die Verkündigung des Reiches Gottes ist der Mittelpunkt der frohen Botschaft Jesu. Er verkündete: *„Das Reich Gottes ist nahe"* (▸ Mk 1,15b). Was er damit meint, wird durch seine Gleichnisse und durch seine Wunder deutlich: Das Reich Gottes ist ein Reich der Liebe, des Friedens und der Gerechtigkeit, mit menschlichen Maßstäben nicht vergleichbar. In Jesus Christus ist das Reich Gottes in dieser Welt angebrochen, aber noch nicht vollendet.

▲ *Unterzeichnung des Reichskonkordats am 20. Juli 1933 durch den Vizekanzler des Deutschen Reichs Franz von Papen (links) und Eugenio Pacelli (Mitte), Staatssekretär des Vatikans und späterer Papst Pius XII. Das Konkordat regelt bis heute das Verhältnis zwischen der römisch-katholischen Kirche und dem deutschen Staat.*

Reichskonkordat/Konkordat

Der Begriff Konkordat bezeichnet einen Vertrag zwischen einem Staat und dem Heiligen Stuhl in Rom. Da es sich um Vereinbarungen zwischen zwei Staaten handelt, haben Konkordate einen hohen Stellenwert. Ein Konkordat legt die Zusammenarbeit zwischen der katholischen Kirche und einem Staat fest und regelt die Rechtsposition der katholischen Kirche. Konkordate haben damit unmittelbare Auswirkungen auf das Wirken der katholischen Kirche vor Ort. Der am 20. Juli 1933 unterzeichnete Vertrag zwischen dem Heiligen Stuhl und dem Deutschen Reich wird als Reichskonkordat bezeichnet.

Schabbat

Der Schabbat ist der wöchentliche jüdische Ruhetag. Er beginnt am Vorabend mit Einbruch der Dunkelheit und dauert bis zum nächsten Abend. Gläubige Juden erinnern sich dabei an den Ruhetag der biblischen Schöpfungsgeschichte (▸ Gen 1,1–2,3) und an die Erzählungen vom Auszug aus Ägypten. Am Freitagabend zünden Frauen vor Sonnenuntergang die Schabbat-Kerzen an. Ab dann soll jede Art von Arbeit ruhen. Der Schabbat dient der Erholung und dem Gebet. Meist wird er gemeinsam mit der Familie verbracht und Freunde und Gäste werden zum Essen eingeladen. Gläubige Juden gehen am Schabbat zum Gottesdienst in die ▸ Synagoge.

Schawuot

Das Wochenfest (*Schawua*, hebr. für „Woche") findet 49 Tage nach ▸ Pessach statt. An diesem Fest gedenken Juden der Gabe der ▸ Tora am Berg Sinai. Die erste Nacht des Festes wird traditionell mit dem Studium der Tora verbracht.

SED

Die Sozialistische Einheitspartei Deutschlands (SED) regierte als sogenannte Staatspartei die ▸ DDR bis zur friedlichen Revolution 1989. Sie ging 1949 aus der Zwangsvereinigung von SPD und KPD hervor und unterstand dem Einfluss der Sowjetunion. Neben der SED gab es weitere Parteien („Blockparteien"), z. B. die Christlich-Demokratische Union Deutschlands (CDU) oder die Liberal-Demokratische Partei Deutschlands (LDPD), die jedoch keine politische Macht hatten. Durch ihre Existenz sollte der Anschein eines demokratischen Systems aufrechterhalten werden. Wer nicht SED-Mitglied war, musste mit oft erheblichen Einschränkungen rechnen, z. B. geringere Aufstiegschancen im Beruf oder Nachteile im täglichen Leben.

▲ *Begrüßung des Schabbats: eine Frau entzündet die beiden Schabbat-Kerzen und spricht einen Segen.*

Sexualität, menschliche

Als Sexualität bezeichnet man das auf die Befriedigung der sexuellen Bedürfnisse und die geschlechtliche Vereinigung gerichtete Verhalten des Menschen. Sie dient seiner Fortpflanzung, ist aber auch wesentlicher Bestandteil der Entwicklung seiner Gesamtpersönlichkeit und eine Möglichkeit, Liebe und Zuneigung auszudrücken und zu erleben. Sie erfordert aber auch gegenseitige Verantwortung und Respekt voreinander. Jeder Mensch entwickelt eine individuelle Sexualität. Dabei kann er auch entscheiden, auf sexuelle Aktivität zu verzichten. Die Bibel steht der Sexualität als Teil der Schöpfung Gottes positiv gegenüber. Sie sieht den Sinn in der Ergänzung der Partner und im Auftrag, fruchtbar zu sein (▸ Gen 1,27f.). Nach christlicher Auffassung ist Sexualität offen für Nachkommenschaft.

Shoa

Mit Shoa wird der geplante und systematisch durchgeführte Völkermord an den europäischen Juden durch das nationalsozialistische Regime von 1933–45 bezeichnet sowie die damit verbundenen Gräueltaten und Qualen. Shoa ist ein biblischer Begriff und bedeutet so viel wie „Unheil", „Verderben" oder „Untergang" (▸ Jes 10,3; 47,11; Ps 35,8). Im Neuhebräischen dient das Wort ausschließlich zur Bezeichnung der Verfolgung und Ermordung der europäischen Juden unter dem ▸ Nationalsozialismus.

Ein anderer Begriff für Shoa ist Holocaust. Das Wort stammt aus dem Griechischen und bedeutet „vollständig verbrannt". In der Septuaginta, der griechischen Übersetzung des Alten Testaments, wird der Begriff für „Brandopfer" (z. B. ▸ Gen 22) verwendet. Der Auschwitz-Überlebende und Friedensnobelpreisträger Elie Wiesel (1928–2016) hat den Begriff für die Vernichtung der Juden eingeführt. Allerdings halten religiöse Juden die Verwendung dieses Wortes für unangemessen, weil das Brandopfer der ▸ Tora ein Gott dargebrachtes Opfer ist, und derjenige, der es darbringt, sich in der Obhut Gottes weiß. Holocaust würde in diesem Sinne bedeuten, dass die Juden von Gott als Brandopfer gefordert wurden, während die NS-Täterinnen und -Täter einen nicht zu rechtfertigenden Massenmord begingen.

Welcher der Begriffe verwendet werden sollte, v. a. von Deutschen, ist Gegenstand der Diskussion. Daher ist es sinnvoll, mit beiden Begriffen umgehen zu können. Unabhängig von der Bezeichnung ist es wichtig, das Gedenken an die Gräueltaten während des NS-Regimes wachzuhalten und v. a. der Leugnung der Shoa bzw. des Holocausts durch rechtsradikale Gruppierungen entgegenzutreten.

Simchat Tora

Dieser jüdische Feiertag wird auf Deutsch „Fest der Torafreude" genannt. Die Gläubigen freuen sich über das Geschenk der ▸ Tora. Über ein Jahr hinweg wurde in der ▸ Synagoge Abschnitt für Abschnitt die Tora vorgelesen. An diesem Tag wird der letzte Abschnitt beendet und die Lesung beginnt von vorn. Bei der Feier in der Synagoge werden die Torarollen aus dem Toraschrein genommen und in einer feierlichen Prozession der Gemeindemitglieder durch die Synagoge getragen. Dabei wird gesungen und getanzt.

Speisegesetze

Die jüdischen Speisegesetze *(Kaschrut)* sind z. B. im dritten Buch Mose festgehalten (▸ Lev 11). Dort steht, welche Tiere ▸ koscher sind und verzehrt werden dürfen und welche nicht. Ob ein Lebensmittel oder eine Mahlzeit koscher ist oder nicht, hängt von den Zutaten und der Herstellung bzw. Zubereitung ab. Milch und Fleisch sollen generell getrennt voneinander aufbewahrt, zubereitet und auch gegessen werden (▸ Ex 23,19). Gemüse, Obst, Eier, Honig und Gewürze gelten als neutral und können sowohl mit Milch als auch Fleisch kombiniert werden. In vielen jüdischen Haushalten gibt es einige Gebrauchsgegenstände in der Küche in doppelter Ausführung, z. B. zwei Kühlschränke, um Milchiges und Fleischiges getrennt aufzubewahren, und doppeltes Kochgeschirr. Da der Verzehr von Blut untersagt ist, müssen Tiere so geschlachtet werden, dass sie vollständig ausbluten. Diese rituelle Art des Schlachtens, die auch von Muslimen angewendet wird, nennt man Schächten.

Stasi

▸ Ministerium für Staatssicherheit

Sukkot

Sukkot (dt. Laubhüttenfest) ist eines der drei jüdischen Wallfahrtsfeste (▸ Pessach, ▸ Schawuot). Vor dem Fest bauen die Menschen unter freiem Himmel aus Brettern, Ästen, Zeltplanen o. Ä. eine „Hütte" *(Sukka)*. So wird an die Geschichte der vierzigjährigen Wüstenwanderung des Volkes Israel erinnert. Während der sieben Festtage wird das tägliche Leben nach Möglichkeit in die Hütte verlegt, d. h. die Menschen essen, wohnen, feiern und übernachten u. U. sogar darin. Sukkot ist auch ein Erntedankfest. Man dankt für alle Früchte und bittet um eine gute Ernte im neuen Jahr. Deshalb werden die Laubhütten oft mit Früchten und Blumen geschmückt.

▲ *In der Sukka der liberalen Gemeinde Hannover ist der Tisch für die gemeinsame Feier des Laubhüttenfestes gedeckt.*

Synagoge

Die Synagoge (von griech.: *synagoge* = Zusammenkunft, Versammlung) ist ein „Haus der Versammlung" für eine jüdische Gemeinde. Hier finden Gottesdienste und Gebete statt, doch die Räume einer Synagoge bieten auch Platz für Gemeindeaktivitäten und dienen als Lehrort für das Studium der ▸Tora. Der Toraunterricht wird vom ▸Rabbiner der Gemeinde geleitet. Im Gottesdienst hat er keine hervorgehobene Rolle. Hier leitet meist der Kantor *(Chasan)* die Feier. Ein weiteres Amt ist das des Synagogendieners *(Schammes)*, der einem Mesner in der Kirche vergleichbar ist.
Eine Synagoge ist nach Osten bzw. in Richtung Jerusalem ausgerichtet. In dieser Richtung befindet sich der Toraschrein mit den Torarollen, der von einem Vorhang verhüllt ist. Vor dem Toraschrein hängt eine Lampe, das „Ewige Licht", ein Symbol der Gegenwart Gottes. In der Mitte des Raumes oder vor dem Toraschrein steht, leicht erhöht auf einem Podest, die *Bima*, ein Lesepult, auf dem die Torarollen während der Lesung abgelegt werden. Die Gottesdienstbesucherinnen und -besucher sitzen auf Stühlen oder in Bänken vor dem Lesepult.
Männer und Frauen sitzen traditionell getrennt. In vielen Synagogen gibt es für die Frauen einen eigenen Bereich auf einer Galerie, in liberalen Synagogen können Männer und Frauen gemeinsam im Hauptraum sitzen.
Bis in die 1930-er Jahre gab es über 3000 Synagogen in deutschen Städten und Ortschaften. Sie gehörten selbstverständlich zum Stadtbild. Bei den ▸Pogromen in der Nacht vom 9. auf den 10. November 1938 („Reichspogromnacht") wurden fast alle Synagogen zerstört (▸S. 120) und anschließend abgerissen oder zweckentfremdet als Lagerhäuser, Wohnhäuser etc. Wenige sind, meist eher zufällig, der Zerstörung entgangen. Manche davon werden heute saniert und der Öffentlichkeit als Erinnerungsorte oder Kulturorte für Konzerte oder Lesungen wieder zugänglich gemacht. Gleichzeitig gibt es auch Neubauten von Synagogen, z. B. in München (▸S. 106) und Regensburg.

Talmud

Neben der schriftlichen ▸Tora entwickelte sich im Judentum eine lange Tradition ihrer mündlichen Deutung, Präzisierung, Diskussion, Abwägung und Ergänzung. Das wichtigste schriftliche Zeugnis ist der Talmud (= Studium, Belehrung). Das Grundgerüst und den inneren Kern des Talmuds bildet die **Mischna** (dt. lernen, Wiederholung), welche im 2. Jh. nach der Zerstörung des Jerusalemer Tempels und dem gescheiterten Aufstand gegen Rom zusammengefasst und aufgeschrieben wurde, damit sie nicht verloren ging. Die Mischna besteht aus sechs Kapiteln: landwirtschaftliche Gebote, Fest- und Fasttage, Ehe- und Familienrecht, Zivil-und Strafrecht, Tempelkult und Speisevorschriften und Bestimmungen zu ritueller Reinheit.
Ein weiterer Bestandteil des Talmuds ist die **Gemara** (dt. Studium, Vollendung), eine Sammlung von Diskussionen späterer Gelehrter, welche die Mischna auslegten und diskutierten. Die in der Gemara stattfindenden Interpretationen des Talmuds wurden später verschriftlicht und ca. im 5. Jh. n. Chr. (Jerusalemer Talmud) bzw. 6. Jh. n. Chr. (Babylonischer Talmud) abgeschlossen. Mit dem Verlust des Tempels (70 n. Chr.) und dem Beginn der Diaspora (Zerstreuung der Juden auf der ganzen Welt) wurde die Tora zu einer Art religiöser Heimat, die Juden überallhin begleitete. Spätere Rabbiner kommentierten wiederum den Talmud und setzten so die Tradition der Interpretation der Tora bis heute fort.
Innerhalb des Talmuds gibt es zwei Arten von Texten: Die **Halacha** be-

zeichnet die Gesamtheit der jüdischen Rechtsvorschriften, d. h. religiöser und sozialer Pflichten. Sie entstand in der Auseinandersetzung mit den Texten der Tora und entwickelte sich stetig, weil sich die politischen und sozialen Verhältnisse der jüdischen Gemeinden änderten. Der normativen Halacha steht der erzählerische Teil der **Haggada** gegenüber. Diese Anekdoten, Geschichten, Legenden und Gleichnisse dienen der Unterhaltung und Veranschaulichung der Gesetze und der jüdischen Ethik.

Tora

Die Tora umfasst die Fünf Bücher Mose. Die hebräischen Namen der Bücher leiten sich von deren Anfangsworten ab: *Bereschit* („Im Anfang", 1. Buch), *Schemot* („Buch der Namen", 2. Buch), *Wajirka* („Und er rief", 3. Buch), *Bamidbar* („In der Wüste", 4. Buch) und *Dewarim* („Worte", 5. Buch). Sie beinhalten die Schöpfungserzählung, die Sintflut sowie die Geschichten über die sogenannten Erzväter und -mütter Abraham und Sara, Isaak und Rebekka, Jakob und Lea und Rachel. Die Tora ist der erste und wichtigste Teil der hebräischen Bibel. Die beiden weiteren Hauptteile sind die Propheten *(Newi'im)* sowie die übrigen Schriften *(Ketuwim)*. Besonders wichtige Texte der Tora sind u. a. die Zehn Gebote (▸ Dekalog) sowie das zentrale Gebet Schma Jisrael („Höre Israel", ▸ S. 103). Die Offenbarungen der Tora sind über die Zeit zu den zentralen Glaubensinhalten geworden. Sie erzählen die Geschichte des jüdischen Volkes mit Gott und geben wichtige Orientierung in allen Bereichen des alltäglichen Lebens. Die Lesung aus der Tora ist der zentrale Teil des jüdischen Morgen- und Nachmittagsgottesdienstes und die Torarolle selbst, nicht nur ihr Inhalt, wird verehrt (▸ S. 109).

Vaterjuden

Vaterjude bzw. Vaterjüdin ist der Begriff für eine Person, die einen jüdischen Vater hat und eine nicht-jüdische Mutter. Nach dem jüdischen Religionsgesetz (▸ Halacha) gelten sie nicht als Juden, da die Zugehörigkeit zum Judentum durch die Mutter weitergegeben wird. Im liberalen Judentum werden sie allerdings als Juden anerkannt, wenn sie eine jüdische Erziehung bekommen haben und sich offiziell zum Judentum bekennen.

Weiße Rose

„Weiße Rose" ist der Name einer studentischen Widerstandsgruppe gegen die Diktatur der ▸ Nationalsozialisten. Ihre Mitglieder waren Hans Scholl (1918–1943), seine Schwester Sophie Scholl (1921–1943), Alexander Schmorell (1917–1943), Christoph Probst (1919–1943), Willi Graf (1918–1943) und ihr Hochschullehrer Kurt Huber (1893–1943). Auf Flugblättern verteilten sie zwischen Juni 1942 und Februar 1943 Aufrufe zum Widerstand gegen das verbrecherische NS-System und versuchten so, ihre Mitmenschen wachzurütteln (▸ S. 79). Hans und Sophie Scholl wurden am 18. Februar 1943 bei der Verteilung des sechsten Flugblattes in der Münchener Universität entdeckt und verhaftet. Nach Verhören durch die Gestapo wurden sie und Christoph Probst am 22. Februar 1943 zum Tod verurteilt und noch am selben Tag durch das Fallbeil hingerichtet. Alexander Schmorell, Kurt Huber und Willi Graf wurden in einem zweiten Prozess ebenfalls zum Tod verurteilt. Schmorell und Huber wurden am 13. Juli 1943 enthauptet, Graf am 12. Oktober 1943. Helfer und Mitwisser der Gruppe wurden zu langjährigen Haftstrafen verurteilt.

Zionismus

Der Begriff Zionismus leitet sich ab von „Zion", dem Namen der Festung von Jerusalem zur Zeit Davids. Er wurde später zur Bezeichnung für den Tempelberg und die Stadt insgesamt. Seit der Zerstörung des Tempels durch die Römer (70 n. Chr.) ist damit auch die Hoffnung auf das Kommen des ▸ Messias gemeint, der alle Juden in das Land Israel heimführt, den Tempel

▲ *Die Mitglieder der „Weißen Rose" (v. l. n. r.): Hans und Sophie Scholl, Alexander Schmorell, Christoph Probst, Willi Graf und Kurt Huber*

wieder aufbaut und der Welt den Frieden bringt (▸ Jes 2,3f.; Mi 4,1–4). Davon ist der politische Zionismus zu unterscheiden, der in der zweiten Hälfte des 19. Jahrhunderts als Reaktion auf den modernen ▸ Antisemitismus und die verweigerte Gleichberechtigung der Juden in vielen europäischen Ländern entstand. Als jüdische Nationalbewegung setzte er sich für einen eigenen jüdischen Staat ein. Theodor Herzl machte mit seinem Buch „Der Judenstaat" (1896) den Gedanken einer jüdischen nationalen Heimat populär – auch wenn die meisten orthodoxen, aber auch assimilierte Juden diesen zunächst ablehnten. Der Zivilisationsbruch der ▸ Shoa zeigte die Notwendigkeit eines Zufluchtsortes für Juden. Herzls Vision wurde 1948 mit der Gründung des Staates Israel realisiert. Dieser wurde jedoch von den arabischen Nachbarstaaten nicht anerkannt. Bis heute hat sich – trotz Friedensverträgen mit Ägypten und Jordanien – die Hoffnung auf einen umfassenden Frieden in der Region nicht erfüllt.

Zweites Vatikanisches Konzil

Das Zweite Vatikanische Konzil fand vom 11. Oktober 1962 bis zum 8. Dezember 1965 statt. Es wurde von Papst Johannes XXIII. einberufen. Nach dessen Tod im Jahr 1963 führte Papst Paul VI. das Konzil fort. *Aggiornamento* (ital. für: Aktualisierung, Auffrischung) war das Leitmotiv, unter das Johannes XXIII. das Konzil stellte.
Während vier Sitzungsperioden berieten die versammelten Bischöfe, die „Konzilsväter", über die Themen und Fragen der Weltkirche und wie die Kirche die Botschaft Jesu Christi in einer modernen, sich wandelnden Welt verkünden kann. In insgesamt 16 Konzilsdokumenten wurden die Ergebnisse verabschiedet. Diese Dokumente sind für alle Gläubigen der katholischen Kirche bindend. Sie befassen sich sowohl mit innerkirchlichen (Glaubens-)Fragen als auch mit dem Verhältnis von Kirche und Welt.
Ein zentraler Punkt ist das Neubedenken des **Kirchenverständnisses**. Die Dogmatische Konstitution über die Kirche *Lumen gentium* („Licht der Völker") ergänzt die hierarchische Grundordnung der Kirche um den Gedanken der *Communio* und unterstreicht die Bedeutung der Gläubigen als Volk Gottes: Priester und Laien sind gemeinsam Kirche. Dies hat direkte Auswirkungen auf das Leben in den Gemeinden: Laiinnen und Laien übernehmen gemeinsam mit dem Priester auf unterschiedliche Weise Verantwortung für die Gemeinde, z. B. im Pfarrgemeinderat. Auch im Gottesdienst zeigt sich das gewandelte Verständnis, z. B. indem der Priester nicht mehr, wie vor dem Konzil, mit dem Rücken zur Gemeinde steht, sondern mit Blick in Richtung der Gläubigen den Gottesdienst feiert.
Die Konstitution *Sacrosanctum concilium* („Das heilige Konzil", Abk.: *SC*) ist die Grundlage für eine **Reform der Liturgie**. Die Gläubigen sollen im Gottesdienst am liturgischen Geschehen teilhaben und mitwirken können. Daraus folgt z. B., dass die Liturgie in der jeweiligen Landessprache gefeiert wird; bis zur Reform war Latein die alleinige Sprache der Liturgie. Zudem begrüßt SC neben der Eucharistiefeier weitere Formen des Gottesdienstes (z. B. Wortgottesdienste).
Im Dekret über den Ökumenismus *Unitatis redintegratio* („Über die Einheit der Christen") bestimmte das Konzil das **Verhältnis der Kirche zu den anderen christlichen Kirchen und kirchlichen Gemeinschaften** neu. Ohne den Anspruch der „einen und einzigen Kirche Gottes" (Unitatis redintegratio, I,3) aufzugeben, wird ein geschwisterlicher Weg zu den anderen christlichen Kirchen gesucht.
Die Erklärung *Nostra Aetate* („In unserer Zeit", ▸ S. 122) befasst sich mit dem **Verhältnis zu den nichtchristlichen Religionen** und würdigt diese als eigene Wege auf der Suche nach Wahrheit. Mit der Erklärung *Dignitatis Humanae* („Die Würde der menschlichen Person") spricht sich die Kirche grundsätzlich für die **Religionsfreiheit** aus und das Recht jedes Menschen, seinen individuellen Glauben zu praktizieren, auch wenn dieser dem katholischen Glauben widerspricht (▸ S. 98).
Durch die Konstitution *Gaudium et spes* („Freude und Hoffnung") über „die Kirche in der Welt von heute" beschreibt die Kirche ihr **Verhältnis zur säkularen Gesellschaft** und wie das Leben in dieser Gesellschaft im christlichen Glauben gründen kann, und trifft grundlegende Aussagen u. a. zum Menschenbild, zur modernen Arbeitswelt, zu Ehe und Familie, zum Verhältnis von Kirche und Staat.
Kritik rief das Konzil bei der Gruppe der Traditionalisten hervor, denen die Reformen und die Öffnung der Kirche zu weit gingen. Sie setzten sich besonders im Bereich der Liturgie dafür ein, auch altvertraute Formen wieder zuzulassen. Andere sehen im Konzil nur einen ersten Aufbruch, weil andere Fragen (politisches Engagement der Kirche, Zölibat, Frauenordination etc.) noch aufgegriffen werden müssten.

Gesamt-Netzkarte

Diese Übersicht zeigt das Streckennetz dieses Schuljahres mit den fünf Kapiteln in den jeweiligen Farben. Die Umsteigehaltestellen zeigen mögliche inhaltliche Verbindungen zwischen den einzelnen Kapiteln an; ihr entdeckt sicher noch weitere! Damit könnt ihr zusammen mit eurer Lehrerin, eurem Lehrer eigene Lernwege planen.

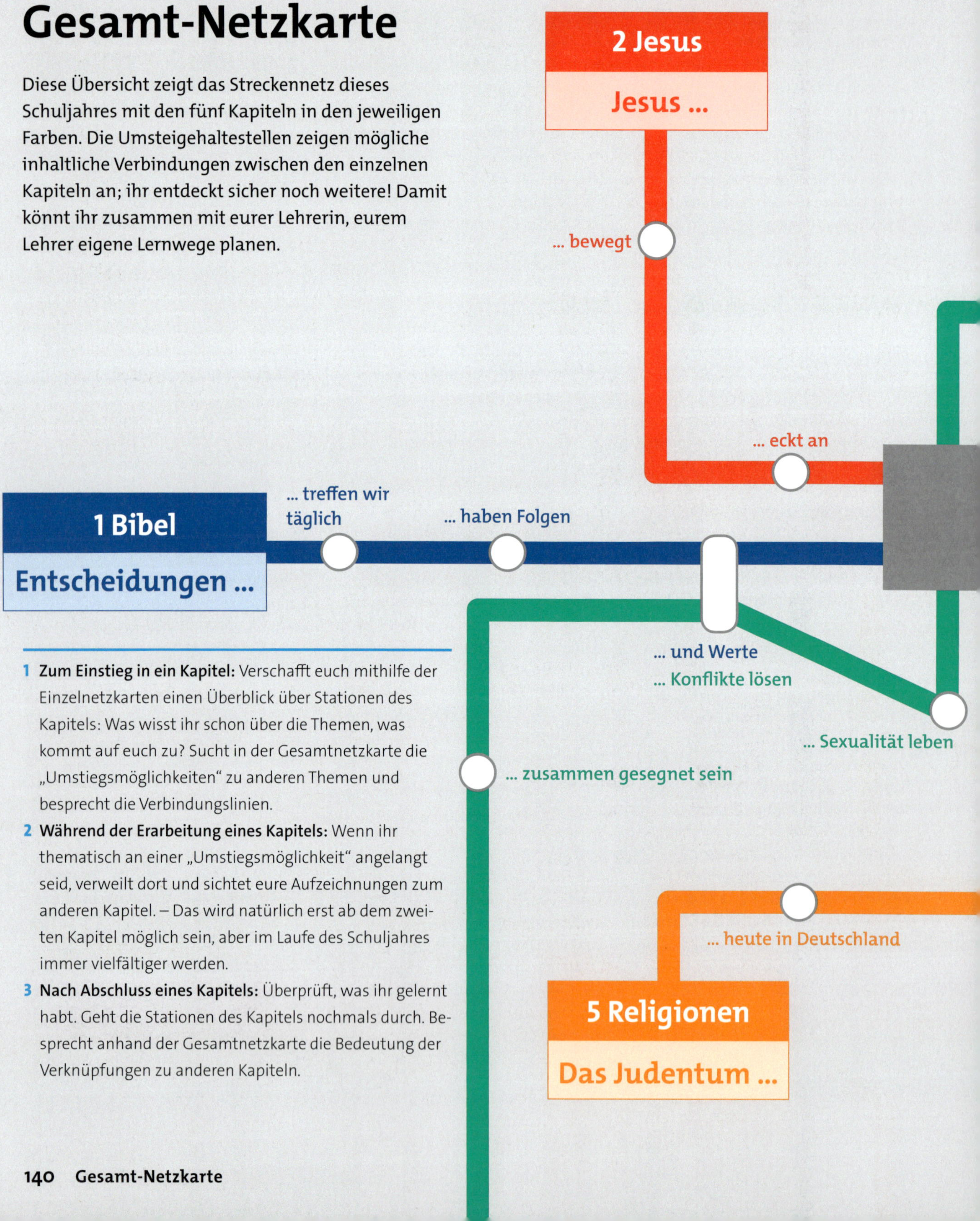

1. **Zum Einstieg in ein Kapitel:** Verschafft euch mithilfe der Einzelnetzkarten einen Überblick über Stationen des Kapitels: Was wisst ihr schon über die Themen, was kommt auf euch zu? Sucht in der Gesamtnetzkarte die „Umstiegsmöglichkeiten" zu anderen Themen und besprecht die Verbindungslinien.
2. **Während der Erarbeitung eines Kapitels:** Wenn ihr thematisch an einer „Umstiegsmöglichkeit" angelangt seid, verweilt dort und sichtet eure Aufzeichnungen zum anderen Kapitel. – Das wird natürlich erst ab dem zweiten Kapitel möglich sein, aber im Laufe des Schuljahres immer vielfältiger werden.
3. **Nach Abschluss eines Kapitels:** Überprüft, was ihr gelernt habt. Geht die Stationen des Kapitels nochmals durch. Besprecht anhand der Gesamtnetzkarte die Bedeutung der Verknüpfungen zu anderen Kapiteln.

Profi-Tipp

Vernetzt lernen – das bedeutet zu erkennen, dass vieles miteinander zusammenhängt.

Wenn ihr euch beispielsweise in Kapitel 1 „Entscheidungen treffen“ intensiv mit Werten als Grundlagen für Entscheidungen und den Folgen von Entscheidungen beschäftigt, könnt ihr weitere Querverbindungen zu anderen Kapiteln und Themen entdecken, z. B.:

- Vergebung und Versöhnung ▸ S. 46
- christliches Menschenbild ▸ S. 66
- christlicher Widerstand im Nationalsozialismus ▸ S. 86
- jüdisch-christlicher Dialog ▸ S. 122

Verzeichnis der Bibelstellen

Quellennachweis

Bilder

Umschlag siehe S. 78 und 35 u.li. 4 Meret Oppenheim, La condition humaine (Da stehen wir), 1973, 90 x 100 cm, Sotheby's Picture Library/© VG Bild-Kunst, Bonn 2024 (Detail) – Shutterstock.com/Vicky Varotariya (Detail) – Jean Klare, Atlas der Erlebniswelten/Atlas van de Belevingswereld (Detail) 5 stock.adobe.com/Stocksy/Margaret Vincent (Detail) – Rafael Herlich (Detail) 6 Meret Oppenheim, La condition humaine (Da stehen wir), 1973, 90 x 100 cm, Sotheby's Picture Library/© VG Bild-Kunst, Bonn 2024 8 stock.adobe.com/JOE LORENZ DESIGN (Detail) – Szenenbild aus Film „Drachenläufer": mauritius images/United Archives GmbH/Alamy (Detail) – Bevor ich sterbe …: Haus der Katholischen Kirche, Stuttgart/Sr. Nicola Maria Schmitt (Detail) 9 Inside, 2022, Weißbeton mit Marmorzusatz, Edelstahlspiegel © Hans Thomann, www.hansthomann.com (Detail) – „Fast Fashion - eine Bilanz in 3 Teilen" von: Christliche Initiative Romero (ci-romero.de), Grafik: Nikola Berger (Nikobe.net) unter CC-BY-NC-SA 4.0 (Detail) – Udo Lindenberg (Detail) 10 stock.adobe.com/JOE LORENZ DESIGN 12 mauritius images/United Archives GmbH/Alamy 14 Haus der Katholischen Kirche, Stuttgart/Sr. Nicola Maria Schmitt 16 Inside, 2022, Weißbeton mit Marmorzusatz, Edelstahlspiegel © Hans Thomann, www.hansthomann.com 19 mauritius images/alamy stock photo/Photo Vault 20 Udo Lindenberg 21 Udo Lindenberg 22 Günther Uecker, Dialog Matthäus 5,43–44, 2002, Graphit, Farbe, Papier, Nägel, Holz, 32 x 45 cm, Günther Uecker/Sammlung Maximilian und Agathe Weishaupt, © VG Bild-Kunst, 2024 27 „Fast Fashion - eine Bilanz in 3 Teilen" von: Christliche Initiative Romero (ci-romero.de) Grafik: Nikola Berger (Nikobe.net) unter CC-BY-NC-SA 4.0 28 James Hopkins, Wasted Youth, 2006, Mixed media, 190 x 160 x 30 cm, Foto: James Hopkins 29 Paul Klee (1879-1940), Last, 1939, 837, Bleistift auf Papier auf Karton, 29,5 x 21 cm, Privatbesitz, Schweiz, Depositum im Zentrum Paul Klee, Bern, Bildnachweis: Zentrum Paul Klee, Bern, Bildarchiv 30 Shutterstock.com/Vicky Varotariya 31 akg images WHA / World History Archive 32 akg images/Pascal Deloche/Godong/(Detail) – o. re.: Dietmar Rabich (Detail) – u.: Dillinger Franziskanerinnen; Deutsche Provinz (vormals: Bamberger Provinz), Foto: Sr. Wiltrud Frisch (Detail) 33 o.: mauritius images/alamy stock photo (Detail) – Banksy, Blumenwerfer, Graffito, Betlehem, mauritius images/alamy stock photo/Matthias Kestel (Detail) – stock.adobe.com/Gabriela (Detail) 35 o.li.: akg-images/Pascal Deloche/Godong – o.re.: dpa Picture-Alliance/picture-alliance/dieKLEINERT.de/Norbert Gersten – u.li.: mauritius images/alamy stock photo/urbanbuzz – u.re.: Imago Stock & People GmbH/Agencia EFE/xAlejandroxErnestox HAB02 20170715-636356855725108712\r\n\r 36 Jesus Christ Superstar, Staatstheater am Gärtnerplatz, München; Foto © Marie Laure Briane 37 dpa Picture-Alliance/dpa 38 Dietmar Rabich 39 Bettina Caroline Germaine Rheims, série I.N.R.I., La Femme adultère, Mars 1997, Ville Evrard/© VG Bild-Kunst, Bonn 2024 41 mauritius images/alamy stock photo 43 stock.adobe.com/Gabriela 44 Leonardo da Vinci (1452–1519), Das letzte Abendmahl, 1495–98, Cenacolo di S. Maria delle Grazie, Mailand, bpk/Alinari Archives/Ranzani Mauro – Matthias Grünewald (um 1480–um 1530), Christus am Kreuz zwischen Maria und Johannes, 1523/24, Mischtechnik auf Nadelholz, 195,5 x 142,5 cm, bpk/Staatliche Kunsthalle Karlsruhe/Wolfgang Pankoke – Rembrandt Harmenszoon van Rijn (1606–1669), Ein Christus nach dem Leben, 1648, Öl auf Holz, 25 x 21,6 cm, bpk/Gemäldegalerie, SMB/Volker-H. Schneider 45 Michael Triegel (*1968), Imago, 2019, Mischtechnik auf MDF, 129,5 x 75 cm, Foto: Galerie Schwind, Leipzig/© VG Bild-Kunst, Bonn 2024 47 Banksy, Blumenwerfer, Graffito, -Betlehem, mauritius images/alamy stock photo/Matthias Kestel 48 stock.adobe.com/momius 49 dpa Picture-Alliance/Spaziani/Stefano Spaziani 50 mauritius images/alamy stock photo/Firn – Franziskusfries, 1985 (Detail: Franziskus küsst den Aussätzigen), Dillinger Franziskanerinnen; Deutsche Provinz (vormals: Bamberger Provinz), Foto: Sr. Wiltrud Frisch 51 dpa Picture-Alliance/ASSOCIATED PRESS/AP Content – re.: Imago Stock & People GmbH/Stefan M Prager\r 53 Konstantin Lindner 54 Jean Klare, Atlas der Erlebniswelten/Atlas van de Belevingswereld 56 stock.adobe.com/Aliaksandr Marko (Detail) 57 dpa Picture-Alliance/PhotoAlto – ULAY, S'he, 1973–1974, 3 Autopolaroid Typ 108", 2020, bpk/Städel Museum/Ulay © VG Bild-Kunst, Bonn 2024 (Detail) 58 www.beautycheck.de 60 dpa Picture-Alliance/PhotoAlto 61 Pinkstinks Germany e.V. – Karikatur: Renate Alf 62 liebeskummerpillen GmbH 65 Shutterstock.com/zzima 66 Gott vermählt Adam und Eva, Jean Fouquet (1420–1478 od. 1481)/Atelier Jean Fouquet, Illumination aus Antiquités judaïques von Flavius Josephus, um 1470,

Tours, Ms Fr 247 f.3, Foto: Bridgeman Images 69 Ulay, S'he, 1973–1974, 3 Autopolaroid Typ 108", 8,5 x 10,8 cm, Inventar-Nr.: St.F.3941, Städel Museum, Frankfurt am Main, © bpk/Städel Museum/Ulay © VG Bild-Kunst, Bonn 2024 71 Nummer gegen Kummer e.V. 72 stock.adobe.com/Aliaksandr Marko 73 Dorthe Landschulz 75 Original von Koroush Namazi, Acrylgemälde „Augen der Liebe", 2017, Foto: Galerie EventART - Die Kunstmacher 78 stock.adobe.com/Stocksy/Margaret Vincent 79 dpa Picture Alliance/Sven Hoppe 80 o.: dpa Picture-Alliance/Lehtikuva_Oy/Lehtikuva Oy (Detail) - m.: dpa Picture-Alliance/ZB/dpa-Zentralbild/Waltraud Grubitzsch (Detail) - u.: Mika Springwald (Detail) 81 v.o.n.u.: dpa Picture-Alliance/Kommunikationsbüro_Linz/epa apa Erna Putz (Detail) - Bundesarchiv, R 3017 Bild-03828-6, o. Ang. (Detail) – dpa Picture-Alliance/Boris Roessler (Detail) – dpa Picture-Alliance/dpa/MAXPPP (Detail) 82 o.: dpa Picture-Alliance/dpa/MAXPPP - u.: dpa Picture-Alliance/EPA FILE/T. Mughal 83 Karte: Cornelsen/Dieter Stade 84 Karte: Cornelsen/Dieter Stade 85 dpa Picture-Alliance/Boris Roessler 86 Archiv des Deutschen Caritasverbandes, FA 122 87 o.: interfoto e.k./Inst.f.Zeitges - Bundesarchiv, R 3017 Bild-03828-6, o. Ang. 89 Mika Springwald 90 dpa Picture-Alliance/Kommunikationsbüro_Linz/epa apa Erna Putz 92 akg-images/Sammlung Berliner Verlag/Archiv 94 Porträts: o.li. Susanne Hartzsch-Trauer, Zwickau, u.li. Josephine Keßling, Hannover, o.re. Lothar Rochau, u.re. Frank Pfeifer, Leipzig 95 dpa Picture-Alliance/ZB/dpa-Zentralbild/Waltraud Grubitzsch 97 u.li.: dpa Picture-Alliance/Lehtikuva_Oy/Lehtikuva Oy – o.re.: dpa Picture-Alliance/PAP/PAI/JAN MOREK 99 © KIRCHE IN NOT; aus: „Religionsfreiheit weltweit - Bericht 2023", KIRCHE IN NOT (ACN) International, Juni 2023, S. 99 101 Antoun Rezk 102 Rafael Herlich 104 o.: Shutterstock.com/Lubos Imramovsky (Detail) – dpa Picture-Alliance/Paul Zinken (Detail) 105 v.o.n.u.: stock.adobe.com/tomertu (Detail) - Maurycy Gottlieb (1856–1879), Jesus predigt in Kafernaum, 1878/1879, Öl auf Leinwand, 271,5 x 209 cm, Nationalmuseum, Warschau, akg-images/Heritage Images/Fine Art Images (Detail) - Siegel der jüdischen Gemeinde von Augsburg (1298), Urkundensammlung 1298 VIII_23 Stadtarchiv Augsburg, StadtAA/00471/AUS/1298 VIII 23 (Detail) – mauritius images/alamy stock photo/Miriam Reik (Detail) 106 v.re.o. im Uhrzeigersinn: mauritius images/SZ Photo Creative - dpa Picture-Alliance/Paul Zinken – Imago Stock & People GmbH/epd\r – dpa Picture-Alliance/Oleksandr Latkun/Zoonar.com/Zoonar - Imago Stock & People GmbH/Klaus Haag\r - MAKKABI Deutschland - mauritius images / Masterfile RM – Zentralrat der Juden in Deutschland/Gregor Zielke 109 mauritius images/alamy stock photo/Miriam Reik 110 Emoji: stock.adobe.com/vadymstock – Shutterstock.com/Lucky-photographer 111 Shutterstock.com/Lubos Imramovsky 112 o. li.: Religramme/Patrice Kunte - Shutterstock.com/Jana Kollarova - o. re.: Imago Stock & People GmbH/Newscom World 115 stock.adobe.com/tomertu 116 Maurycy Gottlieb (1856–1879) Jesus predigt in Kafernaum, 1878/1879, Öl auf Leinwand, 271,5 x 209 cm, Nationalmuseum, Warschau, akg-images/Heritage Images/Fine Art Images 118 Jüdischer Arzt, Holzschnitt (1487), aus: Hans Schobser (Drucker), Augsburg 1487, bpk/Dietmar Katz - Siegel der jüdischen Gemeinde von Augsburg (1298), Urkundensammlung 1298 VIII_23 Stadtarchiv Augsburg, StadtAA/00471/AUS/1298 VIII 23 119 o.re.: akg-images/van Ham/Saöa Fuis, Köln - o.li.: akg-images/British Library - u.: Ecclesia und Synagoge: Details aus dem Portal der Liebfrauenkirche, französische Gotik, Trier, Fotos: mauritius images/Fabian von Poser 120 li.: bpk/Bayerische Staatsbibliothek/Heinrich Hoffmann – re.: akg images 121 Lena Prytula – Karte: Cornelsen/Detlef Seidensticker 122/123 Kampagnenplakate #beziehungsweise: jüdisch und christlich – näher als du denkst, www.juedisch-beziehungsweise-christlich.de 125 dpa Picture-Alliance - Podcast Freitagnacht Jews/WDR, Foto: Maximilian König 127 Cornelsen/Dieter Stade 129 dpa Picture-Alliance/SZ Photo 131 Christus Pantokrator, byzantinische Ikone, 1262/63, Tempera auf Holz, 135 × 93 cm, Ohrid, Ikonengalerie Sveti Kliment, akg-images/André Held 134 mauritius images/alamy stock photo/Inna Reznik 135 o.: akg images – u.: Bridgeman Images/Vicky Alhadeff 137 dpa Picture-Alliance/Peter Steffen 138 v.li.n.re.: dpa Picture-Alliance – Bridgeman Images – Bridgeman Images/SZ Photo – interfoto e.k./awkz – Bridgeman Images/SZ Photo – Bridgeman Images/SZ Photo

Texte und Lieder

Alle Texte ohne Quellenangabe stammen von den Autorinnen und Autoren dieses Bandes. Die Bibeltexte sind zitiert nach: Die Bibel. Einheitsübersetzung der Heiligen Schrift, vollständig aktualisierte und überarbeitete Ausgabe, © 2016 Katholische Bibelanstalt GmbH Stuttgart

9 wikipedia, Stichwort „Ethik" - Duden Deutsches Universalwörterbuch, 9. Aufl. 2019, Stichwort „Ethik" - Lexikon für Theologie und Kirche, 3. Aufl., Bd. 3, S. 902, Herder, Stichwort „Ethik" 12/13 Khaled Hosseini, Drachenläufer, für die deutschsprachige Ausgabe: © 2019 S. Fischer Verlag GmbH, Frankfurt/M., © der deutschen Übersetzung: 2003 Berlin Verlag, S. 7, 115, 119f., 311 15 Edition Guerilla Entertainment/Universal Music Publishing GmbH, Berlin/BMG Rights Management GmbH, Berlin/Beatgees Publishing GbR, Berlin, Hanan Hamdi/Hannes Büscher/David Vogt/Philip Böllhoff/Sipho Sililo/Fabian Römer 16 Meine innere Stimme: Bogdan Metal Edition/BMG Rights Management GmbH, Berlin / Banshee Publishing Edition/Musik Edition Discoton GmbH, Berlin / Rainer Stefan Loose - Theodor Fontane, Cécile, Berlin 1886 - Erich Kästner zugeschrieben – Das Gewissen: Mike Paulenz, Benjamin Schwenen 18 Stanislav Jerzy Lec, Unfrisierte Gedanken, 5. Aufl. , München 2022, Hanser, S. 105 19 Anne Frank Tagebuch, hg. v. Otto Frank/Mirjam Pressler, übersetzt von Mirjam Pressler, 29. Aufl. Frankfurt a. M. 2020, Fischer Verlag, Eintrag 6.7.1944 26 Arbeits- und Menschenrechte in der Textilindustrie, in: Bundeszentrale für politische Bildung, Dossier Menschenrechte, 12.10.2009 – Der große Stau der alten Kleider - Eine Branche am Rande des Kollaps. Von Larissa Schwedes, Gioia Forster und Johannes Neudecker, 25.06.2020 © dpa – Insa Wrede: Der Altkleider-Wahnsinn, dw.com, 27.11.2018 (https://www.dw.com/de/der-altkleider-wahnsinn-mit-spenden-schlechtes-tun/a-46450796) 29 Richard von Weizsäcker, https://www.aphorismen.de/zitat/176162 31 Bernd Kollmann, Das Grabtuch von Turin - ein Porträt Jesu?, Freiburg i.Br. 2012, S. 9f. 33 Kurt Marti, Wer ist Jesus für Sie?, in: Der Heilige Geist ist keine Zimmerlinde. 80 ausgewählte Texte, 2. Aufl. 2001, Freiburg i.Br., S. 123f. - Ders., in: Paul K. Kurz (Hg.), Wem gehört die Erde. Neue religiöse Gedichte, Matthias Grünewald Verlag, 1984, S. 119 34 Paul-Henri Campbell in Martina Senghas: Die bunten Kathedralen des Selbst, deutschlandfunkkultur.de 02.06.2019 (https:// www.deutschlandfunkkultur.de/religion-und-taetowierung-die-bunten-kathedralen-des-selbst-100.html) 36 Universal Music Publ. GmbH/MCA Music GmbH, Hamburg / Timothy Rice 38 Oliver Dyma, Ehe (AT), https://www.bibelwissenschaft.de/wibilex/das-bibellexikon/lexikon/sachwort/anzeigen/details/ehe-at/ch/5b80cbbe808bd8443559f83e85f92986/#h22 41 Evangelii gaudium Nr. 49 und 46 42 Papst Benedikt XVI. (Joseph Ratzinger), Jesus von Nazaret, Herder, Freiburg i. Br. 2017, S. 736 43 Übersetzung Redaktion 49 Meine engen Grenzen: Text: Eugen Eckert; Musik: Winfried Heurich, Lahn-Verlag in der Butzon & Bercker GmbH, Kevelaer, www.bube.de/Eugen Eckert – Papst Franziskus, Ansprache an die Deutsche Bischofskonferenz zu ihrem Besuch, 20.11.2015, https://www.vatican.va/content/francesco/de/speeches/2015/november/documents/papa-francesco_20151120_adlimina-rep-fed-germania.html 52 Tomáš Halík, Geduld mit Gott – die Geschichte von Zachäus heute, übersetzt von Vratislav J. Slezák, Herder, Freiburg i.Br. 2017, S. 208f. 53 Hilde Domin, Ecce Homo, in: Gesammelte Gedichte, S. Fischer, 1987, S. 345 55 Erich Fried, Was es ist, in: Liebesgedichte, Angstgedichte, Zorngedichte, Wagenbach, 1983 – Arthur Schopenhauer: Parerga und Paralipomena: kleine philosophische Schriften, Band 1, Berlin 1851, S. 524f. 57 Ein Kompliment: Mattenplatten Musik GmbH bei Neue Welt Musikverlag GmbH, Hamburg/John-Steam-Verlag Florian Weber/Phantom Orchester Verlag Rüdiger Linhof/Peter Stephan Brugger/Rüdiger Linhof/Florian Weber - Wenn Worte meine Sprache wären: Rückbank Musikverlag, Hamburg/Tim Bendzko 58 Topmodel: Edition 0711 Büro/Arabella Musikverlag GmbH, Berlin/Nuez Music/Reach Global (UK)Limited/Jean-Christoph Ritter/Joao Caiola Dos Santos 64 Laut sein für inklusive Liebe, Aktion Mensch, https://www.aktion-

mensch.de/menschen-und-geschichten/aus-dem-leben/inklusive-beziehung 65 Leeroy Matata 71 Sofia Market in: KatBl 1/2020, S. 45 72 Gotteslob, 604,6, Katholische Bibelanstalt GmbH Stuttgart, 2013 – Youcat Nr. 260 73 Martin Buber, Werke I. Schriften zur Philosophie, Kösel, 1962, S. 88 – Ulrich Beer zitiert nach: https:// gutezitate.com/zitat/211188 74 Wilhelm Willms, Spielregel, in: Mitgift: eine Gabe mitgegeben in die Ehe, Butzon und Bercker, Kevelaer 1980 76 David Lugert 77 aus: Vielfalt leben. Alle sind willkommen! Sexuelle Vielfalt und KjG Beschluss der Diözesankonferenz 2015, www.kjg-bamberg.de/wir-ueber-uns/projekte/sexuelle-vielfalt – Leitbild „Geschlechtervielfalt in der KjG", hg. von der Bundesstelle der Katholischen jungen Gemeinde e.V., 2018, S. 12 79 IV. Flugblatt der Weißen Rose, 1942, https://www.weisse-rose-stiftung.de/widerstandsgruppe-weisse-rose/flugblaetter/iv-flugblatt-der-weissen-rose/ – Anneliese Knoop-Graf/Inge Jens (Hg.), Willi Graf. Briefe und Aufzeichnungen, Frankfurt a. M.: Fischer, 2. Aufl. 2004, S. 199–200 – Bundesministerium für wirtschaftliche Zusammenarbeit und Auswärtiges Amt (Hg.), Zweiter Bericht der Bundesregierung zur weltweiten Lage der Religionsfreiheit. Berichtszeitraum 2018–2019, 2020, S. 16 82 Asia Bibi, Rettet mich! Eine pakistanische Frau kämpft gegen ihre Hinrichtung, übersetzt von Alexandra Baisch, Droemer Knaur, 2011, S. 105 85 Karin Hammer, Versöhner und Brückenbauer, in: Standpunkte, Nr. 9/2013 hg. von der Hessischen Stiftung Friedens- und Konfliktforschung, Editorial – Friedenserklärung von Kaduna: zitiert nach: Standpunkte, Nr. 9/2013, S. 9, eigene Übersetzung 86 https://www.hausaufderalb.de/gertrud-luckner 88/89 Bischof Clemens August Graf von Galen. Akten, Briefe und Predigten 1933-1946. Bd. II: 1939-1946, bearb. v. Peter Löffler, Veröffentlichungen der Kommission für Zeitgeschichte. Reihe A: Quellen, Bd. 42, Mainz: Matthias-Grünewald-Verlag, 1988, S. 876ff, 901f. – Deutsche Bischöfe im Weltkrieg. Wort zum Ende des Zweiten Weltkriegs vor 75 Jahren (Die Deutschen Bischöfe 107), hg. vom Sekretariat der Deutschen Bischofskonferenz, 2020, S. 21 90 Erna Putz, Franz Jägerstätter. Märtyrer – Leuchtendes Beispiel in dunkler Zeit, Buchverlag Franz Steinmaßl, 2007, S. 69 und S. 85 – Erna Putz, Franz Jägerstätter „… besser die Hände als der Wille gefesselt …", Buchverlag Franz Steinmaßl, 1997, S. 293 92 Zitate aus: So habe ich das erlebt, Buchreihe „Spurensicherung", Bd. III: „Leben in der DDR", Schkeuditz: GNN Verlag, Verlagsgesellschaft für Sachsen/Berlin mbH, 2000, S. 179–185 [vermutl.] 93 www.zeitzeugenbüro.de (Online-Dokument), https://www.zeitzeugenbuero.de/index.php?id=-detail&tx_zrwzeitzeugenzeitzeugen%5Buid%5D=404&tx_zrwzeitzeugen_zeitzeugen%5Bcontroller%5D=Zeitzeugen, Abrufdatum: 9.5.2021 – Gemeinsames Hirtenwort der katholischen Bischöfe in der DDR zur österlichen Bußzeit 1981, 1992, in: Gerhard Lange / Ursula Pruß / Franz Schrader / Siegfried Seifert (Hgg.), Katholische Kirche – Sozialistischer Staat, Dokumente und öffentliche Äußerungen 1945–1990, S. 303 94 Zitate: www.zeitzeugenbüro.de, Susanne Hartzsch-Trauer, Zwickau; Josefine Keßling, Hannover; Lothar Rochau, Halle; Frank Pfeifer, Leipzig 95 Interview: Johannes Süßmann/epd, Die Kirche hat eine riesengroße Rolle gespielt, epd 4.10.2019, https://www.ekd.de/evangelische-kirche-friedliche-revolution-uwe-schwabe-interview-50257.htm, Abrufdatum: 24.7.2023 97 Papst Johannes Paul II., Ansprache von Papst Johannes Paul II. am Beginn des Pontifikats, 22.10.1978, Libreria Editrice Vaticana – Ders., Messe in Krakau 10. Juni 1979, Libreria Editrice Vaticana, eigene Übersetzung 98 „Miesbacher Richter hängt Kreuz wieder auf", 01.02.2018 © KNA 100 3. Ökumenischer Bericht zur Religionsfreiheit weltweit 2023. Eine christliche Perspektive auf ein universelles Menschenrecht, Gemeinsame Texte Nr. 28, hg. vom Sekretariat der Deutschen Bischofskonferenz, 2023, S. 9 und 11 101 Papst Johannes Paul II., Allgemeines Gebet, Schuldbekenntnis und Vergebungsbitte beim Pontifikalgottesdienst am 12.03.2000 in St. Peter in Rom, Libreria Editrice Vaticana 103 Ben Salomo, https://genius.com/Ben-salomo-identitat-lyrics – Homolka, Walter; Hanna Liss; Rüdiger Liwak, Die Tora. Die fünf Bücher Mose und die Prophetenlesungen (hebräisch-deutsch), Freiburg i.Br., Herder, 2015, S. 723 105 Papst Johannes Paul II., Ansprache beim Treffen mit der jüdischen Gemeinde in der Synagoge von Rom, 13.04.1986, Libreria Editrice Vaticana – Papst Franziskus, Ansprache beim Besuch der römischen Synagoge, 17.01.2016, Libreria Editrice Vaticana – Erklärung der europäischen Rabbinerkonferenz gemeinsam mit dem Rabbinischen Rat von Amerika, 01.02.2017, JC Relations: JCR 107 Rede des Bundespräsidenten Frank-Walter Steinmeier anlässlich des Gemeindetags des Zentralrats der Juden in Berlin 19.12.2019 – Interview mit Michael Ushakov in: Neues Deutschland online, Autorin: Inga Dreyer, https://www.neues-deutschland.de/artikel/1132258.antisemitismus-viele-glauben-dass-alle-juden-tot-sind.html, 31.1.2020 111 Homolka, Walter; Hanna Liss; Rüdiger Liwak, Die Tora. Die fünf Bücher Mose und die Prophetenlesungen (hebräisch-deutsch), Herder, 2015 114 Abraham Jehuda Heschel (Übers. Ruth Olmendahl), zitiert nach Andreas Nachama, Walter Homolka und Hartmut Bomhoff, Basiswissen Judentum, Herder, Freiburg i. Br. 2015, S. 233f. 115 Zitiert nach Andreas Nachama, Walter Homolka und Hartmut Bomhoff, Basiswissen Judentum, Herder, Freiburg i. Br. 2015, S. 240 117 Rabbi Shraga Simmons, Why Jews don't believe in Jesus, https://www.aish.com/jw/s/48892792.html, eigene Übersetzung – Julius Wellhausen, Einleitung in die drei ersten Evangelien, 1905, S. 113 – Bertram Stubenrauch, in: Nicht an der Dreizahl hängen. Der Dogmatiker Bertram Stubenrauch erklärt die Trinität, interview von Agathe Lukassek, katholisch.de, 2016 – Martin Buber, Briefwechsel aus sieben Jahrzehnten. In 3 Bänden hrsg. und eingeleitet von Grete Schaeder. 1972–75, Bd. III, Lambert Schneider, Heidelberg, S. 75 – Homolka, Walter; Magnus Striet, Christologie auf dem Prüfstand. Jesus der Jude – Christus der Erlöser, Herder, 2019, S. 70. 118 Überschrift der DS: „Eine Geschichte mit Höhen und Tiefen" zitiert nach: 1700 Jahre jüdisches Leben. Impuls von Dr. Josef Schuster, Präsident des Zentralrats der Juden in Deutschland, bei der Online-Veranstaltung „Jüdisches Leben in Deutschland – Gemeinsam zu einem neuen Miteinander" 06.01.2021 https://www.zentralratderjuden.de/aktuelle-meldung/1700-jahre-juedisches-leben/ 119 Schoeps, Julius/Wallenborn Hiltrud, Juden in Europa – Ihre Geschichte in Quellen. Band 1, WBG, 2001, S. 114 – Julius Höxter/Michael Tilly, Quellentexte zur jüdischen Geschichte und Literatur, marixverlag, 2009, S. 260f. – Andreas Pangritz, Theologie und Antisemitismus. Das Beispiel Luthers, Peter Lang, 2017, S. 362 – Moses Mendelssohn: Schriften über Religion und Aufklärung, 1989, S. 451ff. 120 Gemeinsame Erklärung von EKD und DBK, Pressemeldung 007, 24.01.2020, https://www.dbk.de/presse/aktuelles/meldung/gemeinsame-erklaerung-der-katholischen-und-evangelischen-kirche-zum-75-jahrestag-der-befreiung-des-k 121 Elie Wiesel, zitiert nach „Wo war Gott in Auschwitz?", Podcast von Jens Rosbach, Deutschlandfunk Kultur, 2017 – Epoche der Juden in Deutschland: zitiert nach: 1700 Jahre jüdisches Leben. Impuls von Dr. Josef Schuster, Präsident des Zentralrats der Juden in Deutschland, bei der Online-Veranstaltung „Jüdisches Leben in Deutschland – Levi Israel Ufferfilge, Nicht ohne meine Kippa! Mein Alltag in Deutschland zwischen Klischees und Antisemitismus, Tropen, 2021, S. 33 – Lena Prytula in: Jung & jüdisch - Lebendiges Judentum heute, https://www.medienwerkstatt-franken.de/2022/04/04/jung-juedisch-nuernberg/Medienwerkstatt Franken 122 Statement von Bischof Dr. Ulrich Neymeyr (Erfurt), Vorsitzender der Unterkommission für die religiösen Beziehungen zum Judentum der Deutschen Bischofskonferenz, im Pressegespräch zum Thema „Kirche und Judentum: Gemeinsam gegen Antisemitismus", 2021, S. 2 – Vatican News, Papst Franziskus betont Nähe zwischen Christen und Juden, 2019, https://www.vaticannews.va/de/papst/news/2019-01/papst-franziskus-vorwort-juden-christen-dialog.html 123 Statement von Prof. Dr. Johannes Heil (Heidelberg), Hochschule für Jüdische Studien Heidelberg, im Pressegespräch zum Thema „Kirche und Judentum: Gemeinsam gegen Antisemitismus" am 22. September 2021 in Fulda, 2021, S. 2 – Dabrü emet. Redet Wahrheit. Eine Jüdische Erklärung zu Christen und Christentum, zuerst veröffentlicht: The New York Times", 10.9.2000, Übersetzung: Annegret Werner und Rudolf Weckerling, https://www.christen-und-juden.de/Download/DABRU%20EMET.pdf 124 Rainer Forst, Die hohe Kunst der Toleranz. Eine Orientierungshilfe in Zeiten der Religionskämpfe, in: Polar Halbjahresmagazin, http://www.polar-zeitschrift.de/polar_03.php?id=136 – Missale Romanum, Ausgabe Regensburg, 1887, zitiert nach Hubert Wolf: Papst und Teufel, Beck München, 2009, S. 98 – Messbuch, Karwoche und Osteroktav: Die Feier der Heiligen Messe, 1996, Herder